엄마가
철학할 때

엄마가 철학할 때

1판 1쇄 펴냄 2020년 10월 20일
1판 2쇄 펴냄 2023년 4월 10일

지은이 김은옥

주간 김현숙 | 편집 김주희, 이나연
디자인 이현정, 전미혜
영업·제작 백국현 | 관리 오유나

펴낸곳 궁리출판 | 펴낸이 이갑수

등록 1999년 3월 29일 제300-2004-162호
주소 10881 경기도 파주시 회동길 325-12
전화 031-955-9818 | 팩스 031-955-9848
홈페이지 www.kungree.com
전자우편 kungree@kungree.com
페이스북 /kungreepress | 트위터 @kungreepress
인스타그램 /kungree_press

ISBN 97889-5820-682-8   03180

이 도서는 한국출판문화산업진흥원의 '2020년 우수출판콘텐츠 제작 지원' 사업 선정작입니다.

엄마가
철학할 때

아동 정신분석의 거장
위니콧에게 배우는
아이와 부모의 관계

김은옥 지음

궁리
KungRee

차례

3부

4부

현대정신분석
대상관계론: 위니콧

—

저는 프로이트 정신분석 원격 평생교육원(전 프로이드정신분석연구소)에서 유아·아동 놀이치료 및 성인 심리상담과 현대정신분석 이론을 바탕으로 부모교육을 20여 년간 해왔습니다. 삶을 살아오면서 절감한 인간 이해와 임상 경험을 부모교육이라는 주제에 통합해 다양한 분들과 영향을 주고받고 있습니다. 제가 아이들을 참 좋아하는데요. 아동을 이해하고 사랑하는 능력이 치료에 큰 도움이 되었습니다. 상담자와 맺는 특별한 정서적 유대 관계로 아이들의 문제행동이 사라지고 삶에 적응하는 모습을 보면서 보람을 느꼈습니다. 대인관계능력뿐 아니라 지능까지 달라진 아이도 있었으니까요. 또한 성인 상담을 통해 어린 시절에 받은 상처가 어른이 되어서도 부정적 영향을 미친다는 것을 알게 되었습니다. 심리치료를 받던 분이 결혼과 출산 후에도 도움을 받고, 형제자매가 함께 공부하기도 하고, 부모와 자녀가 자기 성장을 위해 상담과 교육에 긴 시간을 투자하면서 삶의 질이 향상되는 모습을 지켜보았습니다.

대학원에서 상담심리학을 공부하기 전부터 인격발달이라는 주제에 관심이 많았습니다. 제가 20대 중반에 정체감의 갈등으로 정신분석을 받고 이를 계기로 전공을 선택한 사연이 있습니다. 사람들이 도움을 받고 싶어 하면서도 정작 상담자와 신뢰 형성이 어려워 변죽만 울리고 떠나거나, 자녀의 치료를 심리적으로 지원하지 못하는 분들을 중재하면서 엄마와 아이를 함께 도와야 한다는 것을, 아동만 상담하는 시행착오를 거치며 알게 되었습니다. 아이를 돕기 위해서는 반드시 엄마(부모)를 지원해야 합니다. 때로는 아이 대신 엄마를 치료하기도 하는데 그 효과도 매우 좋았습니다.

개인 치료도 중요하지만 함께 몇 년씩 정신분석 이론을 공부해 얻는 인격의 변화는 더욱 크다고 생각합니다. 자신의 정신 세계를 인식한다는 것은 현실적 기대나 성찰을 얻게 하려는 목적이 있습니다. 저 역시 절절히 분석받은 경험을 바탕으로 오랜 세월 내담자를 만나고 있지만 누구도 자신의 고통이 오는 근원을 단기간에 마주할 수가 없거든요. 진정한 성장은 오랜 시간에 걸쳐 일어납니다. 정신을 확장하고 수정하는 데 교육은 상담만큼 중요하다고 생각합니다.

·· 엄마는 성격으로 아이를 기른다 ··

이 책에서는 현대정신분석학계에서 널리 주목받고 있는 대상관계론, 그중에서도 핵심 인물인 도널드 위니콧(Donald Winnicott, 1896~1971)의 이론을 바탕으로 아이와 부모의 관계를 생각해보고자 합니다. 위니콧의 이론은 여러 정신분석 이론 가운데 가장 따뜻한 내용을 담고 있습니다. 정신분석은 상식의 한계를 넘어 무의식의 진실과 정신의 발달 비법을 탐구하고 고통치료술을 제시하는 학문입니다. 그래서 무엇보다 기본 개념들을 정확히 인지할 필요가 있습니다. 하지만 정신분석 개념만 다루면 자칫 어렵고 무거울 수 있기에 보통의 엄마들을 위한 일상 이야기를 접목하고 관련된 심리학적 내용도 함께 소개하려 합니다.

위니콧은 영국인으로 유아의 정서발달 이론의 대가입니다. 위니콧이 제시하는 개념 하나하나가 굉장히 독창적인데요. 성인의 언어로는 온전히 의미를 전달하기 힘든 언어습득 이전 시기의 체험들이 많이 부각되기 때문입니다. 정신분석이 발견해낸 무의식의 진실은 의식의 사실처럼 객관적이거나 논리정연하지 않습니다. 그러니 이 수업을 편하게 들으려면 개념을 설명할 때 편안한 마음으로 의존이면 의존, 분리면 분리 자체에 집중하면 좋겠습니다.

위니콧이 제시하는 정서발달 이론의 노선을 공유하는 유명 정신분석가가 많습니다. 페어베언(Fairbairn), 코헛(Kohut), 건트립(Guntrip), 말러(Mahler) 그리고 널리 알려진 심리학자 존 볼비(John Bowlby)가 있습니다. 정신의 발달 과정을 탐구해온 고유 이론가들이에요. 이들은 어린 시절에 겪은 부모와의 실질적 경험이 병리적 성격의 토대가 된다고 주장했습니다. 특히 아버지보다 엄마와의 관계가 대상관계 결함 병리를 결정하는 데 큰 역할을 한다고 봅니다. 대상관계는 일차적으로 엄마-아이 관계 이론을 뜻해요. 그런데 정신분석이 엄마-아이 이자관계에만 주목하는 것은 아닙니다. 엄마-아버지-나 삼자관계로 발달해가야 하는 과정도 주목하죠. 이 과정을 무사히 통과해야 자기중심성을 벗어나 이타적 관계를 맺을 수 있는 관계능력이 발달한다고 보고 있습니다.

이들은 엄마와 아이가 유대 관계에 실패했을 때 애착에 문제가 생긴다고 봅니다. 엄마 관계가 박탈되면 대상상실감으로 인해 고통받게 되고, 타인에게 고통을 되돌려주며 살게 된다는 것이죠. 대상관계 분석가들 대부분은 모성 박탈과 대상상실로 인한 상처의 고통을 직간접적으로 체험한 사람들입니다. 즉 상처에서 벗어나려고 스스로 노력한 결실로 고유의 이론을 구조화했다고 보면 됩니다.

제가 나열한 정신분석가들은 임상활동을 통해 어떤 중요한 사실을 깨닫게 되었습니다. 그것은 아이를 대하는 양육방식에 양육자의 성격이 반영된다는 것입니다. 부모가 아이에게 잘해주고 못해주고 이런 문제가 아닙니다. 엄마가 어떤 사람이냐 어떤 성격을 가졌느냐에 따라 양육태도가 결정된다는 뜻입니다. 심리학을 공부하는 사람은 부모가 나에게 어떻게 대했는지를 기억하려 해요. 그런데 기억이 잘 안 나요. 사실 초기 상처는 대부분 억압되어 있어서 잘 알 수 없거든요. 하지만 간접적으로 유추할 수는 있어요. 예를 들어 현재의 부부 관계나 부모자녀관계 또는 여러 인간관계를 통해 무의식에 억압된 것들이 꽤 적나라하게 드러납니다.

유년 시절에 엄마와 형성한 사랑의 정도만큼 친구를 사귀고, 이성을 찾습니다. 나아가 사회적응 정도까지 판가름됩니다. 엄마와의 관계에 문제가 생기면 아이는 성장하거나 적응하는 데 장애를 겪고 심지어 죽기도 합니다(르네 스피츠). 심리상담을 진행하면서 애정결핍이 심해서 부모로부터 정서적 독립이 힘들어 어른으로 성장하지 못한 사람들을 많이 보았습니다. 물질적으로는 배우자나 자녀의 필요를 채워주고 있지만 정서적으로는 애정 어린 관심을 갖지도 진정한 사랑을 주지도 못하는 경우를 많이 보았습니다.

정신분석은 결코 지나간 과거 사실에만 주목하지 않습니다. 현재 사실, 정신 내면에서 지금 작동되고 있는 힘들을 해명하고 있습니다. 어린 시절에 체험한 양육자와의 상호작용 방식은 무의식에 담기고 성격을 구조화합니다. 그래서 성격은 쉽게 변하지 않습니다. 양육은 잘하고 못하고의 문제가 아닙니다. "선생님, 열심히 할게요. 어떻게 하면 잘할 수 있는지 알려주세요"라고 많은 분들이 말하지만 그리 쉽지가 않습니다. 또한 부모의 사회경제 수준이 높다고 해서 더 잘할 수 있는 것도 아닙니다. 성격구조는 어린 시절 부모 관계부터 시작해 지금까지 살면서 맺은 모든 관계가 응축된 현재의 결과물이지요. 그래서 현재의 나를 변화시키려면 내면에 각인되고 구조화된 양육자의 부정적 흔적들을 재구성해야 합니다.

박탈적 관계를 반복해온 양육자의 성격을 심층적으로 면밀히 보고 치료하지 않는다면, 양육태도는 변하지 않을 것이고 결국 아이에게 운명적 상처를 남기게 됩니다. 그래서 위니콧은 정신 병리를 좌우하는 핵심요소로 환경의 중요성을 강조합니다. 유아에겐 이 환경이 곧 엄마예요. 그래서 그는 양육의 필수조건으로 엄마의 정신건강을 강조했어요. 굉장히 쉽고 식상한 말 같지만 그렇지 않습니다. 그는 'good enough mother'라는 말을 사용했는데 직역하면 충분히 좋은 엄마가 되겠죠. 하지만 정확한 뜻은 '보통의 건강한 엄마'로 봐야 합니다. 헌신적인 보통의 건강한 엄마가 되는 것이 얼마나 어려운지, 그는 심각한 병리로 고통받는 내담자들을 통해 깨달은 것입니다.

그래서 병리성 치유에 모성성 박탈, 즉 심리적 결손에 대한 보상이 얼마나 중요한지에 대해 알아야 해요. 위니콧은 재미있는 비유를 했습니다. "엄마가 상처 주고 엄마가 치료한다." 그는 평생 엄마를 교육했고, 엄마와 아이를 함께 치료했습니다. 위니콧에게 '의존'은 아주 중요한 개념입니다. 본문에서는 생후 1년간의 의존 모습, 그것이 충족됐을 때 어떤 삶을 유지할 수 있고, 실패 손상되었을 때 삶이 어떻게 전개되는지 구체적으로 살펴볼 것입니다.

·· 육체적 연령과 다른 심리적 연령 ··

위니콧뿐만 아니라 많은 정신분석가가 어린 시절에 겪은 상실이나 아픔을 무의식에서 꺼내 인식해야 한다고 주장해요. 버림받았던 상처나 불안에 떨었던 과거를 보다 안전해진 현재 상황에서 언어로 상기해 다시 체험하고 대면하면 중요한 심리적 변화가 일어납니다. 이것을 말러는 '심리적 재탄생'이라 했어요. 자기 병을 곱씹어 이해해야 대물림되지 않는다고 본 것이죠. 우리가 상처받은 감정으로 남하고 싸우는 것도 넓은 의미로 보면 대물림 현상입니다. 관계 안에서 원인 모르게 튀어나오는 문제가 된 것이죠. 그래서 위니콧은 병을 감추지 말고 병을 앓는 기간이 필요하다고 했습니다.

여러분이 정신분석 공부를 시작하면 그것이 일련의 특별한 체험이고 출발이 될 것입니다. 위니콧은 모든 사람은 치료되기 전에 호전된 상태로 나아지기 전에 반드시 과거에 고통받던 병을 다시 앓으며, 그것이 정상이라 봤어요. 물론 개인차는 있지요. 이런 심리적 재탄생의 과정은 큰 스트레스를 동반합니다.

정신분석 치료든 교육이든 개인의 병리성 노출에 초점을 둡니다. 그래서 들으면 시원하기도 하지만 때로는 언짢아집니다. 수치스럽고 아프고 쑤시고 무기력하고 우울해집니다. 질병의 뿌리는 견고한 방어 뒤에 숨어 있습니다. 그것을 끄집어내 언어화하면서 과거의 아픔이 올라오는 것을 한동안 견뎌야 해요.

세돌 반 아이부터 성인에 이르기까지 심리치료를 합니다. 아무리 작은 아이도 성격장애부터 정신증까지 다 가지고 있어요. 그 짧은 삶 속에서 이미 많은 것들이 정신에 침투하여 성격으로 구조화된 거예요. 때론 영리한 아이들은 학령기나 사춘기에 접어들어 심리치료를 받고 싶다고 표현해요. 적절한 관계를 잘 맺는 부모는 민감하게 알아차려서 아이를 상담실에 데려와 온전히 이해하려는 시간을 갖기도 하는데 그들은 행운인 거죠. 그만큼 일찍 도움을 받게 된 것이니까요.

수업을 몇 년씩 듣고 상담을 1년 정도 하면 사람들은 방어를 내려놓아요. 정신분석이나 상담자를 신뢰하게 된 것이죠. 하지만 방어를 내려놓는다고 문제가 다 해결되지는 않습니다. 상담자가 자기를 지루해할까봐, 자기 때문에 지칠까봐, 실망할까봐, 상처를 줄까봐, 자기를 버릴

까봐 등 자기가 과거에 경험했던 인생의 힘든 기억들이 소용돌이치거든요. 누군가를 신뢰하려 마음먹는 순간부터 이것이 일어나요. 그것은 과거와 똑같이 트라우마틱해요. 낯선 사람을 믿어본다는 게 상처가 깊은 사람한테는 굉장히 아프고 힘든 경험이거든요.

하지만 예전에는 그것이 반복될 뿐이었지만 이제는 상담자와 새로운 소통이 일어납니다. 이렇게 새로운 발전을 시작하면 정신은 절대로 퇴보하지 않습니다. 비록 엉망진창이 되었지만 한 번도 정리하지 못한 방을 치워보는 것과 비슷합니다. 다음번에 또 엉클어지더라도 다시 정리할 수 있는 힘이 생기는 것이죠. 수업으로든 상담으로든 자신의 무가치하고 불안했던 경험이 내면에서 소화되어 질적인 양태로 변화 발달하는 데는 시간이 필요해요.

제가 심리치료를 배우며 상담하던 초기에는 정서발달장애 진단이 많았어요. 이런 아동들을 치료할 때 보람이 있었어요. 대부분 50회기 내에 성장하고 호전되었거든요. 그런데 요새는 상담실에 오는 아이들이 주로 성격장애로 진단받는 경우가 많아요. 성격장애는 정신의 구조인 뼈대에 문제가 생긴 것이라 상담을 몇 년 해도 좋아지기가 쉽지 않아요. 부모를 개선시키지 않으면 아이의 치료도 쉽지 않고요. 위니콧은 자기를 지탱해줄 건강한 사람이 없을 때 정신의 병이 생긴다고 해요. 필요한 '누군가가 없는 것 자체'라는 표현을 했죠. 이것은 의존과 독립에 대한 비유이기도 해요. 실제로 엄마를 아예 의지해본 적이 없어 생긴 병리도 있고요.

또한 의존을 경험한 후 거기서 못 벗어나는 병도 있어요. 탄력성 있는 분리를 하는 사람이 있고, 아주 경직되어서 이별과 상실이 전혀 해결되지 않는 사람도 있어요. 이렇게 사람은 엄마로부터 애정을 너무 많이 받거나 너무 적게 받으면 평생 계속 의존하려고 해요. 아이가 정서적으로 박탈당하거나 응석받이로 자라면, 받는 것에 지나치게 집착하여 주는 능력을 충분히 발달시키지 못하거나 주는 것의 즐거움을 누리지 못해 분노와 혼란을 경험하게 됩니다.

즉 사랑받는 경험이 부족하면 사회화와 정서발달에 문제가 발생합니다. 온전히 성장하지 못한 어린아이가 지닌 사나움은 성인이 되어서도 지속됩니다. 아무리 힘들게 살아온 사람도 어린 시절에 보호받거나 애정을 받았다면 그것에 감사해하며 자기 정신을 응집해 용기나 희망을 가지고 살게 됩니다. 대부분의 사람은 엄마가 병리적이고 불우했다 해도 그나마 엄마가 건강했던 부분에 의해 자기를 유지해가죠. 상담자는 내담자의 결핍 부분과 접촉할 필요가 있는데, 위니콧은 여기에 상당히 중요한 가치를 부여했어요. 누구나 마음대로 부모를 선택할 수 없으며, 부모는 완벽하지 않습니다. 그래서 어떤 아이든 크고 작은 상처를 가질 수밖에 없죠.

상담을 하다 보면 취약한 부모 밑에서도 자기를 유지한 아이를 보면 대견합니다. 심지어 아이가 우울증에 걸린 엄마를 살리는 경우도 있어요. 사람은 다양한 배경을 가지고 태어납니다. 불운한 환경에 있어도 어떤 아이는 심리적으로 튼튼하게 자랍니다. 좋은 환경에 있지만 인격이 망가지는 아이도 있습니다. 정서적 성숙은 반드시 자기 생활 연령에 맞게 발달하지 않아요. 정서적 삶은 정도의 차이가 있지만 누구든 불완전해요. 지능이 높다고 정서발달이 저절로 되지도 않아요. 각 연령마다 발달 과제가 반드시 주어지는데, 부모가 건강하지 않으면 그 과정이 없거나 망가지는 일들이 생겨요. 그래서 정신이 건강하지 못한 배경에는 항상 정지된 발달 문제가 있습니다. 생활 연령이 30대, 40대, 50대라도, 심리적 연령은 다섯 살도 있을 수 있고 세 살도 있을 수 있고 열 살도 있다는 뜻입니다.

·· 상처받았던 어린 나를 보내야 어른이 된다 ··

정신분석과 부모교육은 내면의 아이를 키우는 일입니다. 먼저 자기 내면을 봐야 자녀의 것도 보여요. 자기 것을 미뤄놓고 자식 것을 보면 계속 헷갈리고 자신이 어떤 사람인지 제대로 이해할 수가 없어요. 남을 분석하기 전에 자신을 먼저 분석해야 해요. 정신분석에서는 발달 좌절과 무관한 정신질병은 드물다고 봅니다. 성숙을 향한 노력은 죽기 전까지 평생 지속해야 해요. 위니콧은 특히 인간의 창의성에 주목합니다. 인간 내면에는 치유능력이 있는데 박탈 상처를 회복시키려는 기능이 내면에서 작동해요. 창조성과 자기 치유력은 특히 출생 첫해에 아기에게 촉진적 환경이 주어졌을 때 형성됩니다. 즉 보통의 좋은 엄마나 엄마 역할을 대신할 수 있는 어떤 환경 대상이 있을 때 발달합니다.

어렸을 때 박탈이 심하면 심리적 고통이 계속 일어납니다. 커서도 자기 내면을 대면하고 성찰하는 것이 고통스러워 지속적으로 회피를 하게 되죠. 바깥에서 사람들과 갈등을 겪고, 하는 일마다 꼬이고 파국을 맞이해도 그것이 자기 내면의 망각된 아픔과 연결되어 있다고 사고하는 사람이 몇이나 있겠어요? 너무나 아픈 건 누구나 잊고 싶고 잊게 돼요. 견디기 힘들었던 수치감에 대해 방어가 작동하기 때문에 못 꺼내놓습니다. 하지만 꺼내놓으면 무슨 도움이 될까요. 버거웠던 과거사를 꺼내서 느끼고 힘들어하는 과정은 대체 어떤 효과가 있을까요? 꺼내지 않으면 결코 새로운 경험이 일어나지 않습니다. 삶은 망각된 과거의 무의식에 고착되어, 원인도 모르는 불편한 상태가 반복되고 재현됩니다.

저는 위니콧의 이론과 기법을 통해 엄마와 아이를 함께 치료하며, 엄마를 장시간 교육해오고 있어요. 특히 정신이 취약한 엄마한테는 대상 항상성을 보완해주는 안전기지 역할을 해주며 삶에서 일어나는 어려움과 갈등을 어른답게 처리하도록 돕고 있습니다. 성인이 되어 좋은 대상에 의해 정서발달이 촉진되는 환경이 갖춰지면 비로소 어릴 때 알게 모르게 받은 상처를 떠나보내는 애도가 일어납니다. 애도가 작동되면 정신 기능의 퇴행이 일어나고 퇴행이 일어나면 과거에 겪은 부정적 감정들에 접속되어 그것을 자아에 통합하는 치료 작용이 일어납니다.

이런 수업을 아무리 듣고 상담을 오래 받아도 아무것도 느끼지 못하는 사람이 있어요. 너무 상처가 깊어서 자폐막처럼 분열 방어가 작동되는 분들인데 시간이 더 걸릴 뿐 방어가 풀리지 않는 건 아니에요. 자폐막은 강한 초기 상처 내지 박탈에 기인하는데 아예 막이 없는 사람도 있어요. 그런 분은 이런 수업을 들을 때 공포를 느끼곤 해요. '선생님이 내속을 다 알고 흉보네. 내가 까발려지고 있어'라고 느껴서 수업에 오기 싫어지고 피해망상에 시달리기도 해요. 그런데 부모교육 이론은 사례들조차 유명 정신분석 문헌에 보편적으로 나와 있는 것들이고 이를 소화한 결과물입니다. 따라서 수업 내용을 못 견디고 못 참는 분들은 자신에게 도움 되는 부분만 받아들이고 아닌 건 조금 치워뒀다가 나중에 성찰하는 연습을 하셔야 해요.

심리적 경계가 없거나 약한 분들은 수업 중 나온 이론과 병리적 사례들이 다 자기 문제처럼 지각됩니다. 그런데 그렇지는 않거든요. 그걸 구별할 수 있을 만큼 정신이 발달하지 못하고, 자아 경계가 취약하다 보니 외부에서 침투하는 언어에 정신이 휘둘려서 그런 거예요. 반면 방어막이 두꺼운 사람은 모든 수업 내용이 다 자기 얘기가 아닌 것으로 지각해요. 자신에게는 해당되지 않는다고 착각하십니다. 정신 기능의 퇴행이 일어나지 않는 것, 무의식이 느껴지지 않는 건 곧 대면하고 싶지 않은 굉장히 깊은 상처에 대한 방어가 작동되고 있다는 징표입니다. 엄마한테 너무 여러 번 배반을 당해서 자신을 보호하기 위해, 더 이상 고통스런 무엇에 접촉하기 두려워 그렇게 된 겁니다.

정신분석이 주목하는 중요한 주제 중 하나는 애도입니다. 정신분석 수업에 진정성을 갖고 임하면 병리성을 일으킨 내용물을 떠나보내는 애도가 일어납니다. 애도를 이해하려면 연관된 배경 정서를 함께 알면 좋아요. 양가감정과 양극감정이라는 것이 있습니다. 양극이라는 건 좋고 나쁨이 확실히 나뉘어서 좋을 때는 좋은 것만 나쁠 때는 나쁜 것만 지각하는 겁니다. 그런데 삼자관계 상징적 사고에까지 도달한 사람은 원시적 양극감정에서 벗어나 양가감정을 가지게 됩니다. 양가감정은 대상에 대해 좋은 정서와 나쁜 정서를 함께 갖는 능력인데요. 서로 대립되는 두 지각과 감정을 갈등하며 둘 다 취하고 싶어 하는 감정입니다. 이 세상에는 장단점이 다 있잖아요. 성숙한 사람일수록 사람에 대해 좋음과 나쁨을 함께 지각하고, 관계를 균형 있게 유지해요.

그런데 약한 사람일수록 좋은 것만 지각하려 하고 나쁜 건 부인하려 하며, 여태까지 좋았어도 실수 한 번 하면 관계가 끝납니다. 애도는 이런 상반된 감정을 동시에 마음에 머금고 있는 양가감정 인격과 연관됩니다. 과거에는 좋았는데 현재 좀 실망스럽지만 좋음과 나쁨을 같이 내 안에 간직하면 전인적 관계를 맺을 수 있게 됩니다. 어떤 사람이 특정 결점을 지녔다 해서 전적으로 실망하지 않는 그런 자아능력을 지녀야 비로소 대상에 대한 내면의 집착과 고착을 마음에서 떠나보낼 수 있어요.

박찬욱 감독이 스마트폰으로 찍은 〈파란만장〉이란 영화가 있어요. 영화에서 무당이 망자가 표현 못했던 내면 상처를 의식의 언어로 대신 풀어주는데요. 일종의 상담자 역할을 해서 맺힌 한을 떠나보내도록 돕는 장면을 보고 공감했어요. 망자 스스로는 애도를 못하니까 무당이 매개자 역할을 해주는 겁니다. 인간은 타인의 마음을 이해하는 데 한계가 있어요. 상담자들도 그와 유사한 훈련을 받는데, 자기가 내담자가 되어 내면의 병독을 치료받으면서 치유법을 깨닫고 습득하게 됩니다. 하지만 일상에서 친구로 아내로 돌아가면 상대방의 입장을 잘 헤아리지 못할 때가 있어요. 어쩔 수 없는 인간의 한계이겠죠.

이 영화에서 중년남자가 밤 낚시하러 호수에 갔다가 물에 빠져 죽어요. 무당이 그 사람을 꺼내서 죽은 자의 세계로 떠나보내야 하는데 남자가 억울해서 저승으로 안 가려는 거예요. 남자한테는 소아마비에 걸린 딸이 있는데 아이가 너무 불쌍해서 저승으로 갈 수 없다면서 버티는 거예요. 그래서 무당이 망자를 위로해 저승으로 보내려고 노래를 부르는데 얼마나 구슬픈지 주변에 돌아가신 분들을 생각하면서 애도를 했던 경험이 있어요. 우리는 정신분석으로도 이런 작업을 할 수 있습니다.

인간은 누구나 죽음에 대한 준비를 해야 하는데, 자기 자신을 포함해 애착 대상을 떠나보내는 애도 작업이 일어나야 기존의 정신성이 죽고 새로운 정신성을 탄생시킬 수 있습니다. 애도를 못하는 병을 앓고 사는 사람들이 있어요. 엄마랑 의존의 문제가 해결이 안 됐을 경우인데, 그러면 거기서 끝나는 게 아니고 삶을 박탈주기로 일관하게 돼요. 심리 정서적으로 방치되거나 사랑받지 못한 아이가 자라서 어른이 되어 인간관계를 하고 결혼해서 자녀를 낳으면 똑같이 자식에게 사랑 못 주는 사람이 되는 겁니다. 요새 학대하는 부모들이 속속 뉴스에 드러나서 너무 속상한데 그 아이들이 불쌍하기도 하지만 그 부모에게도 그 아이와 같은 어린 시절이 있었을 겁니다.

과연 그 고리를 어떻게 끊을 수 있을까 생각해봅니다. 자아는 태어나서 현재까지 관계한 수많은 대상들의 흔적이 내면에서 소화되는 과정에서 발달해갑니다. 우리가 현재 직장에서 맺는 관계, 잠시잠깐 만나는 관계, 부부 관계, 부모자녀 관계 등에서 우리가 어렸을 때 경험한 내용물이 은연중에 투사됩니다. 관계들 중에서 핵심인 부부 관계에는 투사가 유독 심하죠. 그래서 원인 모를 상처를 가장 많이 주고받게 돼요. 자기가 어린 시절에 중요 대상들로부터 어떻게 다루어졌고 어떤 경험을 했는지는 현재의 주요 대상관계들 안에서 놀라울 정도로 사실적으로 재현돼요.

성격의 분열이 심할 경우 대상이 너무 소중하다가도 너무 혐오스럽게 느껴지고, 병리적인 배우자를 선택해서 불행한 결혼생활을 하게 되기도 해요. 어린 시절에 모성 박탈 경험이 심한 엄마는 자신도 모르게 자녀를 자신과 같은 '박탈아이'로 만들어요. 모든 사람은 예외 없이 엄마와 맺은 관계를 정서적으로 되풀이합니다. 자신의 내면에 어린아이의 모습이 강할수록 현실에서 자신의 아이와 동일시를 많이 합니다. 내면에 어린아이의 욕구가 너무 강하면 진정한 모성애를 갖지 못하게 되고 주지도 못해 어린아이 같은 아내나 엄마가 되기도 하죠.

건강한 성인이 되기 위해서는 대상에 대한 관심능력을 발달시켜야 합니다. 돌봄과 사랑을 받는 것도 중요하지만, 더 많은 책임을 지고 타인에게 베풀고 사랑하면서 인생을 즐기는 법을 배워나가야 합니다.

·· 사람을 사랑한 의사, 위니콧 ··

위니콧이 활동하던 당시는 제2차 세계대전이 끝난 직후였고 전쟁고아가 영국에 많았습니다. 10대 미혼모가 많았고 폭력, 범죄, 실업 등으로 생존환경이 매우 열악했어요. 이럴 때 건강하지 못한 내면상태는 곤혹스런 현실 문제들로 갑자기 삐져나오곤 합니다. 그래서 예전에도 그러했고 현재도 위니콧의 정신분석은 모성과 연관된 유아기 박탈과 결핍을 상세히 탐색해 '지금 여기'에서 보충하게 돕는 치료론입니다. 비록 무의식에 묻힌 과거를 훑으면서 고통스럽던 자취를 다시 대면한다는 게 아프고 힘들지만, 이 과정을 잘 수행하면 부정적 요소의 대물림 현상이 사라집니다.

위니콧은 원래 소아과 의사였는데 40년 동안 6만 케이스의 아이와 엄마를 만났어요. 아이와 소통해서 그런지 그가 사용한 언어들은 쉽습니다. 그는 아이가 기침을 하면 감기에 걸렸구나 하는 현실 관점을 먼저 부각시켰고, 아이가 2주간 감기가 낫지 않으면 엄마가 받고 있는 스트레스나 힘든 일에 대해 물어보았습니다. 위니콧 곁에는 늘 아이와 엄마가 함께 있어 관찰을 많이 했어요. 아동이 가진 장애의 초기 역사에 대해 엄마로부터 배운 것이죠. 아이의 심리적, 정서적, 육체적 병에 대해 대부분 엄마로부터 단서를 얻었어요. 엄마의 태도, 말씨, 눈빛, 몸가짐에서 병인과 치유의 팁을 얻은 것입니다. 그래서 엄마와 아기의 관계는 아이의 성격이 만들어지는 근원 배경이 됩니다. 그래서 그는 "엄마 없는 아기는 없다"는 유명한 말을 남겼습니다.

심리학에서는 엄마와 아이를 떨어져서 서로 관찰하는 대상으로 봅니다. 이에 비해 위니콧은 엄마와 아이를 상호작용하는, 서로 분리해 생각할 수 없는 대상들로 봅니다.

아이가 원하고 바라는 것에 공감해주고 헌신적으로 신속히 반응하는 엄마의 능력은 곧 엄마의 정신건강을 뜻하는데 모든 엄마가 그렇지는 않습니다. 마음이 나빠서가 아니라 엄마 자신이 아이 때 돌봄 받은 경험이 없어서 그렇습니다.

엄마 역할을 적절히 하려면 엄마가 좋은 보살핌을 받은 경험이 있어야 합니다. 아이의 잠재능력은 절대 그냥 꽃피는 게 아니고, 엄마의 공감적 보살핌이 있어야 활성화됩니다. 사랑받고 자란 아이들이 남을 사랑할 줄 알게 되는 것은 당연한 결과가 아니겠어요. 우리가 사람을 사귀고 관계를 잘할 때 친인척관계든 친구 관계든 이웃 관계든 건강한 죄책감과 양심을 가지고 책임감이나 성실함을 발휘할 때, 그것은 어린 시절 부모로부터 받았던 좋은 돌봄의 질하고 같다고 봅니다.

선한 사람 뒤에는 선한 부모가 있죠. 레온 사울이라는 정신분석가는 누군가에게 사랑을 준다는 것은 집을 짓는 것만큼이나 많은 에너지를 필요로 한다고 했습니다. 친밀한 인간관계는 충분히 받아본 사랑경험에서 나오는 것입니다.

위니콧은 '영국 청소년의 아버지'라는 닉네임으로도 통합니다. 결혼을 두 번 했지만 정작 아이가 없어요. 그는 아이들 치유에 평생 헌신했고 전쟁고아들을 데려다 길렀어요. 영국과 미국에서 활동했고 '애착 이론'을 발견한 존 볼비와 함께 캠브리지에서 수학했고 진화론을 강조하는 다윈의 영향을 많이 받았어요. 볼비는 영국에서 손꼽히던 유명 의사였는데 심리학이나 정신의학에 영향을 미쳤어요. 정신분석이 위니콧의 대상관계론과 코헛의 자기심리학으로 인격발달에 대해 설명할 때 심리학에선 볼비의 애착 이론을 내세웁니다.

위니콧 이론은 정신분석 특성을 지니지만 철학적이고 신학적인 의미도 담겨 있어요. 예를 들면 구약성경에 나오는 신의 이름이 '야훼'인데 그 어원이 젖가슴의 전능성, 창조성, 희생적 사랑과 연관돼요. 신이 자신의 본질을 '나는 스스로 존재하는 자(I am who I am)'로 표현하듯이 위니콧도 존재연속성 'I am(타자에 흡수되거나 파편화되지 않고 나 자체로 있음)'을 강조해요. 이런 그의 말이 마치 형이상학 강의를 듣는 것처럼 아름답게 들릴 때도 있습니다. 위니콧은 영국 정신분석학회 최초의 남자 아동분석가였어요. 순한 성품을 지닌 그를 많은 사람들이 좋아했습니다. 그의 어록이나 임상사례를 보면 따뜻해서 눈물이 날 정도예요.

위니콧이나 페어베언 같은 경우는 '지금 여기(here and now)'의 임상 현장과 현실에서 일어난 일들에 주목했어요. 특히 엄마들에게 양육할 때 힘든 점에 대해 이야기를 많이 하게 했어요. 위니콧은 굉장히 힘든 아이들 치료를 많이 했습니다. 정신증에 가까운 경계선 인격장애, 자기애성격장애, 반사회적 인격장애, 유아성 인격장애를 가진 어른들도 많이 접했습니다. 이들은 인격구조가 상당히 손상당해 일상의 작은 부정적 자극에도 하루에 수십 번 심리적 고통을 겪게 되죠.

위니콧에게서 따스한 에너지를 흡수해 정신이 회복된 사례들이 많았어요. 심한 의존을 보이는 퇴행성 환자들을 위해 위니콧은 기꺼이 엄마가 돼주었던 겁니다. 그는 당대 전통 정신분석기법을 벗어나, 상담을 융통성 있게 했어요. 여행에 데려가기도 했고, 두세 시간 상담을 하기도 했죠. 내담자는 위니콧 곁에서 자다가 놀다가 가곤 했어요. 아이 상태의 퇴행들을 다 받아준 겁니다. 그래야 치료가 됐기 때문에 기꺼이 의존을 허락한 거예요. 그걸 못해서 거짓자기가 생긴 내담자를 위한 배려였어요.

그런데 그의 파격적 분석기법은 어떤 면에서 현대에는 위험하기도 합니다. 최근 치료 이론과 기법은, 사소한 일에도 정신이 자주 깨지는 민감한 내담자의 경우 규칙을 엄격히 정하고, 경계를 제공해야 정신이 응집되어 안정된 치료가 지속될 수 있다고 보거든요. 위니콧은 소아과 의사였기 때문에 엄마들하고 친했죠. 엄마들을 위해 BBC 라디오 강연도 하고 활발한 교육가로서 열심히 노력했습니다. 성품이 온화하고 관계를 통해 잠재능력을 발현시키는 사람이라서 사람을 아주 좋아했죠. 그에겐 반대자가 없었고 불평하는 사람이 드물었다고 해요. 또 타인의 고유성을 침범하지 않는 사람으로 유명해요. 전 세계적으로 아동을 다루는 상담가나 교육가는 위니콧을 굉장히 좋아해요.

특히 그는 아이들을 좋아했고, 아이를 잘 양육하고 병리성에서 회복시키는 방법을 전해주는 부모교육을 아주 중요하게 생각했어요. 또한 현실이 힘든 상태에 놓인 아동들을 돌보는 사회복지사들과도 일을 많이 했어요. 그리고 사회복지사인 두 번째 부인을 만난 후부터 정신분석가로서 독자적 이론을 창시하고 유명해지게 되었어요. 위니콧에 대한 강의는 그의 이론 자체가 상식 수준에서 대화하는 것 같아서 읽거나 듣는 사람에게 친근하고 쉽게 느껴져요. 쉬운 듯 보이는 진리 속에 우리가 미처 주목하지 못한 인생의 핵심 정수가 담겨 있음을 경험할 겁니다. 물론, 그의 이론을 머리로 이해한 것과 몸소 실천하며 사는 것은 전혀 별개의 차원입니다.

1부

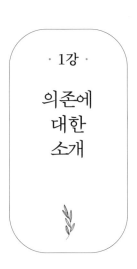

·· 엄마는 아이에게 세상을 보는 기준이 된다 ··

위니콧이 이해한 인격의 발달 과정을 구체적으로 음미해볼까요. 이를 위해 먼저 인격발달의 토대이자 모든 관계활동의 첫 관문인 '의존'에 초점을 둘까 해요. 자, 의존은 무엇보다 대상이 있어야 가능합니다. 의존을 위해 필요한 '대상(object)'은 내 생명의 원천, 특별한 심리적 가치를 지닌 타자(other), 사랑이나 미움을 받는 사람, 사물, 환상을 포함한 무엇을 지칭해요. 의존의 맨 처음 형태는 아기가 엄마에게 함입된 상태, 아이가 엄마와 하나로 융합된 상태, 또는 엄마-유아 공생 상태이며 이 상태에서 유대감, 친밀감, 공감능력이 발달해가요.

대상은 크게 외부 대상(외적 대상)과 내적 대상으로 나뉘는데 외부 대상은 실제 사람, 사물, 환경 일반을 의미하고, 내적 대상은 내면화한 외부 대상들에 관한 이미지, 생각, 이미지와 생각에 연결된 감정(정동), 지속성을 지닌 중요한 과거 기억, 환상 등을 포함하고 있어요.

위니콧이 주목하는 '대상'은 아이가 관계를 맺는 심리적으로 가장 중요한 사람을 의미하는데, 이는 곧 최초 양육자인 엄마입니다. 할머니가 양육하면 그 순간엔 할머니가 엄마예요. 대상관계의 핵심은 아이가 엄마와 맺는 의존 관계인데, 아이는 선천적으로 대상과 관계하고 싶은 욕구를 지녀요. 아이는 일차적으로 엄마와의 관계를 통해서 대상관계능력을 형성하는데 그 대상이 어떤 성품을 지녔고, 아이가 대상의 어떤 요소를 주로 경험했고, 무엇을 어떻게 내면화했는가에 따라 개개인의 정신구조와 대인관계 스타일이 결정되죠. 물론 개인의 유전기질과 사회문화환경도 대상관계 양태에 적지 않은 영향을 미쳐요.

대상이 아이의 정신 내부로 들어가면서 자기표상과 대상표상이 형성되고, 그것이 대상관계 일반에 영향을 미치게 됩니다. 초기에 형성된 자기표상, 대상표상, 대인관계표상 이 세 가지를 통해 이후의 성격유형과 병리유형이 생성되며, 삶의 중요 대상선택과 관계양태에 보이지 않는 큰 영향을 미쳐요.

자기표상은 자신에 관한 이미지, 생각, 정서적 느낌이고, 대상표상은 인생에서 가장 중요했던 대상에 대한 이미지, 생각, 감정을 뜻해요. 내부의 대상표상이 외부 대상에게 투사되면 현실대상 지각이 왜곡 또는 변형되어 마음속 대상처럼 지각됩니다. 예를 들어 최초 대상인 양육자에 대해 해소 못한 적대감이 많은 사람은 투사가 일어나서 외부 대상 대다

수가 적대적으로 지각됩니다. 화난 상태이면 화 감정과 연관된 내면의 부정적 대상표상이 활성화되어 자신의 눈에 적대적인 사람들이 유독 많이 지각되지요. 열 사람이 지나가면 화가 나 있는 사람만 유난히 부각돼서 그 화난 사람하고 부정적으로 연루되거나 관계할 가능성이 높아져요. 반면에 기분 좋은 상태에서는 내면의 긍정적 대상표상이 활성화되고 투사되어 좋은 인물들이 많이 보입니다. 대인관계표상은 두 사람이 커플이 돼서 지지고 볶고 싸우거나 교류하는 일이 일어나는 거예요.

대상관계에는 3요소가 있는데 나, 대상, 정서가 그것입니다. 내가 우울하거나 불안하면 나 자신에 대해 느끼는 감정과 다른 사람에 대해 느끼는 감정표상이 불만족스럽게 느껴지고, 내가 쾌활하고 밝으면 나 자신에 대한 자존감도 올라가고 타인을 보는 긍정적 이미지가 형성돼요. 정서는 이렇게 대상관계를 활성화하는 지렛대 역할을 합니다. 인간관계에 미묘한 영향을 미치죠. 핵심 정서는 과거의 내 삶에 가장 중요했던 대상하고 관계한 경험에서 생성됩니다. 그래서 정신 속에 자리매김하는데 과거에 경험하고 느낀 그대로 현재의 대상들을 지각하려는 반복강박 리듬이 우리에게 있습니다. 특히 최초 대상인 엄마와의 관계가 나쁠수록, 이미 경험한 과거 관계의 틀로 현재와 미래의 외부 대상 일반을 보려는 경향성이 매우 높아집니다.

자기에 대한 표상, 타인에 대한 표상, 대상관계표상은 일상생활에 보이지 않는 영향을 미치는데 우리는 늘 이런 영향을 통해 누군가와 커플이 될 수밖에 없죠. 그 커플이 인격발달에 도움이 되기도 하고 과거의 상처를 재현하고 증폭시키기도 합니다.

은숙 씨 사례를 통해 내면의 자기표상, 대상표상, 대상관계표상이 인간관계 일반에 미치는 영향을 주목해볼까요. 은숙 씨 부모님은 행복하지 않았어요. 아버지는 누군가를 힘 있게 도와줄 수 있는 사람이 아니었지요. 이발소를 운영했지만 가족에게 보탬이 될 만큼 경제적으로 지원해주지 않았어요. 반면에 은숙 씨 엄마는 대장부처럼 집안 대소사나 위기를 극복하며 살아야 했던 생활력이 강한 사람이었습니다. 은숙 씨는 어릴 적에 이사를 수시로 다녔는데 이사를 하는 날이면 뒤늦게 나타난 술 취한 아버지 때문에 부부싸움이 크게 났고 어린 은숙 씨는 공포에 떨었다고 해요. 부모의 불화 같은 가족끼리의 부정적 상호작용은 가족 밖의 다른 사람에게도 일반화되어 적용됩니다.

이것은 다른 사람을 예측하고 반응하는 방식이 되는데요. 부모가 병들어 있을수록 더 많이 긴장하게 되고 어릴 적 내면화된 격렬한 핵심감정으로 인해 문제가 발생합니다. 은숙 씨는 엄마가 아버지를 무시하고 궁지에 몰면서 비난하는 것을 평생 보고 자랐어요. 엄마 또한 불행하고 힘들다는 것으로 다른 사람을 통제했는데, 아빠를 비롯해 온 가족이 엄마의 비위를 맞추고 기분을 살펴야 했지요.

은숙 씨 정신 안에서 엄마가 자기표상이 됐다면 모든 짐을 혼자 지고 한스럽게 사는 모습이 큰 영향을 미쳤을 겁니다. 직장에서 일 잘하고 부지런하고 누군가 말하고 행동하기 전에 모든 일을 처리하면서 다른 사람들을 한심하게 여기는 다이내믹(dynamic)이 형성되었을 거예요. 결혼을 하고 나서는 남편이 남을 배려하지 않고 능력 없는 사람으로 느껴져 불행하고요.

은숙 씨가 타인표상으로 지각한 남편은 어쩌면 그런 사람이 아닌지도 몰라요. 하지만 과거와 같은 방식으로 현재 대상을 보려는 내부 힘이 항상 우세하고 이기기 마련입니다. 반면에 은숙 씨가 아버지를 내면화했다면 매사에 자신이 바보 같게 느껴지고 제대로 잘하는 게 없는 것 같아 무력감에 시달릴 거예요. 누구에게나 어디에서나 존중받지 못하는 아버지의 모습이 내사돼서 아버지처럼 무능력하게 살아가겠지요.

그녀 주변에는 엄마처럼, 때로는 아버지처럼 '그 따위로밖에 못해' 하는 직장 상사나 동료, 선배 등 사납거나 무력한 사람이 포진해 있을 거예요. 이들과의 갈등구조로 싸움이 일어나면 그것은 대인관계표상이 돼요. 이렇게 '대상관계'가 정신의 형성과 발달에 있어 평생에 걸쳐 중요하고 대단한 영향을 미치기 때문에 아이가 엄마와 맺는 최초 관계부터 세세히 음미할 필요가 있어요. 엄마와의 관계 경험은 곧 현재 내 정신의 구조-뼈대-본질을 구성하거든요. 엄마가 삶을 출발시킨다는 의미에서 그래요.

정신건강의 토대가 형성되는 시기를 생후 한 살로 보거나 넉넉하게 여섯 살 정도로 보는데, 가장 중요한 때가 첫 1년이에요. 위니콧은 이 시기를 절대적 의존기라고 했어요. 아이가 엄마에게 전적으로 의존하고, 엄마가 전적으로 아이에게 몰입해 있어야 된다는 의미예요. 유아가 엄마에게 전적으로 의존하는 관계 경험을 해야만 진정한 삶을 살 수 있다고 그가 인류를 향해 강력한 메시지를 던진 것입니다. 프로이트는 최초의 정신분석가였는데, 그 시대 중산층의 병리는 히스테리, 강박증, 불안공포증이 주류였기 때문에 심각한 성격장애를 다루진 않았어요. 프로이트 시대에서는 정신증자와 심한 인격장애자들은 정신과에서 상담치료를 하지 않았어요. 온천욕을 시키고 산책을 권하고 좋은 음식을 먹이고 전기충격을 주는 게 치료였어요.

지금처럼 치료사가 환자와 서로 평등하게 분석관계를 맺지 않았어요. 프로이트는 자신의 무의식을 알고자 하는 강렬한 욕구를 갖고 분석가에 대한 긍정적 전이를 지닐 수 있는 신경증자만 분석관계를 맺을 수 있고 정신분석 효과가 좋은 대상으로 간주했어요.

이에 비해 위니콧의 내담자는 비신경증자가 주류였어요. 이들은 분석가를 신뢰할 수 없어 했고, 자아가 취약해서 두려움과 수치감을 일으킬 위험을 지닌 자신의 무의식을 대면하고 싶어 하지 않았죠. 위니콧은 이런 내담자들을 어떻게 치료할지 고민했어요. 그는 먼저 대상에 대한 뿌리 깊은 불신이 어디에서 비롯되었는지 주목했어요. 그는 6만 사례 이상의 임상관계를 통해 원초적 정신기제와 원시적 정신현상들을 생생히 경험하고 관찰했어요. 그리고 그것의 원인과 의미를 연구하는 과정에서 정신이 형성되는 초기 과정과 발달 과정에 병의 핵심 뿌리가 있다는 새로운 발견과 성찰을 하게 되었습니다.

·· 아기와 함께 엄마도 태어난다 ··

정신발달의 첫 과정은 절대적 의존기, 두 번째 과정은 상대적 의존기, 세 번째는 독립기입니다. 이렇게 세 시기로 나누어 이해하면 좋아요. 위니콧은 인간의 정신이 보편적 과정을 통과하면서 발달해간다고 보았어요. 즉 정신발달에 유난히 중요한 시기가 있고 반드시 충족해야 하는 체험이 있다는 거예요. 그는 시간 요소를 주목하여 아이의 신체와 정신발달 양태에 따라 대상관계의 질이 달라져야 함을 강조해요.

위니콧은 엄마가 아기의 심신 상태에 자신의 정신을 몰두해 맞춰주는 것이 정신발달에 중요하게 작용한다는 점을 발견했습니다. 이런 엄마의 역할을 수행하기 위해서는 아기에게 모든 관심을 헌신적으로 집중하는 '일차적 모성몰두'가 필요하다고 강조했습니다. 그런데 아기를 위한 환경을 유지하려면 엄마를 위한 환경도 필요합니다. 따라서 엄마가 건강하게 살아야 유아가 살기 때문에 엄마의 기를 살려주고 위로해주고 격려해주기 위해서 위니콧은 많은 부모교육을 했고, 문제 아이의 부모 문제를 치료하는 데 열정을 쏟아부었어요. 그 과정에서 유아는 정신발달을 위해 '촉진적 환경'을 필요로 하고, 이 환경은 곧 엄마 또는 엄마 역할을 하는 누구라는 것을 내담자들의 내면을 분석하면서 깊이 성찰해냈습니다.

아이가 욕구를 비언어적 몸짓 소리로 생동성(vitality) 있게 표현하고, 엄마는 그것들을 최대한 존중하고 공감하여 맞추어주면 아이에게 어떤 일이 일어날까요? 아이에게 반응하는 엄마의 수많은 정신·신체적 조율들은 아기의 내사작용(introjection)을 통해 젖을 삼키듯 정신 내부로 흡입됩니다. 내면화되는 것이지요. 바로 이 내용물들이 아기의 정신을 형성시키는 핵이 되고 뼈대가 돼요. 엄마가 아이 대신 아이의 팔다리 역할과 정신기제 역할을 다 해주고 아이가 이것을 모방하고 내면화하면서 엄마와 닮은 정신성이 형성된다는 것이죠. 엄마의 신체적, 정서적 특성을 흡수하는 겁니다.

이처럼 엄마-유아 간의 상호작용적 관계 경험을 통해 아이는 다채로운 정서를 느끼고, 상황에 맞는 감정 조절을 시작하며 정서발달을 지속하게 돼요. 이 과정에서 아이는 본능 욕구와 감정과 생각을 자연스레 표현했을 때 엄마로부터 존중받고 반영받으며, 대상과 편안히 관계하고 대상에게 관심을 가지며 대상을 이해하는 기본 토대를 형성하게 됩니다. 이런 엄마-유아 관계가 성립되지 않고는 결코 정신의 중심기관인 자기(self)의 발현과 발달이 이루어지지 않는다고 강하게 주장하고 있어요. 보통의 건강한 엄마는 아이를 낙담시키지 않고 아이의 욕구를 충족시켜주는 역할을 놀라울 정도로 잘 수행합니다.

임신과 출산과 양육은 굉장히 어려운 생리 심리적 과정이거든요. '엄마 됨'의 과정은 생물학적 신체 변화이기도 하고 심리적 변화이기도 해요. 임신과 출산 전까지 예비 엄마가 정신발달을 어느 정도 했느냐에 따라 아이양육에 얼마나 적응할 수 있느냐 없느냐가 결정됩니다. 한 여자가 엄마로 탄생하는 과정은 존재 양태가 변하는 굉장한 통과의례입니다. 아기만 탄생하는 게 아니고 엄마도 탄생하는 것이기 때문에 그 과정에서 많은 생리 심리적 갈등들이 일어납니다.

많이 힘들면서도 엄마는 아기한테 집중을 해요. 그런데 어떤 엄마는 당황하며 불안해하거나 좋지 않은 습관으로 아기에게 부정적 영향을 주기도 합니다. 엄마의 기분이 좋지 않으면 양수의 질도 바뀐다고 해요. 한 예로 태아기 때 엄마의 생리 심리 상태가 태아에게 영향을 미친다는 것을 연구한 TV다큐멘터리 〈태아프로그래밍〉이 있어요. 제2차 세계대전 때 적군에게 포위되어 음식 공급이 몇 달간 끊겼던 유럽의 어느 도시에서 임신과 출산을 한 산모와 아이들의 상태를 추적조사했는데, 유독 그때 태어난 아이들이 성장한 후 당뇨, 고지혈증, 비만이 많았어요. 그 원인을 조사했더니 엄마가 임신 중에 음식을 제대로 먹지 못한 기아상태였고 그로 인한 불안이 탯줄로 태아에게 전해져 출생 후에도 영양분을 몸에 축적해놓으려는 생존욕구가 과잉 작동된 거였어요. 즉 성인이 된 후에도 음식 섭취에 집착해 영양 과잉이 됐던 거예요. 이처럼 기억도 나지 않는 엄마-영유아 관계의 흔적들이 개인의 삶에 이토록 큰 영향을 미친다는 것이 과학에 의해 규명되고 있습니다.

아내가 임신을 하면 남편의 역할도 중요해요. 아내는 남편으로부터 정서적 지원을 받지 못하면 배 속의 아기를 위로 삼아 의지하게 됩니다. 지나친 경우, 출산 후 신체 내부에 있는 아기를 잃은 상실감으로 산후 우울증이 극심해지기도 합니다. 덧붙여 엄마 자신이 불안정 애착의 경험이 있으면 힘든 때에 배우자를 신뢰하기가 어렵고, 상대방이 해줄 수 있는 것보다 더 많은 친밀감을 원해서 스트레스를 유발합니다. 남편이 자신을 진심으로 위해주고 사랑해주지 않는다며 지나친 걱정을 하게 되는 격이죠. 그래서 산모에게 남편뿐만 아니라 가족도 예쁜 거 먹어라, 맛있는 거 먹어라 하며 임산부를 도와주고 보호해주고 지지해주면 임산부는 마음 놓고 태아에게 몰입할 수 있게 됩니다. 힘든 일들을 뒤로 하고 배 속의 아이를 느끼면서 자부심을 가지게 되는 것이죠.

이 시기의 아빠의 지지는 엄마로 하여금 불안 없이 아이에게 몰입하게 합니다. 사랑받지 못한다는 소외감에 함몰되지 않으면서 자기의 건강한 정서를 충분히 가지고 아이에 몰입하는 능력을 만들어주는 거예요. 그런데 이때 고부간의 갈등이 있다든지, 사회환경이나 가족으로부터 지원이 없다든지, 남편이 외도를 한다든지, 남편과 분리되어 소외감을 경험하면 엄마는 아이한테 몰입하기가 힘듭니다. 아이가 하찮게 느껴지고, 거추장스러운 힘든 대상이 되어버려요. 엄마와 아이의 관계가 손상되는 과정이 시작됩니다.

또 부모가 '원해서 태어난 아이'인지 아닌지도 아이의 정서발달 면에서 매우 중요해요. 생애 초기의 유아는 살아 있는 엄마의 신체인 자궁에 의존되어 있잖아요. 아이가 안전한 자궁에서 벗어나 세상에 출현해 탯줄이 잘릴 때 아기는 몹시 놀라요. 그때 자궁과 같은 보호막 역할을 하는 것이 엄마의 품이에요. 아기의 심신 상태에 엄마가 몰입해 맞춰주는 것은 언어소통능력이 미발달된 유아가 열등감이나 수치감 없이 자기감을 형성하는 데 근본 자원이 됩니다. 이 시기에 엄마는 아이에게 미쳐 있는 시기예요. 잘 못자고 잘 못 먹어도 버틸 수 있는 생리 심리적 에너지가 나와요.

그런데 엄마 자신이 어릴 적 애착에 문제가 있었다면 태어난 아기가 버겁게 느껴져 심각한 일들이 발생합니다. 엄마는 자신이 아기였을 때의 의존 관계 경험을 가지고 현재의 아이를 다루게 돼요. 유아는 3개월 정도 되면 정서 경험을 할 수 있어요. 생애 최초 단계에서 아이의 완전한 의존을 받아주는 엄마의 능력에 의해 아이의 정서양태와 자아조절 기능이 좌우돼요. 의존 관계가 조화로우면 아이가 엄마의 정신 기능들을 흡수하여, 자기의 욕구와 감정들을 길들이고 통합하는 자아 기능을 발달시킵니다. 수많은 잠재능력을 지닌 아기가 정신적 틀을 형성하게 돕는 엄마의 몰입은 탯줄이 끊어진 아기에게 그 탯줄을 이어주는 역할을 해요.

엄마에게서 그런 에너지와 호르몬이 나오도록 신이 창조한 게 신기하기도 해요. 영국의 고아원에서 자란 전쟁고아들이 3세 이전에 절반이 죽거나 상당수가 평생 심각한 정신신체 병리를 앓게 된 원인이 엄마와의 정서적 접촉 결핍에 기인한다는 걸 밝혀낸 것은 영국 정신분석가들의 공이에요. 탯줄 대신 제공되는 엄마의 몰입을 토대로 친밀감이 형성됩니다.

출생 후 1년 동안은 엄마가 아이에게 잘 적응해주는데, 물론 아이는 그때 기억이 안 나요. 그런데 엄마의 모성몰입 실패 흔적들은 자기 존재에 대한 위협감을 평생 느끼게 합니다. 존재연속성이 없는 사람의 경우 자신이 무슨 상처를 받았는지 기억은 안 나는데 때때로 죽을 것 같은 불안이 엄습하곤 해요. 뭔가 안 될 것 같은, 뭔가 배신당할 것 같은 불길한 예측과 예감들이 생겨납니다.

존재연속성이 손상된 경험은 아이가 감당하기 힘든 정서적 충격을 주므로 무의식에 저장되고, 아주 조금이라도 비슷한 상황에 처할 때마다 반복해 불안감을 만듭니다. 초이 양은 정신증을 앓았습니다. 늦은 오후의 상담인데 이른 아침에 도착해 상담실 근처에 앉아 있다 오는 게 안쓰러웠어요. 때로는 복도에 한 시간 이상 서 있기도 했어요. 그 이유를 알지만 따뜻하게 "왜 그리 일찍 나왔어?"라고 물으면 "집에 있으면 숨이 막히고 너무 불안해서 공포로 정신이 깨질 것 같아서요. 옆 건물 커피전문점에 있었지만 선생님이 옆에 계신 것처럼 편안했어요"라고 말했어요. 초이 양은 오랫동안 공감 대상이 없었고 보통사람이라면 심각한 갈등적 상황에서나 경험할 수 있는 강한 불안을 사소한 자극으로 느끼곤 했어요. 스스로 긴장을 완화시킬 수 없는 초이 양은 어른이지만 유아였습니다. 엄마 역할을 하는 상담자의 공감적 이해와 돌봄에 전적으로 의지할 수밖에 없었습니다.

또한 애착장애를 가진 성인이나 아이를 치료할 땐 해결되어야 할 분노가 있습니다. 놀람과 상처의 얼룩으로 정신 내부를 오염시킨 분노가 중화되어야 비로소 개성을 당당히 표출하는 공격성이 살게 됩니다. 이 공격 에너지가 살아 있어야 창조성이 출현하고, 자신이 선택한 과제를 책임 있게 수행하는 도덕성을 형성할 수 있습니다. 공격성-창조성-도덕성이 미발달하면 직업수행과 대상관계가 모두 실패합니다. 이것은 배우거나 가르쳐서 되는 게 아니고 오직 생생한 관계 체험을 통해서만 습득할 수 있습니다.

아이를 기르고 사랑하며 돌보는 능력은 엄마의 성격에서 나옵니다. 절대적 의존기에 엄마가 아이에게 헌신할 수 있고, 애정을 마음껏 줄 수 있는 것은 아이에게 인생을 행복하게 살 수 있는 엄청난 힘이 됩니다. 이 시기에 엄마가 우울증을 갖고 있으면 아이도 나중에 우울증을 겪을 수밖에 없습니다. 살아가면서 치유해주는 요소를 만나기도 하겠지만 결국 어려운 일들이 생긴다는 겁니다. 아기에게 엄마는 활발히 살아 있어서 아이가 마음 편하게 사용할 수 있는 존재여야 합니다. 엄마가 건강하면 실수나 작은 불행쯤은 큰 문제가 되지 않을 수 있어요. 하지만 엄마가 애착이나 자아발달에 문제가 있는 경우, 사회적 기술을 배워 사용한다고 대인관계가 개선되지 않아요. 기술이 애정을 대신할 수 없습니다. 본인 스스로 가짜인 것을 알기 때문에 오히려 스트레스를 받죠.

·· 함께 있을 수 있어야 홀로 있을 수 있다 ··

아이와 엄마가 둘 다 만족스런 융합 경험을 하면 아이의 'I(나)'가 출현해요. '나는 나야'라는 것이 출현하면, 진정한 나로서 존재한다는 의미로 'I am(온전히 있는 나)' 상태가 돼요. 존재연속성은 '나는 나로서 있음이다'이거든요. 아이는 엄마의 목소리, 눈빛, 냄새, 기분 등을 정신에 대부분 흡입해요. 3~5개월 아이들은 엄마가 대하는 것과 할머니가 대하는 것을 구분해요.

엄마가 몰입해서 아이한테 맞춰줘야 하는데 양육자가 바뀌면 아이가 양육자에 맞추는 일이 생겨나겠지요. 그런 상황에서 '나는 나야'라는 'I am'의 연속성이 깨지는 거예요. 엄마의 요구에 반응하도록 어린 나이에 강요받은 아이는 자기 존재 상태를 유지하는 능력에 평생 장애가 생겨요. 심지어 '나는 나야'라고 할 때 박해불안을 경험하게 됩니다. 상담을 하면서 이러한 상처를 입은 아이들은 매번 상식적인 것까지 물어요. 앉아도 돼요? 말해도 돼요? 화장실 가도 돼요? 등을 말이죠. '나는 나야'라고 표현하고 싶은데 '아니야 잘못됐어. 시끄러워. 하지 마'라는 말을 들을까봐 불안해집니다. 매순간 자존감을 위협하는 박해환상과 불안을 가지고 사는 것입니다.

엄마가 직장을 다니느라 너무 바빠서 첫 3년간 아기를 할머니와 가사 도우미에게 맡겨 키웠는데 자라면서 '나는 나야'가 취약해져 대인관계를 자신 있게 못하고 회피하는 분들이 적지 않아요. 'I am'을 성취한 사람은 내가 '이걸 하자고 하면 다들 좋아하겠지', 내가 '이 말을 하면 박수를 받을 거야'라고 예상해요. 하지만 존재의 불연속성을 심하게 겪은 아이는 놀래고 응어리진 감정을 지닌 까다로운 아이가 되는데, 그때 엄마가 열심히 맞춰주면 무난한 성격의 아이로 변합니다. 그런데 엄마가 정서적 친밀 관계를 경험해보지 못해서 아이에게 제대로 맞춰주지 못하면 '나'가 없어지는 불연속성에 계속 시달리게 됩니다.

그런 위기 상태에서 벗어나고자 아이는 엄마 눈치를 보면서 엄마에게 자신을 맞추며 순응하는 거짓자기 인격을 형성하게 되죠. 거짓자기는 생후 1년에 생성돼요. 어떤 엄마는 "우리 아이는 어찌나 순한지"라고 말하며 편안해하는데, 글쎄요. 그 어린애가 왜 그토록 순할까요? 엄마가 많은 것을 맞춰주지 못하니까 진정한 접촉 관계를 체념해서 순해진 것입니다. '순하다'는 말은 위니콧에게는 아이에 대한 모욕입니다.

우는 아이를 못 달래는 엄마들은 아이의 마음을 못 읽어내서 그렇습니다. 자기 마음을 제발 알아달라는 신호를 아이가 보내는데, 짜증이나 무관심으로 대응하는 격이에요. 아이가 존재불연속성에 적응이 돼버리면 감각통합에 문제가 발생해요. 남을 지속적으로 사랑하고 신뢰하는 능력이 고장나는 것이죠. 사람과의 관계에서 시시때때 변화하는 감정 신호를 읽어내 공감하며 조화롭게 반응하지 못하고, 엉뚱하게 반응하거나 감정이 복잡해지면 감당하기 힘들어 관계를 회피하고 단절하려 합니다. 결국 좋은 관계를 유지할 수 없어요.

위니콧은 아이가 엄마에게 신뢰를 느끼며 좋은 관계를 유지하면 'I am'과 'I am a lone'을 얻는다고 봅니다. 'I am a lone'은 홀로 설 수 있는 능력을 의미해요. 이것은 건강한 성인이 잠시 퇴행해 휴식하는 상태와 유사해요. 절대적 의존 경험이 충족되어 '존재연속성을 지닌 안정된 나'가 형성되어야 비로소 홀로 있을 수 있는 능력이 발달합니다.

홀로 있을 수 있다는 건 엄마가 아이를 떼어놓는다는 의미가 아닙니다. 엄마와의 관계 속에서 홀로 있을 수 있는 능력을 뜻합니다. 엄마와 함께 있는 경험이 충분히 채워져야 엄마에게 의존하지 않고 홀로 있음이 가능해져요. 정서적으로 편안한 아이들은 엄마가 없어도 잘 놀아요. 반대로 홀로 있을 수 있는 능력을 지니지 못한 아이는 병리현상으로 누구와 편안하게 있지 못해요. 상대가 뭘 하고 싶은지 뭘 먹고 싶은지 늘 남의 마음을 읽어내려 애쓰죠. 함께 즐기고 함께 있는 게 아니고 눈치 보는 데 에너지를 다 써요. 어렸을 때 엄마에게 편안히 의존하지 못한 채 눈치를 너무 봐서 그렇게 된 것입니다.

누군가에게 편안히 의존하고 대상을 신뢰할 수 있는 건 굉장한 심리적 성취예요. 의존에는 여러 차원이 있는데 마음껏 안길 수 있는 것과 홀로 있는 것 두 가지 다 포함돼요. 우리가 사랑하고 싶은 대상에게 다가가고 원하는 것을 표현하면 그것만으로도 충분합니다. 그런데 "이번 주에 바쁘니? 나 만날 시간 없니?" 이렇게 망설이면 '나는 너를 보고 싶다'는 나의 진정한 욕구를 상대가 잘 모르게 돼요. 때로 친구에게 잠시 의존하며 휴식을 취하는 이런 의존은 죽을 때까지 필요하다고 봐요. 사람은 혼자 살 수 없어요. 홀로서기란 단절된 홀로서기가 아니라 관계성 안에서 홀로 있음이에요. 우리는 항상 함께 있으면서 홀로 있어야 되거든요.

엄마와 좋은 의존을 못한 사람은 혼자 있으면 불안해요. TV라도 하루 종일 틀어놔야 할 것 같고, 혼자 있으면 안 좋은 일이 일어날 것 같고, 기분이 나빠지고, 기운도 빠지고, 부정적으로 변해요. 이런 문제가 있는 청소년이나 청년들한테는 현실적 대안으로 혼자 있지 말고 카페에 가서 숙제를 하거나 친구들을 불러서 같이 하라는 팁을 줍니다. 혼자 있을 때 자아가 제대로 기능을 못하니까요. 또한 함께 있으면서 홀로 있어야 해요. 자신을 희생하며 늘 타인과 함께 있으면 오히려 자율성이 발달되지 않아요.

위니콧이 말한 '절대적 의존'은 완벽한 걸 뜻하는 게 아니라 보통의 건강한 관계를 의미해요. 평범한 것이 안 되었을 때 삶을 살기가 너무 힘들다는 것을 강조한 거예요. 동생도 있고, 언니 오빠도 있으면 혼자서 온전한 사랑을 받을 수 없잖아요. 적절히 조금만 나눠 받으면 되는데 그 조금이 나한테 충족되지 않을 때 힘이 드는 거예요. 사랑을 적절히 받으면 평생 삶에서 타협을 할 수 있게 돼요. 적절히 기다리는 것, 거리를 두는 것을 할 수 있는데 그걸 못해서 파괴적으로 변해서 파국을 맞이해요. 의존이 해결 안 된 사람은 누가 타협을 제안하면 거부나 공격으로 느껴요.

어느 일요일 밤이었는데 상담을 의뢰했던 사람이 갑자기 급하다며 전화를 한 거예요. 도움을 받고 싶은 마음이 얼마나 간절한지는 이해하지만 정해진 날에 만나서 차분히 이야기하자고 했지요. 다행히 그분은 마음이 조급해져서 연락했다고 했어요. 의존 욕구의 좌절과 연관된 과거의 상처로 감정 조절이 안 되는 거죠. 이런 분들은 상대가 자신에게 맞추면서 엄청난 융합 퇴행을 인정해주어야만 존중이나 사랑을 느낍니다. 이런 관계는 현실에서 실현되기 어렵기 때문에 파국으로 끝날 수밖에 없어요.

사회적 관계는 함께 있기도 하지만 거리를 지키며 홀로 있을 수도 있어야 해요. 그 거리를 임의적으로 허문다는 건 그 사람이 좌절된 유아적 의존으로 인한 복잡한 감정 상태에 고착되어 더 이상 발달하지 못한 정신 상태로 지낸다는 걸 의미해요. 약간의 도움이 필요한 사람이 아니라 강렬한 융합을 원하죠. 그래서 상담자를 전능한 자기-대상으로 보는 어린아이인 거예요.

절대적 의존 시기에 아이가 외상을 입거나 좌절이 크면 그 상태는 정신의 내부와 외부에서 평생 반복됩니다. 아무도 상처를 안 주는데 혼자 상처를 받게 됩니다. 원하지 않는 곳에, 가지 말아야 하는 곳에, 있지 말아야 할 곳에 가서 이상한 행동을 하다 상처를 받게 되죠. 결국 'I am(내가 나로서 있음)'의 손상은 정체감의 혼란 문제를 만듭니다. 그로 인해 인간관계에서 계속 실패를 거듭할 수밖에 없습니다.

어미가 없는 새끼원숭이에게 모형 털원숭이를 만들어놓고 우유를 줬더니 새끼원숭이가 애착을 형성한 유명한 실험이 있죠. 두 번째 실험에선 어미와 애착이 안 된 원숭이를 우리에 넣고, 건강하게 애착이 된 원숭이를 친구로 넣어줬더니, 애착이 안 된 원숭이가 성격이 좋아졌어요.

그런데 건강한 원숭이가 박탈된 친구 원숭이를 돌보다가 탈진해 우울증에 걸려버렸지요. 이 결과는 무엇을 뜻할까요? 박탈된 사람과 있으면 자존감이 강한 사람도 상처 입을 수밖에 없다는 것이에요.

초기 모성 박탈이 매우 심했던 배우자랑 살면, 상대 배우자도 같은 병리로 들어갈 수 있어요. 사랑을 받지 못한 사람과 계속 같이 있으면 번아웃이 되는 것이죠. 의기소침, 낮은 자존감, 성욕상실, 이타적 사랑 실패가 일어나요. 예를 들어 겉으론 멋있고 세련된 매너를 보이는 연예인이나 재벌 2세가 결혼 생활에 문제가 생겨 수차례 거듭 이혼하는 경우가 있습니다. 초기 박탈로 인해 배우자에게 진정한 애정을 베풀기 힘든 무의식 요인 때문일 수 있어요. 그래서 인생의 행복을 얻고 자신을 발달시켜줄 배우자를 선택하는 데 외적 재산도 중요하지만 내면 재산이 아주 중요한 것입니다.

엄마가 아이한테 몰입해주는 기간 중 가장 중요한 시기가 생후 1년이에요. 이 기간의 엄마-유아 간 관계가 실패하면 편집망상과 박해불안에 시달리는 편집 분열적 정신구조가 형성돼요. 정신증을 앓고 있는 초이 양은 전시회에 갔고 작가가 사진을 찍어주겠다고 제안을 했답니다. 그런데 작가가 자신을 노려봤다며 오랫동안 기분 나빠했지요. 사진기만 조리개가 있는 게 아니고 사람 눈도 조리개가 있다고 설명해주었어요. 구멍 크기를 넓혔다 좁혀서 빛의 양을 조절한다고 말예요. 초이 양은 적대적인 부모로 인해 왜곡되게 발달한 자아를 가졌기 때문에 현실에서 부정적인 반응을 보이는 겁니다.

절대적 의존기는 정신발달에 너무도 중요한 시기이기 때문에 안심하고 의존할 수 있는 엄마가 없으면 정말 안 돼요. 보통의 건강한 엄마는 이 시기가 지나면 다시 자기 삶을 살기 시작합니다. 전적으로 아이를 바라보는 몰입에서 벗어나 상대적 관심으로 대하게 돼요. 자신도 있고 남편도 있죠. 아울러 아이도 기존의 의존 관계 욕구에 대해 적절한 좌절을 겪게 됩니다. 아이의 새로운 성장은 이처럼 엄마가 자신의 독립성을 되찾는 것과 더불어 일어나요. 엄마와 가까이 있는 것과 엄마로부터 적당히 떨어져 있는 건 자기 성장에 꼭 필요해요. 이런 적응의 문제에서 점차적으로 벗어나지 못한 엄마는 의존의 또 다른 실패를 아이에게 가르치게 됩니다. 자기의 미성숙이나 불안으로 인해서 아이를 분리시키지 못하는 상태가 계속됩니다. 자아를 발달시키려면 적절한 좌절을 체험해야 하며, 그 조절을 엄마 자신부터 해야 합니다.

분리되지 않으려 떼쓰는 아이로 인해 엄마도 상처받는다는 걸 표현하고, 아이한테 적절한 좌절 상처를 줄 수 있는 방법도 알아야 해요. 엄마가 격노하는 것과 아이에게 의미 있게 상처 주는 것은 차이가 있어요. 아이를 적절하게 실망시키고 좌절을 줄 수 있어야 하는데, 의존을 해결해보지 못한 엄마는 분리시키는 좌절을 힘들어하며 아이에게 가르치지 못해요. 그러면 아이가 자신의 공격성을 자연스럽게 사용하는 데 문제가 생겨요.

·· 상처는 말이 아닌 고통으로 나타난다 ··

어떤 분이 자기 아이가 이상하다고 찾아왔어요. 유치원에 다니는데 대소변을 못 가리고 언어장애가 있고 반복적인 말이나 행동을 하며, 먹는 것에 집착한다며 호소를 했는데 발달장애 같았어요. 최근에 말을 전혀 안 듣고 괴상한 소리를 지르고 이상하니까 버거워서 제 상담실에 데려온 거예요. 별이는 한눈에 봐도 접촉과 언어소통이 안 되는 자폐 상태였어요. 별이 엄마는 상식 수준에서 아이를 전혀 이해하지 못하는 자기애적인 분이었어요. 이미 다른 전문기관에서 지속적인 도움을 받지 못해 온 것 같았죠. 발달장애 클리닉으로 가보라고 해도 막무가내였죠. 외부 세계나 외부 대상에 대한 이해는 지능으로만 알 수 있는 게 아닙니다. 정서발달 수준에 많이 좌우되죠. 현실에 대한 이해도 결국 마비됨 없이 순환되는 정서에서 나와요.

엄마는 직장을 다니느라 별이를 거의 돌보지 못했고 가사도우미에게 맡겼다고 해요. 집에 있을 때도 잠깐씩만 접촉해주었지요. 아이는 양육자와의 상호맞춤 경험이 심각하게 결여되어 있었던 것입니다. 여러 증상들이 나타나기 전에 별이는 이미 불안을 많이 드러냈는데, 그것이 심각한 위기 신호인 걸 알아차리고 치료사에게 보다 일찍 도움을 청했으면 좋았을 것입니다. 별이가 잠을 안 자고 버틴다든지, 안 먹고 우는 위기신호가 발병 전조증상이었을 텐데 대기업 과장이던 엄마는 일에 몰두하느라 무시해버린 것입니다. 아이의 아빠는 지방대학 교수인데 주말에만 가족이 함께 지냈고, 아빠 역시 학문에 몰입하느라 아이와 친근한 정서접촉을 하지 못한 듯 보였어요.

별이는 엄마가 아닌 여러 가정부 아줌마와 생후 5년을 함께 보냈습니다. 자폐는 단단한 심리적 방어 껍질을 지니고 있어요. 보통의 갑각류형 자폐 아이들은 무겁고 굳은살이 박여 있는데, 별이는 아메바형이었어요. 온몸이 흐물흐물해 픽픽 쓰러지는 가여운 아이였어요. 정체성이 심하게 조각난 정신분열증에 가까운 아이였습니다. 상담 첫날에 그 아이의 블랙홀 같은 눈을 보고 슬퍼서 눈물이 났어요. 아무도 자기를 봐주지 않아서 그 누구도 제대로 발견할 수 없는 까만 눈이었죠.

별이는 누가 자기를 볼 때 소리를 질러요. 사진 공포증도 있었고요. 엄마가 자기를 깊이 바라봐준 적이 없는 거예요. 아이를 향한 엄마의 헌신적 몰입 경험이 아기 때부터 없었던 거지요. 상호작용이 전혀 안 됐고, 언어표현도 미숙했고, 너와 나가 혼동되고 똑같은 행동을 반복하고 정서적으로 외롭게 철수되어 있는 상태였어요. 그런데 그 아이가 크게 부담이 되지 않았고 사랑스럽게 느껴졌어요. 아이도 상담에 오는 걸 좋아했어요. 가끔 상담도 상당한 인연으로 시작된다는 생각을 하곤 해요. 시간이 많이 지나면서 그 아이와 상호작용이 가능해졌고, 별이를 많이 사랑하게 되었죠.

상담 몇 개월이 지나자 별이는 "로사 선생님은 나를 사랑해"라는 말을 툭툭 내뱉곤 했어요. 진심이 통한 겁니다. 또한 별이는 어느 정도 현실접촉이 이루어졌을 때 상담실에서 어떤 물건이 흐트러져 있거나 삐뚤어져 있으면 참지 못했어요. 엄마가 편안한 환경을 준 적이 없었고 그 불안이 너무 강해서 정리하면서 놀아야 했지요. 좋거나 기분이 나쁠 때 지르는

괴성은 정말 엄청났어요. 그 소리의 의미를 구분해야 하는데 8개월 관계하니까 알겠더라고요.

처음엔 아이와 접촉이 전혀 되지 않아 함께 있어도 배제되어 있는 느낌이 컸어요. 아이가 상담 내내 눈빛도 안 주고, 있는 듯 없는 듯 대하니 전해지는 고립감이 너무 끔찍한 거예요. 별이는 놀이를 통해서 자기가 경험한 걸 드러냈는데 모든 종류의 붕괴를 다 보여줬어요. 낭떠러지에서 떨어져 죽는 놀이, 물어뜯기고, 찢겨 죽는 놀이 등 끔찍한 놀이들 말예요. 멸절불안에 대한 아무런 위로를 받지 못했던 것이죠. 그러니까 자기 연속성에 대한 감각과 자아 기능의 모든 면에서 발달장애가 생긴 것입니다. 놀이치료를 주 4회, 1년 넘게 하고서야 애착형성 놀이로 넘어갈 수 있었습니다. 수십 마리의 동물들이 방해 없이 안전하게 띠를 이루어서 무를 뽑아 먹는 놀이를 했는데 500회 이상 했어요.

엄마랑 애착 형성이 안 되고, 아버지와의 관계도 결여되어 아이는 상징능력이 형성되지 못했어요. 아이들에게 점심으로 뭐 먹고 왔냐고 물으면 보통 "점심은 돈까스요"라고 짧게 답하는데, 이 아이는 언어에 대한 상징적 이해력이 없어서 김치 몇 개, 치즈도 먹었고, 파도 들어가 있고 등 이런 설명을 10분 이상 계속해야 했죠. 동물 50마리가 잠을 자고 일어나면 한 마리 한 마리씩 꼬끼오를 50번 모두 해야 하는 거예요. 여러 지각들을 하나로 묶는 상징적 통합 기능이 안 되기 때문에 그런 것입니다.

상담을 받으면서 조금씩 인지통합이 되었고 그 후로 현실에 적응하는 데 필요한 여러 상징을 사용하는 놀이를 할 수 있게 됐어요. 엄마가 아이에게 해주지 못했던 정서적 접촉, 공감과 마음 반영, 욕구표현 존중해주기, 침범하지 않고 가만히 지켜보기, 함께 놀아주기 등 치유관계를 주 4회 3년을 하고서야 사람에 대한 관심과 관계능력이 생겨 상담을 종결했습니다. 언어치료사도 지원해주고, 일반 학교에서 발달장애 특수시설로 옮기기도 했습니다. 양육자에게 온전한 의존을 못해서, 어린 시절에 존재연속성과 정서 유대가 붕괴됐기 때문에 안정된 애착 관계를 형성시키는 데 오랜 시간이 걸린 거예요.

아이들은 놀이치료 안에서 유아기에 끝맺지 못했던 정신발달을 다시 시작해요. 어른들은 치료를 언어 상담으로 하지만 아이들은 놀이로 합니다. 좋은 엄마의 역할이 결핍되면 아이의 정신 기능은 왜곡이나 일탈을 일으켜요. 심리학자들은 아이의 특성에 대해서만 관찰하고 설명하는데 위니콧은 '엄마랑 함께 있는 아기'를 주목하라고 강조해요. "홀로 존재하는 아기란 없다. 아기랑 엄마 쌍이 있을 뿐이다"라는 정신을 두드리는 말을 했습니다.

엄마와 아기는 본래 한 쌍이기 때문에, 엄마의 정신건강이 아이의 건강에 절대적 영향을 미치게 돼요. 엄마가 심각한 불안을 가지고 있으면 아이는 '내사(introjection)' 작용을 통해 엄마의 불안을 그대로 흡입하게 돼요. 불안은 학습되기보다 전염됩니다. 엄마에게서 아이에게로 그냥 옮겨져요. 자연스럽게요. 아이는 아직 자생력과 자기를 방어할 능력이 없어서 스펀지에 물이 스며들듯 무차별적으로 양육자의 모든 걸 흡수합니다.

아이가 자다가 울고 쉽게 달래지지 않는 것은 심각한 불안에 노출된

건데 내면의 환상일 수도 있고, 낮에 좌절한 경험 때문일 수도 있어요. 그것이 해소되지 않고 성격에 자리 잡게 되면 만성적 불안이 일어나 타자에게 옮겨지죠.

위니콧은 신체적 병으로 인해 생긴 불안도 정신질환을 만들 수 있다고 보았어요. 그래서 외과적인 수술이나 감기를 오래 앓는 경우 엄마가 그걸 다루어주는 방식이 중요하다고 봤어요. 아이가 소스라치게 겁내하고 놀랄 때, 무서워하고 울 때 엄마가 짜증내면 안 돼요. 건강한 엄마는 그때 짜증내면 안 된다는 걸 직관적으로 알아요. 아이의 불안을 감당해주는 인내심이 필요합니다. 불안은 급하게 엄마가 필요하다는 신호예요. 이때 엄마가 편안한 유대를 못하고 유아교육신서 보고 어떻게 해야 하는지 읽고 나서, "어떤 박사님이 아이가 울 때 달려가지 말라고 했는데" 등등의 생각으로 방어를 하고 있으면 아이의 불안은 해소되지 않습니다. 하던 걸 다 미루고, 기분 나쁜 일이 있다 해도 마치 그런 일이 없던 것처럼 아이한테 몰입해줘야 해요.

달래주는 안정된 엄마와의 교류 경험에 주목해야 하는 건 엄마의 음색, 냄새, 따뜻한 체온, 언어, 이런 것들이 아이의 정신에 들어가서 성격의 핵과 뼈대가 되기 때문입니다. 어떻게 하면 우리 아이가 안정감을 찾을 수 있는지 보통의 좋은 엄마들은 자신의 유년기 엄마 관계 체험을 통해 이미 체득하고 있어요. 엄마라는 울타리 환경이 없으면 아이는 살아갈 수 없어요. 아이는 엄마 품에 안겨 있으면 나락으로 떨어지는 불안으로부터 보호받고 있다는 걸 자연스럽게 알아요.

기억할 수 없는 유아기의 상처는 평생 반복되는 기분이나 부정적 삶의 상황으로 재연되므로, 외면하기보다 가능한 빨리 해소하는 게 유익해요. 아이가 언어로 표현하는 것은 보통의 스트레스 반응 정도예요. 진짜 힘든 상처는 말로 표현되지 못한 채 여러 고통 증상들로 나타납니다.

·· 엄마 대신 의존하는 대상에 아이가 중독된다 ··

아이는 태어나서 젖꼭지를 무는 순간 자궁 속 탯줄과 유사한 경험을 하는데, 젖꼭지는 구체적 실재이자 일종의 연결감각을 회복시키는 의미의 상징이에요. 젖꼭지, 젖가슴, 엄마상은 이렇게 점차 통합되어가요. 아기에게 젖가슴 경험이 차갑고 딱딱하고 끊어진 경험으로 존재했다면 평생 거기에 집착한다든지 멀리한다든지 하는 여러 관계적인 문제가 생겨요.

위니콧은 정상인 아이와 정신증에 가까운 아이, 중간에 있는 아이에 대한 이야기를 많이 했어요. 부모가 원하던 아기였고 엄마 관계도 괜찮았는데, 동생이 태어나면서 사랑을 뺏긴다거나, 엄마가 우울증 때문에 입원하거나 직업적인 이유 때문에 아빠랑 떨어져 살아야 하는 등 좋았다가 갑자기 돌변하는 경험을 한 아이들을 치료하는 데 위니콧은 특히 신경 썼어요. 위니콧이 생각한 '환경 실패'란 엄마 관계 박탈을 의미하는데 절대박탈은 정신증으로 가고 상대박탈은 성격장애를 일으키는 핵심 요인이 돼요.

이들에게 존재연속성을 되찾아주기 위해서 치료를 했는데 반사회성

인격은 공감이나 이해로는 치료가 어려웠어요. 폭력을 드러내는 아이나 성인은 사랑을 준다고 변화되지 않아요. 문제의 뿌리를 대면시키면서 '함께 싸워주는' 것이 필요해요. 부모교육은 질병의 원인을 엄마의 잘못된 양육에서 찾고 엄마의 탓으로 돌리는 게 초점이 아닙니다. 개인의 정신구조가 망가졌을 때, 환경을 구성하는 대상들과 관계 맺는 능력을 발달시키지 못한 상처로 인한 것인지, 제대로 알아내 벗어나게 하는 것이 초점이에요. 우리는 누구나 부모가 되잖아요. 아이를 사랑하고 소중히 여기고 돌보는 것은 정상의 아이한테도, 아픈 아이한테도 중요해요.

그런데 아이를 회복시키고 성장시키는 능력은 엄마의 어릴 적 충분한 의존체험과 성격발달과 연관되므로, 부모교육을 통해 엄마 자신이 망각해온 유년기 엄마 관계 문제를 온전히 이해할 필요가 있습니다. 불안정한 환경체험으로 인해 '나'의 존재연속성과 실존감이 무너진 사람들의 남모르는 내적 고통에 대해 위니콧이 많은 것을 알려주었습니다. 병리성이 깊은 사람이 상담에 왔을 때 중요한 건 이 사람이 유아였을 때 어떤 일이 있었는지 세밀히 알아내는 겁니다. 엄마-아이 사이의 의존 형태나 의존의 질을 잘 탐색해야 합니다. 그래야 내담자가 겪고 있는 고통의 유형과 질을 보다 잘 이해할 수 있고, 그에 부합하는 치료 전략을 세울 수 있어요.

타고난 잠재능력을 발현시키는 좋은 양육환경에 의해 존재의 연속성을 경험할 수 있을 때 비로소 '자기'가 온전히 형성됩니다. 그 자기를 위니콧은 '참자기(true self, 진정한 자기)'라 했죠. 참자기가 형성되는 과정과 원리가 있습니다. 아기가 태어나고 3년 동안의 대상관계 체험이 무엇보다 중요합니다. 짧게는 3년 더 최소화하면 첫 1년 동안 힘든 일이 일어나면 안 된다고 강조해요. 생후 1년, 3년까지는 엄마가 아이의 속도에 맞춰야 해요. 그런데 그것이 말처럼 쉽지 않죠. 엄마가 우울하면 자신도 모르게 관심의 일순위가 엄마 자신이 되거든요. 생후 1년 때 이런 일이 빈번하게 일어나면 아이의 정서발달이 심각하게 손상될 수 있습니다.

양육자가 자주 바뀌거나 조부모나 친척에게 맡겨져 오랜 기간 지내다 오는 것은 부모가 예상 못할 만큼 치명적일 수 있어요. 물론 엄마가 일을 한다고 아이가 다 잘못되는 건 아니에요. 엄마가 일을 하되 아이와 어떤 친밀한 관계를 맺고 있는가가 중요하죠. 위니콧은 프로이트학파인 자아심리학의 영향을 받았습니다. 자아심리학에서는 현실원리, 현실감, 현실적응을 건강의 중심 가치로 간주해요. 여기에 위니콧은 창조성을 강조하며 건강한 사람이 불건강한 환경에 들어가서 부적응 행동 반응을 하는 건 정상이라고 봅니다.

현실이 잘못되면 잘못된 현실 때문에 갈등을 일으키고 부딪치고 싸우는 게 정상이라고 본 겁니다. 예를 들면 한 아이가 동생이 생겨서 그 스트레스 때문에 도벽, 야뇨증, 감기를 달고 산다거나 우울해한다거나 장염에 걸리는 걸 정상 반응으로 본 것입니다. 그걸 정신 내부 기관들의 기능이 고장 난 심리적 병으로 본 게 아니라, 온전한 관계를 맺으며 살고 싶어 하는 관계 욕구의 맥락에서 해석했어요.

아이가 엄마에게 의존하지 못하면서 생긴 병을 상담자인 저에게 애착을 형성해오면서 여러 증상으로 드러내더라고요. 몸의 병으로도 나오고, 말썽이나 문제 행동으로도 나오며 그것들이 하나씩 걷히니까 멀쩡한 아이가 되는 거예요. 언어로 몸짓으로 표현하는 그 과정을 만들어 주지 않으면, 내면에 쌓인 감정 덩이들이 어떤 식으로든 파괴적 양태로 표출됩니다. 뜻밖의 증상이 갑자기 출현하는 그 시기가 학령기, 사춘기, 청년기로 이어져요. 내 아이가 그 시기에 접해 있다면 병리성을 치유하는 데 매우 적합한 기회인 거죠.

TV에 나온 사례를 소개할게요. 남자아이인데 스마트폰이 사라지면 아이가 폭력적으로 변합니다. 아이는 스마트폰으로 만화 동영상을 보고 몰입하는데 유치원도 잘 안 가려고 하고 또래 아이들도 사귀려 하지 않아요. 심리검사를 해보니 사회성발달이나 정서발달이 미숙한 상태로 규명됐고 몸과 정서 모두 환경과 접촉이 안 된 상태였어요.

아이 엄마는 일하는 엄마가 아니었고, 같이 있으면서 방치하는 엄마였어요. 엄마 자신이 좋은 환경 역할을 해주지 못했고 그로 인해 아이가 환경 탐색을 못했죠. 그래서 엄마한테 껌딱지처럼 붙어 있는 대신 스마트폰에서 엄마에게 필요로 하고 흡수할 것들을 받아먹고 채우다가 중독된 것입니다. 아이는 친구들한테도 다가가지 못하고 뒤에서 구경만 하는 아이였어요.

이 아이도 속으로는 잘하고 싶은데 여러 가지 회피기제 때문에 못하는 겁니다. 아이의 행동만큼 엄마의 행동도 매우 이상했는데 아이하고의 상호작용이 너무 건성이었어요. 스마트폰은 안 된다며 야단치다가 자신의 편리를 위해 스마트폰을 쉽게 준다든지, 빈번하게 물질로 아이를 유혹했어요. 그러니 아이는 물질하고만 관계를 할 수밖에 없는 거죠.

그리고 그 엄마가 어떤 유아교육 책을 봤는지 미성숙한 아이한테 존댓말을 하는 거예요. 그리고 정작 제대로 야단쳐야 하는 순간에는 그러지 못했고 심지어 해야 할 것과 하지 말아야 할 것을 아이한테 계속 물어보는 거예요. 제 눈에는 엄마와 아이가 아닌 '두 아이'가 보였어요.

엄마가 왜 이런 확인을 하는 걸까요? 엄마의 행동은 아이한테 과도한 의존을 허락하는 경계 없는 몸짓이더라고요. 엄마가 아이한테 24시간 젖을 물리고 있다고 생각해봐요. 아이가 얼마나 숨이 막히겠는지. 사실은 엄마가 아이에게 의존하는 거예요. 엄마가 아이를 잡아주는 능력이 없어 보였습니다. 아이가 유치원에 안 간다고 하면 가지 말라고 하는 거예요. 버티지 못하고 포기하는 데 몇 초 안 걸리는 거예요.

힘든 아이일수록 엄마가 잘 버텨야 하거든요. 감정 조절이 안 되는 아이가 발버둥칠 때는 말로 하는 게 아니고 몸으로 반응해야 해요. 안 되는 것이 있다는 것을 적대감 없이 엄마 몸의 힘으로 보여줘야 해요. 그럼 몸으로 기억해요. 신체경계와 정서경계는 따로가 아닌 같이 일어납니다.

오락 등 아이들 중독의 치료방법은 상호작용(inter-action)이에요. 아이와 관계를 맺지 않고는 중독을 없앨 수 없어요. 상호작용은 신뢰하는 의존활동이기도 합니다. 그냥 의존이 아니고 수준 있는 의존이죠. 아이는 5개월 무렵부터 본능적으로 물고 빠는 자동반사 작용이 줄어들고 대상과의 상호작용 기능이 활성화돼요. 그다음부터는 엄마가 엄청난 상호작용을 해줍니다. 위니콧은 그걸 안아주기, 반영해주기, 잘 지내는지 지켜봐주기, 낯선 자극을 감당할 수 있는 무엇으로 소화해 전해주기 등 여러 가지로 표현했어요. 어느 하나도 빠지면 안 되는 아이에게 필요한 엄마의 정신 기능들입니다. 중독 내지 중독물은 아이가 엄마 대신 의존하는 대상입니다.

아이는 엄마랑 상호작용을 통해서 애착을 형성해갑니다. 아이의 인지능력도 엄마랑 관계하는 과정에서 성장하므로 모성관계 박탈과 학습장애는 상관관계가 높아요. 왜 인간의 정신발달을 유독 엄마와 연관지어 생각해야 하는가? 하고 물을 수도 있어요. 오늘날 국제정신분석학계에는 이 물음에 답하는 다양한 이론과 관점들이 병존하고 있습니다. 인간의 정신발달은 엄마의 에너지뿐 아니라, 유전자의 힘, 사회문화의 영향력, 심리적 갈등, 자아의 방어, 대인관계, 아버지의 에너지 등 다중 요소들에 영향받으므로 다각도의 검토를 필요로 합니다.

현대에는 매우 많은 심리치료 이론과 기법들이 있습니다. 그런데 대다수 심리치료 방법은 인생사에서 우발적으로 겪은 상처 해소에는 도움이 되지만 경직된 성격구조와 정신발달 좌절로 인한 문제를 해결하기는 어려워 보입니다.

정신분석은 일반인과 일반 상담사에게 포착되지 않는 무의식 영역에서 문제의 근원을 포착하여, 대상관계 및 여러 유형의 문제를 지닌 사람들에게 비범한 비전을 제공합니다. 결혼생활을 하고 직업을 갖고 최소한의 사회생활을 하는 동안 병리가 외부에 심하게 노출되지 않지만 남모르는 고통을 홀로 겪는 분들이 꽤 많습니다. 겉으로는 별 탈 없어 보이는 이분들의 내면은 매우 공허하고 외롭고 우울감에 시달리며, 대인관계에서 미숙하고 무책임한 행동을 표출하지요. 일반적으로 성격장애는 상처 입은 현실에 대한 지각 기능을 마비시키는 분열 방어가 만연되어 정서적 문제가 큽니다. 유아성 인격, 경계선 인격장애 등은 정체성 혼란이 크고, 자기중심적이고, 인간관계에서 피상적이고 증오의 양이 커서 대인관계 지각이 매우 부정적입니다.

이분들은 엄마가 현존했지만 아이의 요구에 반응하지 않으며 때로 상처를 준 자신의 엄마와 인격이 동일시된 상태예요. 이들은 겉으로 잘 기능하고 있는 것처럼 보이지만 혼자 있을 때 사이코시스 범주에 속하는 부정적 증상(Negative Symptom)을 보여요. 부정적 증상이란 보통 사람들이 가진 성격의 안정감을 본인만 가지지 못한 상태를 말해요. 이들과 관계하는 가족을 비롯해 주변인들은 이러한 면모 때문에 고통을 겪게 되는데요. 학업, 직업, 관계의 실패로 사랑받지 못한 경험이 행동화로 재현되는 거예요. 이들은 분열이나 투사동일시로 자신의 정서를 남에게 떠넘겨버립니다. 상대방의 중요성이나 좋은 느낌을 지속적으로 유지하지 못하니 좋은 관계를 유지하기가 어렵겠지요.

그래서 성격발달장애는 유아기 모성 박탈이 주요 병인이기에 엄마가 아이에게 소화할 수 있는 음식을 주듯이 분석가는 내담자가 자각하지 못해온 삶의 또 다른 측면에 대한 해석을 때론 자상하게, 때론 싸워가면서 해주어야 합니다. 이들은 나쁜 환경에 노출되어 애정이나 사회적 손실을 당하는 상황이 반복되곤 하죠. 때론 지적 활동 내지 종교에 몰두하느라 정서가 죽어 있기도 하고, 시기심이 많아 자기 내부의 유익한 경험 흔적들과 외부의 좋은 관계들을 순식간에 파괴해요. 위니콧은 이 모든 문제의 배경에 일차적인 모성 몰두에 실패한 문제 있는 엄마가 있음을 주목합니다.

· 2강 ·

절대적 의존기

엄마에 대한
전적인 의존

·· 엄마가 미우면 세상 모든 것이 밉다 ··

정신분석학은 정신건강의 토대가 형성되는 근본 시기를 생후 한 살, 세 살, 다섯 살 정도로 봐요. 위니콧은 유독 아이가 '엄마에게 의존하는 시기'에 주목합니다. 생존을 위해 모든 것을 의존할 수밖에 없는 아기의 입장에서 대상과 어떤 경험을 하느냐에 따라 정신에 엄청난 영향을 미치기 때문이죠. 절대적 의존기는 생후 1년, 상대적 의존기는 주로 대상 항상성이 형성되는 생후 3년까지를 지칭하지만, 인간은 어떤 면에서 성인이 된 후에도 절대적 의존 욕구와 상대적 의존 욕구를 지니고 있어요. 가까운 대상과의 체험은 내면에 흡수되고 개인의 정신을 구성하는 내용과 뼈대가 되어 영원히 지속되지요.

그러니 새로운 사람을 만나 관계할 때도 이미 내면에 구조화된 과거 체험의 흔적이 표현됩니다. 위니콧에게 영향을 준 클라인은 이를 내적 대상(inner object)이라 표현했습니다. 내적 대상은 대상표상, 대인관계 표상을 담고 있어요. 정신분석은 내적 대상을 좋은 내적 대상과 나쁜 내적 대상으로 구분해 설명합니다. 어렸을 때의 관계 경험이 정신의 기본 틀이 되는데, 좋은 대상과의 관계 경험에서 흡수한 정신 기능과 내용물이 내 안에 들어오고 그것이 세상을 대하는 지각능력으로 계속 발전하는 것입니다.

다른 사람하고 관계를 잘 하다가 방향감각을 상실할 때가 있어요. 어린 시절에 존재의 불연속성 체험을 했기 때문일 수 있고요. 그때마다 부담스러워진 관계에 관심을 기울여 원인을 찾으면 관계를 회복시킬 수 있어요. 물론 그런 회복능력은 어릴 적에 받은 좋은 대상관계 경험과 내면화된 내적 대상에 의해 수행됩니다. 좋은 내적 대상이 확고히 자리 잡고 적절히 완성되면 삶에서 일어나는 이러저런 나쁜 것들이 감당할 수 있는 무엇으로 소화되고 최소화되지요. 세상을 살면서 극단적인 상황은 모면할 수 있다는 뜻이죠.

엄마, 아빠, 가족 간의 실제 관계는 내면에 흡수되어 성격의 토대가 됩니다. 그리고 대상관계는 병렬적 관계로 볼 수 있어요. 병리를 보이는 아이가 있으면 그 곁에는 병리성을 옮긴, 병리적 관계를 맺은 부모가 있다는 겁니다. 위니콧은 그렇게 봐요. 아이가 정신증을 앓고 있으면 그 부모와 아이 사이의 실제 관계가 매우 박탈적이고 무질서하며, 부모가 정체성에 문제가 있고, 부모와 자식 사이에 감정 폭발과 의사소통의 왜곡이 일어나는 관계일 수 있어요.

특히 엄마와의 관계가 손상되었다면 아버지에게 받은 에너지로 사회에 나가서 좋은 선생님을 만나 배우고 건강한 배우자를 만나 결혼해도 정신적 회복이 온전히 되지 않아요. 그래서 엄마 관계가 무너지면 심리 치료를 해야 합니다. 아버지 관계에서 결여되었다면 건강한 종교에 의지하거나 선생님과의 관계가 좋거나 존경할 수 있는 권위대상이 있으면 어느 정도 복구가 돼요. 그런데 정서적 친밀 관계능력을 형성시키는 엄마라는 기초가 없으면 아버지뿐만 아니라 가족 밖에서 만나는 대상과의 관계도 제대로 할 수가 없죠.

아버지 관계가 실패했다는 건 넓은 의미로 '엄마-아버지-나' 사이의 복잡한 심리역동인 삼자관계 경험을 정신이 온전히 소화해내지 못했다는 걸 뜻해요. 그러면 사회화에 문제가 생기고 훗날 부부 관계에도 문제가 생겨요. 그런데 인간관계 문제의 대물림은 아버지와의 관계도 중요하지만 그 이전에 엄마의 불안전성에서 기인한다고 볼 수 있어요.

부부 관계가 안 좋거나 관계 맺을 수 없는 사람의 원인은 여러 가지 겠지만 대체로 좋은 엄마 관계에 대한 내면화 실패로 봅니다. 의존적 엄마 관계에서 이러저런 사회 규칙을 배우는 아버지 관계로 자연스럽게 넘어가는 흐름이 좌절되면 사회적 관계가 불편해지고 무능해지며 남녀 간에도 좋은 관계를 맺기 힘들어집니다. 한 예로 어느 여성이 엄마 관계가 결핍되고 아버지하고 관계가 괜찮았습니다. 여성은 아버지 같은 남자를 이상으로 여겼고 그런 남자를 사귀었죠. 그런데 막상 친밀한 관계로 들어서자 자신에게 결핍된 엄마 관계를 채우고 싶었습니다. 그로 인해 그 대상이 남자로 느껴지기보다 관계 욕구를 좌절시킨 엄마로 느껴진 것이죠. 상대가 만족을 주지 못할 경우에 유아기의 분노가 치솟고 그 사람을 공격하거나 공격당하는 환상이 일어나요. 그래서 부부 관계의 모습이 좋을 수가 없어요.

모성성에 대한 상처가 깊은 사람은 적대감 때문에 여자 상담자를 못 만나요. 질시로 점철된 불안과 혐오스러운 엄마 관계 전이가 만나자마자 일어나거든요. 자기도 모르게 눈앞의 여성 대상이 나쁘게 느껴집니다. 여자상담자가 자기를 질시하고 거부하는 존재로 느껴져요. 대상을 있는 그대로 객관화하지 못한다면 이자관계, 즉 엄마-아이 관계 박탈에 고착되었다는 겁니다. 이런 분은 엄마, 엄마 같은 대상에 대한 의존과 분리의 문제로 내면에서 계속 싸우고 있어요. 끝없이 부정적 언어를 쏟는 내담자를 보면 배우자를 잘못 만났구나라고 생각하기보다 아이 때 엄마에게 받은 부당한 대우를 재연하는구나라고 생각해요. 감정은 그 사람 자체예요.

어린 시절에 엄마와의 친밀한 접촉에 실패한 분일수록 보상 기대가 큽니다. 그래서 현재의 대상들과 적절한 조율이나 타협을 못합니다. 관계 욕구가 이자관계에서 삼자관계로 넘어가야 현실에서의 조율이나 타협이 가능하거든요. 이자관계란 엄마에게 마음껏 의존하고 싶어 하는 '엄마-유아' 둘 사이의 융합 관계입니다. 그 관계에서는 내가 원하는 상태로 상대가 나에게 완벽하게 잘해줘야 하거든요. 아무 노력을 하지 않아도 상대방이 책임지고 다 해줘야 해요. 절대적 의존기는 무조건 좋은 것을 받아야 하는 매우 주관적이고 자기중심적인 시기입니다.

이에 비해 상대적 의존기는 자신이 어느 정도 노력도 하고, 엄마에게 다가가서 상호작용을 통해 좋음을 얻는 시기예요. 상대적 의존기는 서로 노력해서 원하는 것을 얻는 공평한 세계입니다. 그런데 이자관계 박탈이 심했던 사람은 그게 억울합니다. 내가 먼저 대상에게 다가가 미안하다고 또는 사랑한다고 말하는 건 기분 나쁘고 치사한 것입니다. 자신이 아닌 상대방이 노력해야 하는 거지요. 이런 분은 남의 마음을 존중하는 것에 관심이 없어요. 아이는 너와 나를 구분하고, 이자관계에서 삼자관계로, 엄마 관계에서 아버지 관계로 흘러가는 경험을 해야 해요.

그래야 또래와 경쟁하는 복잡한 세상에서 관계를 수용하며 편안하게 정신이 발달할 수 있죠. 엄마에게서 분리되어 나름의 독립성을 지닌 개체로 개별화되는 과정에서 인지적, 정서적, 신체적 발달이 같이 이루어져요. 자기중심성을 넘어서 사회적, 상징적 관계를 수용하는 삼자관계의 정신성은 엄마로부터의 분리를 통해 얻는 대단한 성취예요. 이 관계를 겪어야 형제 관계도 발달돼요. 형제끼리 잘 지내는 건 엄마 관계의 결실로 이뤄집니다. 형제자매끼리 불목하고 안 만나고 척지고 사는 건 엄마의 애정을 덜 받은 것을 형제자매가 자신에게 주어질 애정을 가로챘다고 원망하는 '성인 속 아이'의 생각과 감정 때문이죠.

시댁하고 척지고 사는 것도 같은 맥락이에요. 남편의 애정을 자신만 받고 싶은데 시댁 식구가 빼앗는다고 '내면 아이'가 지각하는 것입니다. 이 모든 것이 엄마 관계 박탈에 기인한 애정결핍과 친밀 관계능력의 결여에서 나옵니다.

새로운 대상들과 새로운 애착으로 정신이 확장되어야 하는데 과거의 감정과 지각 상태에서 멈춘 거예요. 여성이 엄마 관계에 실패하면 여자 관계에 대해 적대적이고 박해와 질시의 대상으로 느끼게 되는데, 결혼하면 그게 시어머니가 되겠죠.

존재의 연속성은 멸절불안 없이 자기발달을 해나가는 상태를 뜻하기도 해요. 위니콧은 박탈 경험을 한 아이에게 어떻게 좋은 환경을 되돌려 줄 수 있을지 고민했어요. 고통으로 얼룩진 유년기를 겪었지만 어떻게 긍정적 정서를 다시 체험할 수 있게 할까, 무관심한 엄마의 모성적 돌봄 능력을 어떻게 회복시킬까, 우울했던 엄마가 어떻게 생기 있고 자상한 엄마 역할을 하게 할 수 있을까를 연구한 거예요. 모성의 기능이 유아에게 너무도 소중하다는 것을 정서발달 차원에서 강조한 것이죠.

위니콧 자신도 우울한 엄마에게서 존재연속성을 좌절당한 경험을 했습니다. 우울한 엄마가 아이 마음을 어떻게 만드는지 절감해서 그 상태를 '영원히 나락으로 까마득히 떨어지는 느낌'이라 말했습니다. 엄마 품에서 떨어졌던 멸절불안을 표현한 것이죠. 엄마는 태산이고 신이기에 엄마에게서 단절되면 영원히 까마득히 추락하는 불안에 처하게 돼요. 위니콧의 첫째 부인이 엄마와 닮았다고 합니다. 부부 관계가 좋지 않으면 무기력해지고 이루고 싶은 일을 제대로 해낼 수가 없어요. 다행히 두 번째 부인과의 관계에서 위니콧은 창조적 힘이 생겨나, 독창적인 깨달음을 이론으로 정립했습니다. 그렇게 위대한 정신분석가가 될 수 있었어요.

두 번째 부인 클레어는 자신의 참자기로 위니콧의 위축된 참자기를 많이 격려하고 회복시켰던 것 같아요. 누가 누구에게 일방적으로 의존하는 관계가 아니라, 서로의 잠재력을 최대한 발휘하게 해주는 평등한 상호의존을 이뤘던 것 같습니다. 부모가 자신의 자녀에게 안전한 환경을 제공해 '참자기'를 발현시키는 것처럼, 배우자도 그런 역할을 할 수 있습니다. 세대로 대물림 받은 부정적인 영향을 끊는 것이 건강한 부부 관계라고 많은 분석가들이 말합니다.

가족치료에서는 부부 관계를 세우는 것이 우선입니다. 부부 관계가 바로 서면 과거에 꼬였던 모든 관계들이 만회된다고 합니다. 반대로 부부 관계가 나쁘면 아내와 남편 각자에게 내재된 부모와 사회로부터 각인된 모든 부정적 요소가 파트너 그리고 자식에게 증폭되어 대물림됩니다.

가계도 분석을 해보면 현재의 고통들이 상당 부분 이해되기도 해요. '내가 왜 이런 모습으로 살고, 이런 직업을 선택했고, 왜 현재 배우자와 결혼했고, 왜 그렇게 싸우고 사는지' 단번에 이해됩니다. 이미 이 모든 것은 운명처럼 짜여 있습니다. 가족 안의 갈등은 부부 관계부터 복구할 때 더 빨리 도움이 됩니다. 부부 관계가 좋고, 불화가 있어도 곧 회복되는 관계라면 좋은 엄마 아버지 관계를 아이에게 물려주고 있는 것입니다.

·· 사랑을 받아 봐야 사랑할 수 있다 ··

절대적 의존기에 고착된 인격의 사례를 이해해보겠습니다. 금은보화 님은 사람과 주변 일에 관심이 없어서 어울리고 함께 도모하는 게 어렵다는 문제로 상담을 시작했습니다. 금은보화 님은 사람들 사이에서 유행하는 문화, 스포츠, 드라마, 나라 안과 밖에서 일어나는 일도 잘 알지 못했죠. 재미나 흥미를 느끼지 못해서이기도 하지만 누군가와 무엇을 함께할 때 고립감을 느끼고 지루해집니다.

어려서부터 종교심이 남달랐는데 세상과 담을 쌓고 사는 자신이 마치 세상과 구별되어 거룩한 삶을 살고 있다고 생각되었습니다. 하지만 오랫동안 분석을 받으면서 이러한 우월감조차 분열 상태의 징후임을 알게 되었지요. 금은보화 님은 연애 경험이 없었는데 누군가가 자신을 좋아한다고 하면 이상하게도 그가 한심하게 느껴졌고 자신도 모르게 그 사람을 냉정하게 대한다든지 피해다녔다고 해요. 그리고 혼자서만 열렬히 누군가를 좋아하며 행복해했지요.

"선생님 꿈을 꾸었습니다. 학교를 가려고 도시락을 찾는데 엄마는 도시락이 없다고 해요. 무표정하고 무관심하게 우두커니 서 있는 엄마에게 도시락을 안 싸주면 어떻게 하냐고 따졌습니다." 도시락은 어찌 보면 아이들에게 생명과도 같은 것입니다. 그것을 거부하는 엄마의 상태는 어떤 것일까요? 금은보화 님은 엄마의 돌봄이 부족해서 여러 인격의 문제를 겪었는데 그중 하나가 다른 사람의 마음이나 입장을 생각하는 것이 불가능하다는 것입니다.

사람에 대한 관심이 일어나지 않기도 하지만 관계에 대한 피곤함이 커서 관계를 유지하기 위한 노력을 지속적으로 못합니다. 꿈속의 엄마 같은 모습이 금은보화 님에게도 있는 것입니다. 금은보화 님은 절대적 의존기 '엄마-아기 관계'의 욕구에 고착되어 간혹 힘 있고 능력 있는 사람이 베푸는 좋은 것을 당연히 해줘야 하는 것으로 생각합니다. '당신은

능력이 되잖아. 그러니까 당연히 참아주고 계속해서 채워줘야지. 끝까지 하라고!'

누가 좋은 것을 베풀면 함께 나누는 것이 맞는데 금은보화 님은 그러한 노력이 없습니다. 사람을 만날 때마다 열등감, 시기심에 시달리면서도 때로는 우월감이 일어나 존중하고 사랑할 줄 모릅니다. 이러한 이중성 때문에 관계에서 결실을 맺지 못하죠. 자아전능감 상태에서 즉 초기 유아 상태에서 점진적으로 현실을 만나야 성숙해집니다. 그런데 금은보화 님은 현실과 대면하면 자신이 초라하게 느껴집니다. 그 수치심 때문에 관계를 망치는 행동을 합니다. 엄마에게 진심이 느껴지는 존중과 사랑을 제대로 받지 못해서 그러합니다.

도시락 꿈에서 나타난 엄마의 모습처럼 금은보화 님은 사람들과 무관심을 주고받습니다. 금은보화 님과 친정엄마는 다른 사람이 자신을 피하는 이유를 살피기보다 회피를 일삼습니다.

정서가 잘 발달된 사람은 자신의 감정도 잘 포착하지만 다른 사람의 감정도 잘 이해하고 수용합니다. 어린아이였던 금은보화는 미숙할 수밖에 없었고 그런 모습을 엄마에게 제대로 수용받지 못했습니다. 그렇게 의존 욕구가 해결되지 않은 채 자란 것이죠. 그녀는 엄마에게 그 어떤 감정적 위로와 배려를 받아본 적이 없다고 합니다. 이 무의식적 역동 때문에 좋은 대상을 만나도 의존이 어려웠고 오히려 관심받는 걸 수치스러워했습니다. 의존 욕구가 해결되지 않은 가장 큰 피해는 분노조절의 어려움일 것입니다. 금은보화 님은 서운함도 슬픔도 소외감도 외로움도 모두 분노로 느끼고 표현했습니다.

그녀가 말했습니다. "엄마에게 비명을 질러도 엄마는 나를 보지도 듣을 수도 없는 상태라는 것을 알게 되었습니다. 불안한 아기가 불안을 먹고 자란 것처럼 나 또한 그런 사람임을 알게 되었습니다. 저는 들은 말을 그대로 전할 수는 있지만 실제적인 의사소통은 못합니다. 감정을 안으로 받아들이지 못하고 여과 없이 밖으로 토하기만 합니다. 선생님은 비명이 정신과 육체를 연결하는 고리라고 하셨어요. 그래서 비명을 잃어버리면 그 연결점을 잃어버린다고요. 아주 오랜 상담 시간이 흐르고서야 저는 비명을 지를 수 있었고, 비로소 엄마에게 원망하는 소리를 내는 꿈을 꾸었습니다. 저는 모욕을 당하면 회복이 되지 않았어요. 완전하지 않으면 없는 것만 못한 상태가 되거든요. 엄마의 무응답은 저주였고 삶에서 재난이 되었습니다. 하지만 평생 동안 느끼지 못했던 것을 선생님은 엄마처럼 느끼고 받아들여 표현해주셨습니다. 그래서 저는 조금씩 살아나고 있습니다."

·· 신발이 무거워 걸음을 뗄 수 없는 아이에게 ··

절대적 의존기에 엄마가 아이에게 헌신하며 사랑의 마음을 주면, 이는 곧 아이에게 평생을 행복하게 살 수 있는 엄청난 자원을 주는 것입니다. 아이의 자기가 강하거나 약한 것은 생의 최초 단계에서 유아의 전적인 의존에 적절히 반응하며 돌보는 이의 정서능력에 의해 결정돼요. 치료 아동 영희가 어느 날 아주 선명하게 기억에 남는다며 꿈 이야기를 했어요. "제가요, 길을 가는데요, 선생님을 만났어요. 선생님이 웃으면서 절 쳐다봐요. 반가워 달려가는데 선생님한테 갈 수가 없는 거예요. 거기다 신발이 엄청 무거웠어요. 선생님이 나에게 오면 좋을 텐데. 무섭고 황당했어요. 내가 선생님에게 도와달라고 소릴 쳤는데 아무리 불러도 선생님은 듣지 못해요. 너무 슬프고 힘들었어요."

아마도 영희는 어릴 적 환대와 찬사를 받아야 할 시기에 크게 좌절했을 것입니다. 아이의 걱정과 염려에 대처하는 엄마의 소통 부재가 아이의 절망과 외로움을 키웠을 겁니다. 박탈된 엄마는 극복하지 못한 자신의 좌절이나 상처 때문에 아이를 달래주지 못하고 짜증이나 울분으로 자신을 방어하는 경우가 많아요. 엄마에게 거부당한 좌절 경험이 무의식에 자리 잡아, 자녀의 불안 정서를 수용할 수 없게 된 것이죠. 영희는 이미 자신이 누군가를 좋아하게 되면 그 대상이 자신을 좋아하지 않고 사랑해주지 않을까봐 걱정하고 있어요. 꿈을 통해 현재 증상의 뿌리를 보는 체험은 중요합니다.

아이의 꿈에서 본 신발의 상징적인 의미는 엄마의 몸입니다. 울다가도 엄마를 끌어안으면 안정과 만족을 경험하고 울음을 그치는 것처럼, 아이는 자신을 담아줄 어른을 기다리면서 의존 욕구를 드러내요. 사랑받지 못하고 있는 영희는 심리적 굶주림을 상담을 통해 의식에서 안전하게 보고 느낄 수 있었어요. 이 꿈을 해석하기 위해, 엄마가 함께 있어주지 못해서 사랑을 충분히 느끼지 못했을 과거 경험들을 자유연상으로 표현하게 했습니다. 그 과정에서 충분한 지지와 격려를 해주었지요. 꿈으로나마 상담사와 소통한 영희는 놀이치료에 더 몰두하고 신나 했어요.

좋은 내적 대상이 내면 세계에 부족하면 자기 '외부에 위치하는 좋은 것'들을 볼 때 시기심에 휘둘리게 돼요. 영희는 동생이 없어지길 바랄 만큼 미워했고, 학교에서도 여자 친구들과 다퉈 좋은 유대를 맺지 못했어요. 박탈에서 비롯된 시기심 때문에 타인에게서 좋은 것을 보고도 기뻐할 수 없고 속이 상했어요. '내가 가질 수 없는 것은 너도 가지면 안 돼!' 동생이 가진 것은 다 파괴하고 싶어 했어요. 동생도 누나에게 상처를 받으면 앙갚음했고 거기에 엄마의 보복이 이자까지 덧붙여 돌아오면 영희는 꿈에서처럼 외톨이가 되었습니다. 결국 함께하는 대상은 내면에도 외부에도 없지요.

사랑충동과 공격충동이 분화되지 않은 구강기 젖떼기 전의 좌절 경험이 상처로 고착되면, 대상을 맘껏 사랑하고픈 욕구가 굉장히 위험한 상태로 느껴집니다. 그래서 사랑을 느끼면 도망을 가게 돼요. 사랑하고 싶은 대상에게 리비도를 편히 줄 수 없게 됩니다. '좋아할까 말까? 사랑해도 될까 안 될까?' 초기 대상경험 안에서 엄마가 자기를 사랑한다는 경험과 자기의 사랑이 엄마에게 수용된다는 필수 경험이 실패했다는 신호예요. 영희 엄마는 아이가 어릴 적부터 무엇인가 함께하자고 요구하면 짜증과 귀찮은 마음이 몰려와서 상호작용하고 싶은 아이의 욕구를 일언지하에 거절했어요. 노는 게 지루해서 아이가 만족스럽게 느낄 때까지 놀아주지 못하고 어떤 핑계를 만들어서라도 늘 먼저 끝내버렸다고 해요.

영희 엄마는 아이뿐만 아니라 사람에게 시간이든 물질이든 주는 것이 아깝고 억울했습니다. 그런 상태로 인해 자신의 수고나 노력 또는 정성을 요구하는 외부 세계 상황이나 사람에 대해 "모두 왜 나를 괴롭히고 힘들게 하는 거야"라고 소리쳤어요. 좋았다가도 갑자기 싫어져서 물건을 다 갖다 버리고, 관계를 맺다가도 어느 순간 의미 없이 느껴져 연락을 끊는 등 결국 아무것도 없는 상태로 만들어야 직성이 풀렸다고 해요. 주일 아침이면 미사에 갈까 말까를 매번 고민하고, 다녀오면 마음이 좋아지고, 상담도 가기 전날에 그만두겠다고 결심하고 막상 상담이 시작되면 언제 그랬냐는 듯 상담자와 좋은 시간을 보내면서 힘을 받는다고 해요.

영희 엄마의 부모님은 두 분 모두 외부 세계와 거의 접촉하지 않고 사신 분들이에요. 그래서인지 부모님에 대한 유년기 기억이 영희 엄마에게는 없어요. 늘 영문도 모른 채 핀잔을 듣고 맞거나 쫓겨나간 기억만 있다고 해요. 친정 엄마로부터 발달에 필요한 영양분을 공급받을 수 없었던 것이죠. 하지만 영희 엄마는 꾸준히 정신분석을 공부하고 상담을 경험하면서 외부 세계와 접촉해가고 있어요. 새로운 전공 공부도 시작했고, 새로운 친구들과 여러 모임을 유지하고, 신바람 나게 봉사를 하면서 마음속에 안도감을 느끼고 있습니다. "선생님, 세상이 꽤 괜찮아요. 사람들이 그렇게 나쁘지 않네요."

박탈이 있는 우울한 엄마는 아이의 애착 행위를 옆에 있어도 못 받아줘요. 자기 감정을 내보이고 살아본 적이 없기 때문에 애정 표현을 마음껏 할 수 없습니다. 아이가 귀엽지도 않고 가치를 못 느끼고 너무 버거워요. 울 때 엄마가 달래주지 못하면 아이는 더 크게 성나게 울어요. 자신의 취약함에 극도로 민감해지는 거예요. 사납고 우울한 엄마는 자신을 지지해주는 치료를 받거나 수업을 들으면 아이에게 전보다 수월하게 대할 수 있게 됩니다.

〈우리 아이가 달라졌어요〉라는 TV프로그램은 자신의 불안과 분노로 아이와 갈등하다가 갑자기 아이 문제가 해소되어 사라지는 사례를 보여주지요. 프로그램을 만드는 과정에서 여러 사람의 관심과 지원이 아이 엄마에게 공급되어 엄마의 마음과 아이의 마음에 일시적인 변화가 일어나기 때문입니다. 교육전문가와 심리치료사가 긍정적으로 엄마와 아이를 대할 때 갈등구조가 완화됩니다. 전문가가 그들에게 좋은 엄마의 모델이 되어주기 때문이지요.

· 3강 ·

생각할
수 없는
불안

·· 엄마가 안아준다는 것 ··

절대적 의존기에 형성된 '삶의 무드'와 연관해 주목할 요소들이 있습니다. 그중 첫째가 엄마가 안아주는 환경이에요. 세상에 태어난 아이는 안전욕구와 만족욕구를 지니는데 이것들이 채워지지 않으면 환경 일반에 대한 불안이 일어납니다. 그 불안이 너무 강하거나 오래 지속되면 아이의 정신이 감당하지 못해 병리적 방어가 작동되고 부정적인 내적 대상과 놀랜 감정이 내면에 자리 잡죠.

인생의 첫 시기에 병리성의 근원인 원시방어와 부정적인 감정이 고착되는 걸 가라앉히거나 완화하는 것이 바로 엄마의 안아주는 환경입니다. 안아주는 환경이 아이한테 어떤 영향을 미치는지, 그것이 없으면 아이에게 무슨 일이 생기는지 보겠습니다.

위니콧은 불안을 모든 병리의 근원으로 봅니다. 적절한 불안은 현실에 적극 대처하게 하는 긍정적 역할을 하기도 해요. 그래서 불안이 없으면 자아발달은 멈추게 됩니다. 위니콧이 주목한 병리적 불안은 의존 박탈로 인해 생긴 자아가 감당 못하는 불안이에요. 정신 병리의 근원인 유아기 불안은 일차적으로 엄마의 불건강한 성격에서 기인합니다. 양육자의 성격이 불안하면 아이도 불안해지고 그래서 아이가 뭔가 불편해서 짜증내면 양육자는 더 불안해져요.

불안은 이처럼 사람과 사람 사이를 왔다 갔다 해요. 먹는 것이나 수면에도 불안이 영향을 미쳐요. 조절이 힘들 만큼 엄마에게 불안의 양이 많으면 아이는 안정감을 느낄 수 없어요. 엄마의 품이 좋게 느껴지지 않고, 엄마의 젖도 맛이 없어요. 그래서 불안한 아이들은 잘 먹지도 놀지도 못해요. 이 상태가 오래 지속되면 병이 나거나 이상 행동을 하게 됩니다.

이런 아이의 상태가 엄마가 도와줄 수 있는 수준인지 객관적으로 볼 필요가 있어요. 엄마의 역량이 부족하면 전문가한테 의뢰하는 것도 필요해요. 아이의 상태가 엄마의 불안이나 우울 때문이라는 걸 엄마가 스스로 지각하기는 어렵거든요. 또 불안한 엄마는 가만히 있지 못하고 침범을 많이 해요. 아이가 엄마한테 시선을 돌릴 때도 있고 상호작용을 하고 싶지 않을 때도 있잖아요. 그런데 어떤 엄마는 그걸 견디지 못해서 아이의 시선을 쫓아서 자기를 보여주고 흔들어 깨우죠. 아이가 쉬고 싶어 할 때 그 신호를 읽어야 하는데 엄마가 계속 자극하면 힘든 경험이 되겠지요. 그건 엄마를 위한 반응일 뿐이지 아이의 참자기의 반응이 아니에요.

이런 아이는 불안하고 우울한 엄마를 살리기 위해 언제나 신경이 켜져 있어야 해요. 엄마를 위해 웃기는 광대가 돼야 하죠. 엄마가 해줄 것을 아이가 해주는 격이죠. 누구에게나 욕구와 관심의 자연스러운 켜짐과 꺼짐이 있어요. 계속 켜져 있으면 이러지도 저러지도 못하는 민감 상태가 되어 고통받아요. 아이는 아무것도 느끼지 않을 자유가 있고 그것에 대해 존중받아야 해요.

엄마가 아이를 위해 항상 봉사하고 헌신할 수는 없어요. 엄마도 잠시 우울하고 무감각할 때가 있어요. 하지만 불안한 엄마는 늘 강박적으로 짧은 시간에 많은 것을 해내려고 합니다. 그래서 스스로 상처입기도 하고 아이한테 상처를 주기도 해요. 엄마가 아이를 지나치게 계속 살피면 아이가 고통을 받아요. 엄마가 너무 사납고 시끄럽고 쉬지 않고 번잡하면 아이에게 부정적 영향을 끼칩니다.

아무것도 하지 않고 늘어지는 시간, 자기가 하고 싶은 걸 하는 시간이 아이한테 필요합니다. 가만히 지켜봐줘야 해요. 그런데 엄마 안에 고요가 없으면 일일이 다 간섭합니다. 위니콧은 갓난아기를 안고 있는 엄마의 모습을 보면 많은 걸 예상할 수 있다고 했어요. 아이를 안을 때 엄마 자신이 즐거워야 하는데 불안한 상태이면 온전히 관계하지 못한다고요. 엄마가 아이를 안고 젖을 먹이는데 다음 할 일을 생각하면서 몰입을 못하면 아이에게 상처가 될 수 있어요. 아이의 마음과 육체를 엄마가 편히 담아주지 못하면 그 경험 자체가 아이의 성격을 훼손시켜요. 엄마의 품은 아이가 만나는 첫 세상이라서 있을 만한 곳이라고 느껴야 삶이 활짝 필 수 있죠.

엄마의 품이 불안하고 좋지 않으면 세상을 믿을 수 없게 돼요. 세상에 있는 '나'가 힘 있게 느껴지지 않고 낯설게 느껴지는 근원적 소외감은 불안하거나 우울해 온전히 몰입해주지 못한 엄마 품에서 시작돼요. 엄마가 즐거우면 아기는 가장 편안한 상태로 있을 수 있어요. 엄마가 불안하면 자세가 경직되고, 엄마의 기꺼운 마음이 없으면 아이는 큰 스트레스를 받아요. 이런 아이는 커서도 누군가에게 기대지 못해요.

어렸을 때 엄마 품이 좋지 않았던 경험을 하면 어른이 돼 스트레스를 받으면 힘이 들어가서 몸이 무겁고 뻣뻣해져요. 이런 사람은 높은 곳에 올라가다 미끄러지고 떨어지는 불안한 꿈을 꾸기도 해요. 엄마 품에서 경험한 흔적들이 무의식에 축적되어 있다가 꿈으로 표출되는 거예요. 얼음산이 나오거나, 화장실이 오물로 가득 차 있거나 휴지가 없거나 사람이 많아 배설을 제대로 하지 못해요. 배설이 어렵다는 것은 현실 대상에게서 편안한 관계 욕구를 채우지 못하거나, 환경이 불안해서 속에 쌓인 불편한 감정을 시원하게 방출하지 못한 과거 경험과 결부되죠.

의사소통이든 정서적 경험이든 엄마 관계에서 막혔던 경험들로 인해 현실에서 좌절하고 스트레스를 받을 때마다 그런 꿈을 꿉니다. 또 엄마가 몹시 불안하면 통제할 수 없는 것들을 강박적으로 통제하려고 해요. 청소하고 돌아서면 아이가 어지럽히는 것은 자연스러운 일이죠. 그런데 엄마가 바로 원상복구해버리고 아이의 자연스러운 실수를 허용하지 못한다면 엄마 자신이 편안한 엄마 품을 경험하지 못했을 수 있습니다. 엄마가 너무 불안하면 객관적 인식이 불가능해서, 자기 기분과 아이의 기분 상태가 다르다는 걸 인식하지 못해요. 엄마가 이런 상태라면 아이의 신변처리를 돕고 부드럽게 감싸주는 걸 못해요. 환경에 대한 불편감, 폐쇄공포증도 결국 엄마 품이 질식할 것만 같았던 유아기 경험에서 나온 거죠.

절대적 의존기의 불안을 멸절불안이라고 해요. 멸절불안이 너무 강하면 신체적 마비증상이 나타나요. 아이가 세상에 태어나면 누군가 힘있게 반갑게 맞아줘야 해요. 그런데 엄마가 우울하거나 불안해서 접촉을 못해주면 아이는 계속 상처를 입고 지각 기능 자체가 마비돼서 활력 없고 심리적으로 죽은 상태가 돼요.

·· 불안을 처리하지 못하면 성격이 된다 ··

짜증과 적대심이 컸던 수경 씨가 떠오르네요. 수경 씨는 자신을 제어하지 못할 때 적대감이 치솟아요. 분노 표출의 채널이 없으면 적대감으로 긴장이 일어나 뭐든 전전긍긍하게 되죠. 그녀는 어금니가 빠지는 꿈을 반복해서 꾸는데 어금니 꿈은 보편적으로 구강기 부모와 연관된 상징이에요. 자기를 양육했던 기본 대상과 연관된 불안 꿈인 거죠. 이자관계의 사람들은 꿈으로 감정적인 문제가 드러나요.

악몽이 주 증상인 경우가 많은데요. 악몽은 받아들일 수 없는 폭력이나 죄책감, 거부당하는 위협적인 자극으로 형성됩니다. 즉 꿈은 자신의 경험 재료로 만들어져요. 예를 들어 꿈에서 길이나 목적지를 잃고 헤매는 모습은 자신의 안전을 소망하는 것이에요. 과거에 위협적인 엄마로 인해 안정감을 성취하지 못했고, 현재는 자기 내면의 통제 안 되는 부정적 자극들로 인해 대상과 친밀한 관계가 어려운 상태를 재현합니다. 수경 씨의 한쪽 어금니는 벌레가 파먹어서 텅 비었고, 다른 쪽은 벌레가 가득하거나, 이가 몽땅 빠져버리는 꿈을 꾸기도 했어요. 수경 씨는 오래된 불안들을 과거보다 숙달된 방식으로 처리하고 싶어서 꿈을 꾸는 거예요.

꿈도 수준이 있는데 과거의 상처를 이야기로 만들어 상징화시키는 경우가 있고, 상징화 능력이 약한 사람은 어릴 적 상처 체험을 적나라하게 반영하는 악몽을 꾸고, 상징화가 전혀 안 되는 사람은 현실에서 액팅 아웃을 해요. 수경 씨 정신에는 엄마로부터 받은 부정적 자극이 많이 각인되어 있어요. "너를 임신하지 않았다면, 네가 아니었더라면, 네가 제대로 했더라면, 너 때문에." 어린 시절에 내면화된 엄마와의 부정적 경험이 그녀의 정체성이 되었습니다. 대인관계를 망치고 싶거나 누군가에게 해침을 당할 것 같은 파국환상이 대인관계에서 반복 재현되었어요.

수경 씨는 사소한 좌절로 기분이 나쁘면 근거 없이 누구든 밉게 느껴져 상처를 주죠. 물론 그러고 나면 후회되고 아무도 곁에 없는 것 같아 매우 불안해져요. 이럴 때 현실에서 누가 잘해줘도 의심이 일어나기 때문에 의미가 없어요. 일관성 있게 대상을 신뢰하지 못하고 자기 기분대로만 남을 대하죠. 이런 행동들은 유아기의 박탈감에 계속 갇히는 거예요.

원시적 멸절불안이 있는 사람의 꿈에는 벌레들이 나와요. 정서가 발달한 사람은 벌레가 나오는 꿈을 대체로 꾸지 않아요. 성가시고 위험하고 혐오스런 상태에서 벗어나고 싶은데 출구를 찾을 수 없을 때 벌레가 꿈에 나오죠. 치료가 잘된 상태에선 벌레를 죽이거나 치우거나 대처할 수 있는 힘이 생겨요. 그러나 초기 상처를 보상하는 현재의 좋은 관계 체험 없이는 벌레가 잘 사라지지 않아요. 자아에 힘이 생겨서 자기 안의 불건강한 것들과 대면할 때 사라질 수 있어요.

모든 발달에는 대상이 꼭 있어야 해요. 인격발달장애로 인한 문제들은 실제 관계를 통해서 자유로워지는 연습을 해야 나아져요. 그런데 언어발달 이전의 상처로 인한 멸절불안 때문에 연습을 시행하는 데 시간과 노력이 많이 걸려요. 공포나 혐오감 없이 벌레를 죽이는 일은 자기의 광증이 줄어들 때 가능해요. 벌레에 맞서려면 심리적 자기대면 작업이 필요합니다. 자기증오와 무가치감에 짓눌려 있는 사람은 현실과 접촉해 속마음을 외부로 표현하는 채널이 부족해서 이런 꿈을 꿔요. 상담자가 중간자 역할을 해주고 과거의 문제를 함께 극복해냈을 때에야 비로소 벌레가 처리돼요. 과거에 좌절되었던 인격발달이 진행되기 시작하는 거죠.

엄마 대리자가 공감해주고 이해해주고 정서적으로 관계하면서 내면의 아이를 달래야 해요. 불안은 처리되지 않으면 성격이 돼요. 예민한 신경질적 특성으로 굳어져요. 의식으로는 적대감이 왜 이렇게 내면에서 올라오는지 알기도 하는데, 처리되지 못한 무의식의 불안 때문에 신경질이 떨쳐지지 않아요. 불안은 삶을 위축 제한시키고, 만성적인 침습적 불안이 있는 사람은 멀쩡한 상황이나 사람에 대해 공포를 느끼기도 해요. 병리적 불안과 일반적 불안은 다르지만 불안 수준이 과도하지 않도록, 불안을 다루는 연습을 해야 해요.

겉으로는 온유해 보이지만 자기 파괴적인 정신현상 중 하나가 잠을 많이 자는 겁니다. 복잡하고 불안한 현실을 책임지지 않으려는 일종의 철수 방어 태도예요. 우리가 스트레스를 경험하면 그것을 견디기 위한 대안이 마련되어야 하는데, 성격구조에 기인한 무의식에 자리 잡은 만성 불안은 대안이 없어요. 대안이 없다는 건 그것에 접속해 의식과 소통하게 해주는 채널이 없다는 뜻이고, 해소시킬 기술이 없다는 거예요.

일어나지도 않았는데 왠지 나쁠 거라는 생각은 문제해결에 도움이 되는 고민이 아니에요. 늘 아무것도 안 하는 것보다 하고 나서 후회하라, 저지르고 나서 수습하자고 하잖아요. 불안이 있는 사람은 뭔가를 하기 전에 걱정이 태산이에요. 불안의 모습은 굉장히 다양해요. 불안이 많은 사람은 잠을 잘 때 작은 소리에도 잘 깨는 등 불안이 침습적으로 의식에 쳐들어와요. 도둑이나 강도가 들어온 것 같고, 귀신이 옆에 있는 것 같아요. 불을 끄면 못 자는 아이, 엄마 없이 못 자는 아이, 나열해놓은 인형들에게 모두 인사하고 자는 아이, 문이 잠겼는지 확인해야 자는 아이가 있어요.

사실은 어릴 적에 엄마와 갑자기 분리된 충격으로 엄마와의 유대가 깨져서 이런 불안에 시달리는 걸 수 있어요. '엄마-유아' 관계가 느슨했거나 깨졌던 경험이 있는 거예요. 불안하면 엄마를 따라 움직이면서 자신의 시야에 엄마를 가두려 하고, 배가 아프고 머리가 아프다면서 신체적 문제를 호소해서 안 떨어지려는 문제들이 계속 나타나요. 엄마하고 떨어져 있으면 나쁜 재앙이 닥칠 것 같아서 현실적인 일들을 회피하기도 하며, 생활의 많은 부분에서 지나치게 걱정하고 예민하죠. 그래서 이런 아이들은 새로운 상황을 경험하지 않으려고 합니다.

또한 불안한 아이는 자신이 관심의 초점이 되는 상황을 두려워해요. 누가 자기에게 관심을 주거나 이름을 부르거나 질문하면 당황해요. 집에서는 잘하는데 밖에 나가거나 특별한 장소에서는 겁을 먹고 제대로 못하기도 하고요. 난독증이나 선택적 함묵증도 여기에 포함돼요. 불안한 아이는 공부할 때도 너무 자세히 하고 확인하느라 시간이 많이 걸려요. 걱정이 많아서 자신감 있게 과제를 처리하지 못하는 거죠. 또한 불안 때문에 자원을 충분히 활용 못하고 두려워서 알려고 하지 않고 대충 이해하고 넘어가기도 해요. 불안한 아이는 사회 불안이 높아서 다른 사람보다 친구도 적게 사귀죠. 그래서 새로운 친구를 만나거나 새로운 모임에 참여하기 어려워서 잘 알고 있는 소수의 사람하고만 관계를 맺어요.

이런 사회성의 결핍은 성장한 다음에도 외로움을 증가시키고 많은 사람으로부터 지지받을 기회를 줄게 만들어요. 또한 불안은 신체적으로도 드러나는데 가슴이 뛰고, 구역질이 나올 수도 있고, 배탈이 나거나 설사를 할 수도 있어요. 회피반응들이죠. 또한 끊임없이 정리정돈을 하며 속옷까지 다려 입고, 수건과 구분 안 될 정도로 걸레가 깨끗하거나, 물건을 만질 때마다 손을 닦거나 비닐장갑을 껴야 하죠. 불안은 특정 동물이나 곤충, 주사나 귀신에 대한 공포로 표현되기도 해요.

무엇보다 불안이 많은 엄마는 아이를 과잉보호하게 돼요. 아이가 두려워하거나 나약해 보일 때 불안을 미리 예견하죠. 그래서 도움이 필요

없을 때도 돕습니다. 오히려 불안에 지나친 관심을 보이면 불안은 강화됩니다. 불안하면 엄마가 다 해주니까 아이는 혼자 힘으로 아무것도 감당할 수 없다는 걸 배우게 돼요. 엄마가 아이에게 무엇을 해야 하고 어떻게 행동해야 하는지 알려줘서 결국 회피행동을 강화시키는 거죠. 스스로 답을 찾아야 자아가 힘이 생기고 유능해지는데 불안이 심각한 엄마일수록 묻지 않고 해주고, 하나 해달라고 했는데 열 개를 해줘요. 그렇게 하면 그 순간은 문제가 해결되는 것 같지만 아이는 평생 자라지 않게 되죠. 아이가 한 살씩 먹어감에 따라 엄마가 나서지 않는 게 중요하답니다.

·· 처음부터 우울한 아이는 없다 ··

달님이는 4세에 소아우울증으로 찾아왔어요. 엄마랑 애착 관계가 되지 않은 아이였는데 친할머니가 데리고 왔어요. 엄마가 생후 3개월부터 할머니한테 양육을 맡겼어요. 달님이는 정서적으로도 힘들었지만 면역력이 약해 병을 달고 살았고요. 달님이는 머리도 좋고 MBTI 유형 중 ENFP 기질의 사랑스러운 아이였는데, 처음 봤을 때는 표정이 어두운 울보였고 두려움과 긴장이 크게 느껴졌어요.

달님이는 할머니와 애착이 되었지만 엄마랑 좋은 의존에 성공하지 못했죠. 그래서 자기와 환경을 머리로만 분리할 뿐 정서적으로는 엄마와 분리되지 못한 상태였어요. 달님이는 태어날 때부터 예민해서 밤낮으로 울어댔다고 해요. 달님이는 하루 종일 불안해하는데 문 두드리는 소리, 작은 벌레를 보는 것도 힘들어하고, 사소한 것에 잘 삐져 울었어요. 엄마는 집에 와서도 아이를 바라보는 눈빛이 안정적이지 않았고 정서 접촉을 잘해주지 못했지요. 달님이는 수면장애, 식사장애, 야뇨증이 있었어요.

또한 또래 관계가 어려워서 어린이집에도 못 보내고 너무 까다로워 맞춰줄 수가 없었어요. 작은 질책이나 실수로 인형이 망가지는 것조차 존재가 위협을 당하는 것으로 느꼈어요. 우울증의 근원은 대상상실과 관련 있는데 엄마로부터 이른 분리가 영원히 떨어지는 것 같은 무서운 경험이 되었던 거예요. 할머니가 없을 때는 엄마와 있어야 하는데 엄마가 접촉을 잘 못해주었죠. 또한 소독차 공포증이 있었는데 상담 중 밖에 소독차가 지나가면 온몸을 움직이지 못했어요.

또한 불안이 높아 다른 사람이 못 듣는 소리를 듣거나 맡지 못하는 냄새를 맡곤 했어요. 불안한 아이의 행동은 실상 불안함을 잠재우기 위한 방편이거든요. 불안하니까 소변도 자주 마렵고, 음식을 먹을 때도 급하게 먹어요. 애들은 때가 되면 자야 하잖아요. 엄마가 불안의 원인이면 엄마가 사라질까봐 엄마를 쫓아다니다가 늦게 잠을 자게 돼요. 그래서 달님이는 가장 늦게 자고 가장 일찍 일어나는 아이였어요. 아이가 이렇게 고통스러운데 달님이 엄마는 아이와 친밀 관계가 형성되지 않아서 고통을 함께 느끼지 못했고 귀찮아 하며 짜증을 냈어요. 달님이는 개 짖는 소리, 선풍기, 버스, 지하철, 세탁기, 청소기 소리, 못 박는 소리 등을 견디지 못했어요. 침투적이고 강한 자극들에 대한 원초 불안에 노출된 거예요. 어른도 멸절불안이 있는 사람은 이런 소리에 예민합니다.

달님이는 처음에는 할머니 외에 관심이 없었어요. 그러다가 상담자인 저랑 애착이 됐어요. 아이는 정서적으로 안정되고 애착 인물의 소재를 정확히 알 때만 친구에게 다가갈 수 있어요. 엄마하고의 관계가 안정되어야 일대 다수의 관계를 맺을 수 있는데, 그런 준비가 안 된 상태에서 어린이집에 가면 힘들죠. 가장 기본적인 애착은 엄마 품에서 젖을 빨면서 시작됩니다. 엄마 몸의 편안함을 알 기회가 어느 기간 동안 충분히 주어져야 해요. 세상을 탐색하는 기저가 되거든요. 엄마가 아이를 구석구석 다 만져주잖아요. 안아주는 엄마가 사랑을 철회하면 아이가 세상에 접촉하는 게 어려워져요.

상담실에서 아이들은 엄마가 아기한테 하는 걸 전치시켜 인형을 가지고 놀죠. 달님이는 엄마놀이를 하면서 심리발달을 해나갔습니다. 아기 인형에게 몰입해서 감싸 안고, 눈을 마주보며 이야기하고, 볼을 쓰다듬고, 온갖 이유식을 정성스럽게 만들어 먹이고, 노래를 불러주고, 그윽하게 바라보면서 진짜 여자, 엄마가 되는 경이로운 경험을 해나갔어요. 엄마도 다행히 상담을 통해 달님이와 애착 관계를 형성해 힘든 고비를 넘길 수 있었지요.

엄마가 아이의 입장에서 이해하고, 아이의 신체와 인격을 돌보는 과정에서 아이의 욕구를 알게 될 때 불안을 제거할 수 있습니다. 위니콧은 아이에게 정서적 투자를 많이 하는 엄마를 보면 저 아이는 참 행복한 인생을 살겠구나, 엄마도 아이를 기르면서 많은 기쁨을 느끼겠다고 보았습니다.

· 4강 ·

안아주기

· · 의존 없이는 독립도 없다 · ·

"누군가를 꼬옥 안아보고 싶어요. 어린시절에 엄마한테 안겨본 기억이 없어요."(불안과 대결하는 40대 엄마)

인생의 최초 대상인 엄마의 안아주기는 인간의 불안을 가라앉히는 핵심 기술입니다. 아이가 조화롭게 성장하기 위해서는 환경의 연속성이 마련되어야 하고, 아이의 욕구와 필요에 부응해주는 좋은 대상이 있어야 해요. 위니콧은 믿을 만한 대상과의 안정된 관계가 있어야 비로소 아이에게 온전한 미래가 열림을 수많은 임상을 통해 깨달았습니다. 무엇보다 안아주는 관계 체험은 평생 지속되는 삶의 무드에 긍정적 안정감을 주는 구심점 역할을 합니다. 앞으로 이루어질 잠재요소가 아이 안에 있다 해도, 엄마가 아이의 필요에 부응해주고 지원하지 않으면 잠재능력이 발현되지 않습니다. 아이의 생명과 존재연속성을 지키는 것은 엄마의 몫입니다. 특히 절대적 의존기에 엄마의 고유한 역할이 있고 없고가 평생에 걸쳐 좋고 나쁜 흔적을 남깁니다.

심리구조에는 엄마에 대한 아이의 경험 내용, 엄마가 어떤 사람인지, 아이에게 어떤 식으로 대하고 말을 했는지 다 포함되어 있어요. 개인의 정신적 힘의 근원에는 무조건적으로 의존했던 어린 시절의 체험이 있다는 것이지요. 의존 상태에 있는 아이의 미숙한 자아를 엄마의 성숙한 자아가 떠받치고 있기 때문에 유아기의 의존은 자아전능감의 원천이 돼요. 자기애, 자존감의 근원인 것이죠. 의존의 전형적 이미지는 아기를 포근히 안고 있는 다정한 엄마랍니다.

진정한 자기가 발현되기 위해서는 안아주는 환경 체험이 필수입니다. 절대적 의존기에 정서적, 신체적 친밀 관계로서의 안아주기는 엄마의 가장 중요한 역할입니다. 엄마가 아이를 안아주는 방식은 매우 중요해요. 그런데 결코 쉽지는 않습니다. 적지 않은 분들이 어려워합니다. 안아주는 환경이 부재하면 아이의 참자기 안에 있는 인격의 핵이 세상과 부딪칠 때 혼돈 상태가 돼요.

엄마 배 속에서 나오는 순간 아기가 처음 대하는 낯선 환경은 침범으로 지각돼요. 아기한테 나 아닌 것은 다 힘든 거예요(박해불안). 그래서 안아주기가 일종의 울타리가 되어 외부로부터 이질적인 자극이 침범되는 것을 최소화합니다. 자신의 분신인 엄마가 침범하는 환경으로부터 보호해주면 박해불안에 압도당하지 않게 됩니다. 자기 안으로 숨거나 소외된 상태로 살지 않게 되죠. 현실의 요구들에 적응하지 못하고, 현실이 두려워 주관적 심리 세계로 퇴행하여 사는 사람은, 안전하게 안기는 엄마 품, 울타리 경험이 좌절된 상처가 있었다고 봅니다.

절대적 의존기에 엄마의 안아주기로 인해 아이는 전능감을 경험합니다. 엄마가 안아주는 환경을 지속적으로 유지하지 못했을 때 아이는 의지할 곳 없이 나락으로 추락하는 불안 상태에 놓입니다. 이때 존재가 해체되거나 재앙에 휘말릴 것 같은 불안이 엄습하지요. 엄마에 대한 의존이 제대로 수용되지 않으면 환경에 대한 불신, 여성에 대한 두려움, 모성에 대한 두려움, 누군가를 지배 통제하거나 통제당하는 데 대한 두려움을 안고 살게 돼요. 상담하다 보면 엄마지만 모성성이 없는 사람을 경험하게 돼요. 그런 분은 아이가 궁지에 몰렸을 때 아이가 좌절했을 때 아이 입장에서 생각하고 안아주는 게 안 돼요.

자연스레 아이에게 유익하게 관여하는 방법을 몰라서 그래요. 안아주기란 아이가 엄마나 또다른 양육자에게 삶을 살아가는 데 필요한 여러 에너지를 받고 있는 상태예요. 아이를 떠받치고 있는 엄마의 역할로 인해 아이의 정신은 안정됩니다. 그리고 정신발달 시기에 따라 엄마의 안아주기 양태가 나이에 맞게 변형돼야 해요.

중요한 것은 엄마가 아이의 욕구가 아닌 자신의 욕구를 채우려는 행위를 절제해야 아이가 발달해나갈 수 있다는 겁니다. 안아주기는 아이의 기본적 필요 중 하나예요. 자신을 안고 있는 품이 안전하다고 느긴 아이는 내면 세계나 외부에서 오는 정보들에 반응하면서 경계하지 않고 많은 것을 배워가지요.

이 세상에 내가 속한 곳이 있어서 행복감을 느끼는 사람, 하고 싶은 일을 하고, 하고 있는 일이 좋은 사람은 이미 갓난아기 때 자기한테 온정을 쏟았던 엄마가 있는 거예요. 그런데 그 시기를 통째로 잃어버리면 아무리 소속되고 싶어도, 아무리 생동감을 느끼고 싶어도 진짜로 그리 되는 것이 어려워요. 충분히 좋은 엄마(good enough mother)는 나름의 최선으로 헌신하는 엄마를 일컫죠. 완벽한 엄마가 아니에요. 부족해도 실수를 보완하려고 노력하는 엄마를 말합니다. 커가는 아이는 환경이 부족하면 부족한 대로 상황을 이해하고 받아들입니다. 자기에게 주어진 것만으로도 잘 지내죠. 아이가 결국 좋은 엄마를 만드는 데 일조해요.

·· 아이는 엄마의 실수를 이해한다 ··

위니콧은 아기가 젖을 뗀 다음부터는 환경의 이러저런 결핍이 아이와 엄마 사이의 자연스런 요소라고 봐요. 젖을 떼는 건 아이에게서 엄마가 점차 분리돼도 된다는 신호예요. 어느 정도의 환경 결핍과 만족의 좌절은 아이의 성장을 촉발하고 잠재성을 발현시키는 데 꼭 필요한 요소예요. 그런데 엄마 자신이 내적 결핍이 심해 아이를 과잉 충족시키거나 과도하게 좌절시키면, 아이가 결핍된 환경에 대처하거나 환경을 이용하려는 능력개발의 기회가 망가지죠. 대상이 있다가도 없고, 없다가도 있는 상태를 견뎌야 정신발달이 되거든요. 특히 엄마가 자신의 결핍을 채우려고 아무 때나 나타나 사사건건 아이 삶에 개입하면 아이의 환경 탐색 욕구와 기능이 닫혀버려요.

보통의 경우 엄마에 대한 기대가 좌절되면서 주변인의 역할이 생겨나요. 조부모 또는 학교 선생님을 비롯해 경비 아저씨, 버스 기사에게도 엄마로부터 채우지 못한 좋은 의존을 두루 얻게 돼요. 여기서 의존은 상대적 의존이에요. 몇 십 분 동안 길을 헤매다가 버스나 택시 기사의 도움으로 집에 오는 것도 좋은 의존 사례지요. 엄마가 그런 기회를 막아버리면 아이는 평생 엄마라는 감옥 안에서 살게 됩니다. 엄마 외에 다른 사람의 도움도 있어야 아이가 물리적으로 정신적으로 세상을 느끼면서 현실에 적응하고 타협하게 돼요.

성인 내담자 미소 씨는 갓난아기였을 때 배고픔을 느끼기도 전에 엄마가 젖을 물렸다고 했습니다. 그래서 자신은 평생 엄마로 인해서 수동적으로 먹임을 당하고 원치 않은 만족감을 느껴야 했던 거죠. 미소 씨는 자신에게 일어나는 충동들을 스스로 해결하면서 놀이로 동화시키는 경험을 할 수 없었어요.

바깥 세상에 대한 탐색을 부추기는 엄마의 말이 없었기 때문에, 자신에게 일어나는 일들을 평생 현실의 눈으로 인식하는 것이 불가능했어요. 엄마에게 침범과 유혹만 당한 거죠. 자기가 원할 때 하고 싶을 때 원하는 방식으로 할 수 있는 자발성을 엄마로부터 전면 거부당했던 것입니다. 평생 자기가 원하는 대로 무언가를 제대로 하지 못하면서 세상을 구경만 했기에 한 번도 온전한 자신이 돼보지 못했어요. 평생을 엄마에게 좌우되는 유아 상태로 고착돼 살아왔던 것입니다.

젖병을 물리는 것도 안아주기 환경입니다. 아기가 배고파서 우는데 기다릴 수 있는 한계를 넘어서 젖병을 가져다주면 아기는 그런 상황을 이해하고 소화할 수 없습니다. 존재연속성이 끊어지는 경험일 수 있어요. 견딜 수 있는 한계를 넘어서는 박탈 경험이 반복되면 아이는 몸과 정신의 혼란을 경험하게 돼서, 젖병을 물려도 맛을 느낄 수 없고 만족감이나 안정감 등을 느낄 수 없어요. 안아주기는 고도의 인격적 과정이랍니다. 아이가 자신 안에 좋은 대상의 이미지를 더 이상 유지할 수 없을 때까지 뭐든 기다리게 한다면, 기다리던 것이 주어져도 거부하고 사용할 수 없게 돼요. 그래서 충분히 좋은 엄마는 아이의 전능감과 충돌하지 않는 방법을 사용해요.

아이는 엄마의 안아주기를 통해 첫 1년간은 자아전능감을 충족하다가 점진적으로 자신의 전능감을 포기하는 것을 익혀갑니다. 엄마는 완벽할 수 없기 때문에 좌절이 생겼을 때 엄마가 그 연결을 회복할 수 있는 적절한 말이나 행동을 해주고 위로의 손길을 주면 됩니다. 실수나 시행착오를 없애는 것이 완벽함이 아니고 실수나 시행착오를 하더라도 그 틈을 메우는 게 중요합니다.

이 시기에 엄마가 우울해서 아이랑 눈도 맞추지 않고 소통하지 않으면 심각해요. 아이가 엄마로부터 관계 욕구가 좌절된 것에 대해 설명을 듣지 못하고 실패를 이해하지 못하면 지적 능력이 망가지고 여러 경험들을 통합할 수 없게 됩니다. 아이가 설명을 들어야 엄마가 실수를 했어도 지적 이해를 통해 복구할 수 있거든요. 건강한 엄마는 아이가 못 알아들어도 다 설명해줘요. 그래야 아이가 나중에 어느 순간 처리할 수 있게 돼요. 이것들이 다 안아주기 환경이에요.

좋은 엄마는 아이의 안전감과 신뢰를 보전하기 위해 변화를 줘도 되는 것과 안 되는 것을 파악해서 조절해줘요. 자리를 오래 비우는 엄마, 아이를 남에게 자주 맡기는 엄마, 적대적인 엄마, 산만하고 변화무쌍한 엄마에게 아이는 어마어마한 좌절을 해요. 신뢰할 수 있는 엄마는 몇 번이고 중요한 행동이나 말을 반복해주고 도움이 되는 경험을 할 수 있도록 안정감을 줍니다. 이게 안아주기 환경이에요.

그런데 엄마가 세상을 혼란스럽게 지각하면 아이가 경험하는 세상도 혼란스러워져요. 엄마의 정서적 혼란으로 인해 아이가 세상을 왜곡하게 되는 거죠. 위니콧의 '충분히 좋은 엄마(good enough mother)'는 아이에게 세상을 긍정적으로 보여주는 엄마예요. 위니콧은 아이가 엄마를 몹시 괴롭히는 존재이고, 자기중심적인 존재라고 봤어요. 아이는 좌절하면 분노로 엄마를 많이 힘들게 해요. 아이는 커가면서 엄마를 계속 공격하게 되어 있어요. 이 공격 에너지로 현실과 접촉해요. 아이가 현실에 대처해야 할 때 엄마로 인해 공격성이 눌리면 현실을 생동감 있게 경험할 수 없습니다. 이런 아이한테 결국 현실은 무섭게 지각돼요. 그래서 끊임없이 회피하거나 철수하게 됩니다.

또한 아이가 화가 났는데 그 분노를 엄마가 피상적으로 처리하면 어찌 될까요. 아이의 분노가 엄마로부터 온전히 인정받지 못하거나 부정당하면 감정이 의식에 의해 다루어지지 못한 채 무의식에 억압돼요. 그로 인해 아이는 공격 에너지로 현실을 테스트할 능력을 못 갖추고 현실감이 부족해집니다.

엄마가 아이에게 정확하게 화를 낼 줄 아는 것도 분리개별화 과정에서 중요해요. 자기 의존이 해결되지 않은 엄마는 아이에게 전혀 화를 못 내요. 아이의 나쁜 행동으로 화가 무지 나는데 엄마의 표정이나 말이 좋기만 하면 아이는 오히려 혼란스럽습니다.

·· 안아주는 엄마와 안아주지 못하는 엄마 ··

안아주기는 정서적 돌봄뿐 아니라 아이의 욕구에 적응해준다는 점에서 신체적 돌봄까지 포함해요. 아이의 피부를 만져주는 것, 튼튼한 가슴과 팔과 어깨로 아이를 안아주는 것, 잘 씻기고 먹이는 것도 다 포함돼요. 엄마의 목소리나 엄마의 냄새, 체온, 피부도 다 안아주는 환경이에요. 안아주기는 아이의 성숙 과정을 촉진시킵니다. 이것은 아이의 잠재능력을 발현시킨다는 의미입니다.

아이가 즐거움을 느낄 만큼 안아주기가 좋았다면 엄마의 실수가 있더라도 아이의 자아전능감은 깨지지 않습니다. 절대적 의존기에서 상대적 의존기로 넘어간 후에도 아이가 안정감을 유지하려면 자아전능성이 손상되면 안 돼요. 엄마가 아이에게 좋은 돌봄을 제공하지 못하는 것은 사회, 경제, 교육 수준에 상관없이 엄마가 어린 시절에 안기는 돌봄을 제대로 받지 못했기 때문입니다. 안아주기는 특별한 형태의 사랑으로 엄마가 자신의 사랑을 유아에게 보여줄 수 있는 가장 근원적인 방법이죠. 청소년이나 성인에게도 혼란이나 해체 위험으로 긴장이 일어났을 때 안아주기 환경을 도입해 이해해주고 공감해주면 벗어날 수 있어요.

위니콧은 아이를 안아줄 수 있는 엄마와 그렇지 못한 엄마가 있을 뿐 중립은 없다고 했어요. 안아주지 못하는 엄마는 자신의 아주 어릴 적 불안 때문에, 자신도 모르게 아이가 자아발달을 못하게 방해해요. 산후우울증은 누구에게나 경미하게 생기지만 보통의 건강한 사람은 그 주기가 짧고 여러 사람의 도움을 받으면 쉽게 벗어납니다. 그런데 어릴 적 취약성이 잠복해 있다가 아이를 낳으면 더 이상 억압되지 않고 치솟아 심각한 우울증이 되기도 합니다. 자기에게 일어날 부정적 일들을 걱정하고, 누군가 자기를 미워하고 사랑하지 않는다고 아이 때처럼 느끼는 상태죠.

이런 부정적 생각과 느낌이 지배적일 때 자신의 아이에게 치명적이고 끔찍한 일을 저지르게 돼요. 이런 분은 주변에 친한 친구가 있어야 하고 도움을 주는 여러 사람이 있어야 합니다. 안아주기 실패는 정신 병리의 근원이 됩니다. 우울한 엄마는 자기가 소화 못한 부정적 감정과 표상을 아이에게 투사해요. 그러면 마땅히 사랑해줘야 하는 대상인데도 짐으로 느껴져요. 그래서 신체적, 심리적으로 아이를 안아주는 것이 버거워집니다. 위니콧은 아기를 안을 때 최고의 보물을 안는 것처럼 자부심과 기쁨을 표현하는 엄마를 보면 아이가 얼마나 행복한 인생을 살 수 있을지 예측할 수 있다고 했어요.

엄마가 어린 딸을 들어 올리는 방법에 대한 위니콧의 논문에 이런 글이 있습니다. "엄마가 유모차에서 아기를 꺼낼 때 아기의 발을 잡아서 휙 돌립니까? 담배를 든 채 다른 손으로 아기를 잡습니까? 아닙니다. 엄마는 유아에게 자기 접근을 예고합니다. 엄마는 아기를 옮기기 전에 끌어안기 위해 먼저 아기 주위에 손을 갖다 댑니다. 아기를 안아 올리기 전에 아기의 협조를 얻습니다. 그러고 나서 한 장소에서 다른 장소로, 이불 위에서 어깨로 아기를 안아 올립니다. 엄마는 아기를 자신의 개인적인 경험과 감정에 관련시키지 않습니다. 때때로 아기는 엄마를 살인자처럼 느껴 찢어질듯 소리를 지르고 또 지릅니다. 그러나 엄마는 보복하지 않고 혹은 많이 보복하지 않으면서 똑같은 돌봄으로 아기를 안아 올립니다. 엄마는 아기가 엄마의 충동에 의해 희생당하는 것을 피합니다. 유아를 돌보는 것은 인격적인 신뢰성에 대한 신호입니다. 오늘은 모든 것이 잘못되는 날이라고 합시다. 세탁물을 준비하기도 전에 세탁소 직원이 와서 벨을 울리고 그때 아이가 무엇인가 급히 요구합니다. 그러나 엄마는 아기를 안아 올리기 전에 먼저 마음부터 가라앉힙니다. 엄마는 부드럽게 행동하고 아기는 그 부드러움을 엄마의 중요한 부분으로 믿습니다. 엄마의 기술은 고도로 인격적이며 입, 눈, 안색, 냄새를 통해 전달됩니다. 좋은 엄마는 아기에게 속한 것을 보호합니다. 불안과 흥분은 자신의 생활에서 따로 처리합니다."

이런 행동은 유아가 '두 사람 관계'에서 작용하는 복잡한 정신요소들을 이해하는 능력을 건설하는 데 기초가 됩니다. 엄마가 아이를 온전한 인간으로 보고 대하는 능력, 즉 안아주기 환경의 영향으로 아이가 풍요로울 수도 있고, 빈곤해질 수도 있고, 평화로울 수도 있고, 전쟁 상태일 수도 있습니다. 안아주기가 이루어지지 않으면 부정적인 자기 상태에 있게 됩니다. 외부 세계에서 요구가 오면 응답해야 하는데, 안아주기가 부족한 사람은 거부로 일관합니다.

안아주기능력이 부족한 자기애적인 엄마는 강한 훈육을 하고 무겁게 통제해서 아이를 자신이 원하는 로봇으로 만듭니다. 이런 행위는 무의식적으로 교묘하게 일어나요. 엄마가 자기애 결핍이 심할수록 아이는 엄마의 기분을 좋게 만드는 데 늘 신경써야 합니다. 아이는 활기가 없고 우울하고 불행해요. 그런데 진짜 문제는 안김을 받지 못하면 참자기를 형성할 수 없어요.

위니콧은 엄마를 거치지 않고는 결코 진정한 자기가 될 수 없다고 봤어요. 안아주기 환경은 가장 중요한 기초적 돌봄입니다. 놀아주고 맞장 구쳐주고 친구처럼 의사소통하는 것을 포함해요. 안아주기가 안 되면 허약한 자존감을 갖게 되고 남의 시선을 필요로 하기 때문에 늘 비위를 맞추는 사람이 됩니다. 안달복달하며 여유가 없고 염세적이고 회의적이고 까다롭고 영악하고 때론 비굴해요. 안아주기 환경이 깨졌을 때 형성되는 인격입니다. 반복되는 안아주기 좌절은 정신 내부에 그 흔적들이 누적돼서 성격화됩니다. 엄마 관계에서 좌절을 경험했는데 공격성이 억압되어 분출되지 않으면 분노가 내향화되는 우울하고 무기력한 성격이 될 수 있습니다.

·· 회복을 위한 안아주기 ··

안아주기를 충분히 받으면 자존감과 자기만족감이 생기고 그 안에서 창조성이 나와요. 엄마 관계에서 가장 좋은 결실이 창조성입니다. 창조성이 죽으면 사는 게 의미가 없어요. 위니콧은 창조성을 잃는 것은 전체 인격을 잃는 것이라고 보았습니다. 또한 현실감, 자신감, 협동심도 안아주기 환경에서 나와요.

ADHD와 품행장애를 가진 승우는 산만해서 가족과 또래에게 늘 욕먹고 얻어맞는 천덕꾸러기였습니다. 위니콧은 아이가 신뢰할 수 있는 좋은 환경을 가졌다면 대부분 정신질환 문제가 없다고 했는데, 승우는 할머니가 자살했고 삼촌이 조울증 진단을 받았어요. 이러한 요인이 영향을 미쳤을 것입니다. 게다가 부모가 '원했던 아기'도 아니어서 엄마는 아이가 자기 인생을 망쳤다고 생각했습니다.

엄마도 ADHD라 부주의했고 알게 모르게 아이를 방치했습니다. 또한 승우는 교회 사람에게 돌아가며 맡겨졌는데 아이의 본능을 하나도 맞춰주지 않는 환경에서 얼마나 고통받았을지 짐작이 되었어요. 아무 만족도 없는 환경 경험을 반복한 것이죠. 승우는 집에서나 학교에서 맨날 싸우고, 실수투성이라 자기편이 없었어요. 어느 날은 상담을 와서 적대감을 드러내는 행동을 보였습니다. 기분이 안 좋은 것 같으니 왜 그런지 말해달라며 아이와 이야기를 시작했습니다. 그런데 자기가 무얼 진짜 원하는지 말해본 경험이 없어서 표현을 못하는 거예요. 20분 넘게 씩씩거리더니 겨우 용기를 내 말했습니다. 자신이 상담을 좋아해서 엄청 기대하고 왔는데 제가 제대로 인사를 안 해줬다는 거예요.

사실 승우가 상담실 문을 발로 차고 들어와 저는 짜증을 누르느라 신통치 않게 반응했죠. "선생님이 인사를 제대로 받아주지 않아서, 그리고 널 반갑게 맞아주지 않아서 마음이 상했구나. 정말 미안해. 승우가 속상했던 마음을 말해주니 선생님이 무엇을 잘못했는지 알 수 있고, 사과할 수 있으니 좋네. 승우야 미안해. 그런데 선생님도 승우가 노크하고 상담실에 들어오면 좋겠어. 문을 발로 차고 들어오니 선생님 기분이 좋지 않았어"라고 진심을 전달했어요. 치료적 의미의 안아주는 환경은 아이의 불편한 정서 경험을 공감하고, 심리적으로 소화시켜주고 변형시켜 좋은 것으로 되돌려주는 행위이기도 합니다.

가끔 상담 장면에서 발견되는 아이의 공격적 행동은 어릴 적 엄마의 안아주기 실패로 인한 분노가 지금 여기에서 다른 형태로 반복 재현된 것입니다. 상담자가 엄마를 대신해서 자신의 실패를 인정하고 사과하면 소통 가능한 적절한 분노로 줄어듭니다. 상처 입기 전의 좋은 상태로 회복되는 것이지요. 버릇없는 아이의 행동을 특별한 관리를 통해 다루지 않으면 아이는 정서적으로 마비된 삶을 살게 됩니다. 승우는 치료를 받는 3년간 많은 말썽을 피웠고, 원인 모를 병들로 입원을 해 부모의 관심을 독차지하면서 좋은 양육을 지원받았어요. 그 결과 무자비한 파괴성을 폭발시키는 위험에서 벗어났습니다.

위니콧은 제2차 세계대전 이후에 전쟁고아들을 치료하고 보살피는 일을 많이 했습니다. 그때 엄마를 잃고 반사회성 성격장애를 갖게 된 아이들이 너무 많았어요. 이들을 상담만으로 다룰 수가 없어서, 속마음을 이해하기 전에 직접적 관계 체험이 필요하다고 생각했어요. 인격구조에서 나온 폭력이나 도벽 같은 태도는 분석가의 이해와 공감만으로 치료가 어렵거든요. 어린 시절에 형성된 정신구조에서 나온 파괴적 삶의 표출은 말로 가르쳐 고칠 수 없음을 수많은 임상을 통해 그는 알고 있었습니다.

이들의 파괴성, 반사회성은 실재 모성 박탈 체험에 기인합니다. 고질적인 이것은 실제 친밀 관계 속에서 중화해소시켜야 하는데, 부인 클레어가 직접 나서 복지시설을 만들고 아이들을 치료했어요. 전통 정신분석에서의 성찰기법으로 치료한 것이 아니라 관계 경험기법으로 치료한 것이죠. 물론 정신분석 배경을 가지고 아이들의 병인을 이해하고 해석하고 이론을 체계화했지만, 이 부부는 시설 안에서 따뜻한 어머니와 든든한 아버지의 역할을 해주는 것으로 도움을 주었습니다.

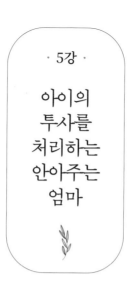

· 5강 ·

아이의
투사를
처리하는
안아주는
엄마

· · 아이는 투사를 통해 견딘다 · ·

"집에 혼자 있을 때마다 담 위에서 눈 큰 새가 저를 뚜렷이 쳐다보는
데, 부리로 내 눈을 쫄까봐 너무 무서워요!"

엄마가 아이의 욕구에 반응해주고 적응해주면, 언어를 사용하기 전
부터 아이는 엄마와 어떻게 연결되는지 자연스레 알아요. 엄마는 아이
의 고통을 처리해주기 위해 정신에서 많은 활동을 해요. 아기의 마음을
직관으로 읽어내는 능력인 투사동일시(projective identifixation)를 통해
새로운 사고 과정이 매순간 작동되고, 아이를 현실과 편안하게 연결해
주어 진정한 관계를 맺도록 하죠.

아이가 무엇인가에 박해받는 두려움을 느낄 때 어떻게 반응할까요?

아이는 어른과 같은 고통 인내력과 해소능력이 없어서 불쾌감이 우세하면 그것을 엄마에게 투사로 배출해요. 그때 엄마가 상상력이 살아 있으면 자신에게 투사된 것을 담아주고 아이에게 견딜 수 있는 형태로 되돌려줘요.

아이는 자기의 나쁜 경험을 엄마에게 투사하면서 안전하길 바라요. 하지만 엄마가 우울하면 아이는 원초적 감정표현과 몸짓에 위협을 느껴 도망을 가버려요. 아이의 호소를 듣지 못하는 엄마는 한 귀로 듣고 한 귀로 흘려버린답니다. 아이가 나쁜 감정이나 무서운 감정을 투사할 수 없게 되면 공포나 고통에서 도망칠 수 없고 싸울 수도 없게 됩니다. 자신의 두려움을 투사하면 엄마가 아이의 두려운 감정을 소화시켜줍니다. 그러면 아이는 균형감각을 갖고 현실 상황을 있는 그대로 볼 수 있게 되죠.

사실 자신의 고통을 엄마에게 투사하면서 엄마와 소통이 되는 것이기도 합니다. 하지만 아이가 불안을 투사할 때 심약한 엄마는 아이가 자신을 괴롭힌다고 지각해 분노와 무력감을 느끼기도 합니다. 아이의 불안을 잘 견뎌주는 엄마가 있는가 하면 힘들어서 철수하거나 거부하는 엄마도 있습니다.

아이가 투사한 감정들을 처리할 수 있는 힘을 가진 엄마는, 아이가 투사한 것에 휘둘리지 않아요. 때론 짜증이 나기도 하지만 그 화를 따로 처리해요. "아이고 우리 딸이 힘들었구나. 엄마가 빨리 안 와서 짜증이 났네. 불편했구나" 하며 아이가 투사한 좋지 않은 감정을 있는 그대로 받아줘요. 자신을 힘들게 하려는 몸짓으로 지각하지 않고, 아이가 뭔가

괴로움이 있는데 제대로 알지 못하거나 표현 못하는 어쩔 수 없는 상태라 이해하고 기꺼이 담아주는 것이지요.

아이는 자신의 나쁜 감정과 괴로움을 격렬하게 표현했는데 엄마가 따뜻하게 안아주고 납득할 수 있는 말로 다독여주면 기분이 좋을 뿐 아니라 자신이 이해할 수 없었던 불쾌감을 소화하는 도움을 받지요. 한 예로 지하철에서 누군가의 뾰족한 가방에 팔을 찔렸을 때 아프다고 고래고래 소리 지르는 사람은 일시적 편집증을 앓는 상태에 있다고 봐요. 그런데 상대방의 나쁜 의도가 없음을 알지만 아파서 '아야' 하고 적절히 표현했다면 고통을 자연스럽게 외부로 방출한 것입니다. 성인이 투사하거나 행동으로 배출하는 내용은 잠정적인 적대감에서 깊은 증오에 이르기까지 다양해요. 그것은 아이가 고통스러울 때 도움을 주지 않았던 상상속의 인물에게 향한 것이에요.

또는 힘든 일을 경험하고도 소리 지르거나 울지 않는 아이는 나쁜 경험을 자기 바깥으로 내보내는 정신신체 작용을 할 수 없는 거예요. 받아주는 대상이 없으면, 좌절에 대해 적절한 반응을 할 수 없게 됩니다. 의사소통의 특징을 담은 투사동일시는 여러 형태가 있어요.

첫 번째는 타인의 투사물이 자신의 일부가 되도록 허용하는 긍정적 투사동일시입니다. 타인이 실망하는 부분을 수용해 이해하면서 자신의 긍정적 기대를 전달해서 애정을 느끼게 하는 것이지요. 긍정적 투사동일시는 공감능력입니다. 누구도 다른 사람의 마음속에 쉽게 들어갈 수 없어요. 그래서 투사동일시로 타인의 내면에 들어가서 상대를 이해할 수 있게 되는 거예요. 사랑에 빠지면 더욱 상대의 마음을 잘 읽게 되잖아요.

아이의 투사와 투사동일시를 거절하는 엄마는 의도하지 않았지만 아이에게 상처를 줍니다. 그러면 아이는 불쾌 경험을 타인에게 전염시켜 대신 감당하게 하는 삶을 살게 돼요. 그런 투사동일시 태도가 대상의 정신을 심각하게 교란시킬 경우 보복과 응징이 생겨납니다. 자신의 내면을 대상에게 투사해서 이해받으려는 태도이지만 타인에게는 폭력입니다. 세상에서 일어나는 나쁜 일들을 자신과 관련지어 생각해 불안해하고, 자신이 소화하지 못한 그것을 타인에게 투사동일시로 전염시켜 타인조차 갈피를 잡을 수 없게 만드는 사람들이 많습니다. 투사를 통해서만 세상을 지각하고 대처한다면 편집증적 정신구조가 형성되었다고 볼수 있어요.

두 번째 투사동일시의 모습은 거부입니다. 자신의 환상이 폭력적이고 나쁠수록, 불편한 그것이 외부로 투사되어 대상과 환경에 대한 두려움이 커집니다. "저 사람은 날 싫어해. 미워해. 날 전혀 이해하지 않아." 우리는 타인들로부터 끊임없이 영향을 받는데, 감당하기 힘든 고통자극에 대해 중요 대상으로부터 아무 반응을 받지 못하면 적대감이 촉발됩니다. 상대의 긍정적인 면조차 전면 거부하게 됩니다. 심하면 무시나 공격받을 짓을 해서 계속 거절당하는 경험을 하기도 합니다. 사람을 이유 없이 혐오하고, 작은 실망에도 끔찍해하는 사람은, 도움을 청하거나 도움을 받는 채널이 없는 사람일 수 있어요.

지석이는 시니컬하고 냉소적인 특성을 가진 아이입니다. 놀이 세팅을 해놓으면 "저 다른 놀이 할래요" 하기 일쑤고, 뭔가에 마음이 상하면 상담시간 내내 침묵으로 심술을 내는 아이였어요. 한번은 지석이가 20분 정도 지각했는데 당연히 집에서 늦게 출발했겠죠. 지석이는 지하철이 연착하는 바람에 지쳐 있었고, 상담에 늦어서 하고 싶은 것을 못한다는 절박함에 폭발할 것 같은 상태가 되었어요. 상담실에 오자마자 대한민국 전철은 후지고 시간도 안 지킨다며 골을 냈어요. 저는 몇 시에 집에서 나온 지 체크하거나 왜 늦게 나왔냐고 채근하지 않았어요.

"생각한 대로 제 시간에 오지 못해서 짜증이 났겠네. 지하철 대기시간이 길어서 당황했겠다. 다행히 선생님이 뒤 시간에 10분 여유가 있어. 오는 동안 불안하고 기분이 나빴겠다"라고 불편한 마음부터 알아주었습니다.

지석이는 그날도 모노폴리를 세팅해놓고 안 하겠다고 하는 거예요. "학교와 학원을 마치고 와서 많이 지쳤구나. 에너지가 없으면 단순하고 쉬운 것도 지루하고 흥미 없게 느껴질 수 있어. 다시 찾아보자." 이렇게 말하니 지석이가 모래상자에 사람을 그리며 "얘는 가분수인데 웃고 있어요"라고 표현했어요. 저는 "머리가 무거워 지탱하기 어려운데 안 힘든 척 웃고 있네. 힘든 것을 알아주길 바라나봐"라고 응답했지요. 지석이는 그제야 기운을 내어 체스를 하고 싶다고 했어요. 지석이는 퀸으로 모든 말을 제압하며 게임을 즐겼어요. 저는 엄마로 인해 통제당하는 아이의 힘든 마음을 알아차리고 "사는 게 너무 고통이야. 살맛이 안 나. 이건 살아도 사는 게 아니야. 제발 나 좀 어떻게 해주라"라며 아이의 공격에 방어를 했지요.

퀸으로 저의 체스 말들을 모두 죽인 지석이는 자신의 불안을 가져가 담아준 저에게 "선생님, 오늘 죄송했어요" 하며 가벼운 마음으로 떠났습니다. 아마도 자신의 불안이나 적대감을 스스로 소화할 힘이 부족해서 무엇이든 미리 다 소화된 상태로 받고 싶었던 거겠죠. 의심이나 불신, 사소한 기억의 거부가 많은 지석이는 자신의 분노를 투사해서 늘 모든 게 못마땅해 보입니다. 그렇게 다른 사람이나 상황에 자꾸 자신의 분노를 전가하다 보면 자신이 화났다는 게 자각이 되지 않아요. 누군가가 담아주고 버텨줘야 비로소 자신의 착각에서 나오게 됩니다.

2부

· 6강 ·

비통합
경험

·· 비통합 경험은 노력하지 않아도 나로서 존재하게 한다 ··

"아, 아무 신경쓰지 않아도 되는 딱 이 상태로 그대로 머물고 싶다!"
이런 경험을 단 한 번도 해보지 못한 사람과 익숙히 해본 사람의 정신은
어떻게 달라질까요? 위니콧은 '비통합 경험' 개념을 통해 정신이 구조
화되기 전의 체험이 정신건강에 미치는 영향을 설명했습니다. 비통합
경험은 아이가 엄마를 신뢰해서 방어 없이 내적, 외적 자극을 받아들일
준비가 된 상태입니다. 엄마의 무릎과 배 위에서 편안히 휴식을 취하는
상태인 거죠. 앞으로 일어날 일을 능동적으로 맞이하기 전의 휴식 상태
로 수면과 유사해요. 아이의 정신이 온전히 통합되려면 먼저 이 비통합
경험이 주어져야 해요. 물론 비통합 경험은 엄마의 안아주기 환경으로

만들어집니다. 아이가 엄마와 함께 있으면서도 혼자만의 편안함을 느끼는 상태입니다.

아이는 외부의 이질적인 자극을 수용하여 기존의 정신 내용과 연결시킵니다. 이를 통해 자아가 사용할 수 있는 자료로 통합해냅니다. 이런 작업 전에 비통합적 휴식 경험을 못하면 강박에 시달리는 불안한 사람으로 살 수밖에 없습니다. 비통합 경험이 잘 이루어져야 그 통합 작용이 순차적으로 순조롭게 일어납니다. 그런데 아이는 부모가 믿음직스럽지 않으면 자신이 언제 내쳐지거나 거부당할지 몰라 경계를 하게 되죠.

그래서 자신이 매순간 반드시 '나'를 지각하지 않아도 되는 경험은 굉장히 중요해요. 비통합은 일종의 자연스레 떠도는 느낌인데, 이 안에 정상 감정의 씨앗이 있어요. 이게 안 되는 사람은 외부 자극이 없거나, 누군가와 함께 있지 않으면 불안해합니다.

비통합 경험에는 속도가 있습니다. 엄마의 품이 만족스러우면 성격구조를 빨리 발달시킬 필요가 없어서 적절한 속도로 맞춰집니다. 반면에 안전하지 않은 환경에서는 살아남기 위해 생존본능이 과도하게 작동되어 조숙해집니다. 아이는 모든 것을 빨리 파악하기 시작하고 거기에 맞추게 돼요. 위니콧은 조숙이 만병의 근원이라고 했어요. 아이가 엄마의 보호를 받지 못해서 아무것도 모르는 천진난만 상태를 건너뛰면 대부분의 것을 잃어버린다고 보았죠. 조숙은 너와 나의 구분이 없는 비통합 상태를 거치지 못한 상태이기도 합니다. 편안히 쉴 수 있는 능력은 '이만하면 됐어' 하는 마음에서 만들어져요.

위니콧은 비통합 경험이 주변에 어떠한 낯선 자극이 없을 때 긴장이 풀리는 평온한 상태에서 사람과 사물에 대해 느끼는 일체감, 신과 우주 만물과의 일체감이라고도 표현했어요. 예를 들면 모든 사람은 힘든 순간에 어느 정도 퇴행하게 되어 있어요. 어려움에 잘 대처하기 위해서 반드시 쉬어 가지요. 스트레스를 받으면 단것을 먹거나, 담배를 피우거나, 잠을 자는 것도 쉬어 가는 퇴행입니다. 놀이나 노래, 농담 등을 하면서 긴장을 푸는 것도요. 개인에게 있어서 아무것도 안 하고 늘어져 있는 시간은 나름 귀한 시간이에요. 하지만 이미 비통합 경험에 실패한 사람은 자기에게 일어난 일, 일어날 일을 통제해야만 안도감을 느끼죠. 비통합 경험은 편하게 존재하는 상태입니다. 이것은 엄마가 아이한테 맞춰야 가능합니다.

·· 조숙은 생존을 위한 아이의 연기 ··

부모가 일찍부터 아이의 내면 욕구를 무시하고 순종하게 만들면 아이는 엄마와 환경에 자신을 맞추게 되지요. 그 패턴이 정신에 구조화되면 삶을 지나치게 통제하면서 살게 돼요. 겉으로 보면 성숙해 보이는 이런 상태를 위니콧은 조숙이라고 표현했어요. 한 예로 어렸을 때 편하게 늘어지는 인격적 경험을 하지 못하면 진정한 자기가 아닌 '부모화된 아이'가 돼버려요.

부모화됐다는 것은 엄마의 욕구와 요구를 내면화하고 그것에 자신을 맞춘 거짓자기가 되었음을 뜻해요. 조숙해서 부모화된 아이는 강박적으로 뭔가를 합니다. 하지만 자신을 위해서는 아무것도 하지 않는 것과 같습니다. 모든 일을 제대로 이루어지게 하려는 강박 태도가 지나친 사람은 쉴 수 없는 사람이고, 이미 자기 정상성을 잃은 사람이기도 합니다.

이들은 과도한 역할을 수행하며 사느라 긴장하고 삶의 에너지가 쉽게 방전되어 탈진과 분노를 겪습니다. 그래서 조금만 피곤해도 단절하고 싶은 충동이 일어나 행동으로 옮깁니다. 역할전도는 부모의 질병이나 무능력을 경험했을 때 일어납니다. 심리학자들은 종단연구를 통해 부모한테 의존하지 못해서 자신이 부모가 되어야 했던 사람들을 추적조사했습니다. 그들에게서 다음과 같은 공통된 특징들이 발견되었어요. 부모 노릇을 하는 사람은 모든 사람한테 마더링(mothering)을 하게 되는데, 타인을 위한 최상의 것을 잘 안다는 확신을 갖고 상대방의 옳고 그른 것을 통제하더라는 거예요. 이런 사람은 스스로의 안정감이나 만족감을 조율하는 정도를 내면화하지 못해서 과하게 사랑과 인정을 받고 싶어 했어요. 그런데 모든 사람에게 완벽한 이해를 받는 일은 불가능하잖아요.

특히 자기 식으로 개입해서 해결해주려 합니다. 다른 사람의 스트레스를 해결하고 떠맡는 태도를 취하며 주변 사람들에게 지나치게 믿을 만한 사람이 되려고 해요. 사람들과 거리를 두고 적절히 관계해야 하는데, 부모화된 사람은 많은 헌신을 합니다. 그로 인해 주는 것에 비해 받는 것이 적은 억울한 사람이 되죠. 또한 부모 노릇을 하는 사람은 주변인에게 의지해 자신의 취약성이나 약한 부분을 얘기하지 못했습니다. 정작 자신의 고민을 공유하지는 못하고 듣기만 하고 해결해주는 사람이 된 것이죠.

자신의 고통이나 두려움이나 근심을 타인과 나누지 못하니 속으로 불평불만이 많을 수밖에요. 다른 사람한테는 자신을 의존하게 하고 자신은 정작 필요한 순간마다 의존을 못합니다. 그리고 다른 사람에게만 초점을 둘 뿐 자신의 목표나 원하는 것이 없었어요. 오히려 다른 사람이 원하는 게 자신이 원하는 거라고 여깁니다. 물론 다른 사람이 원하는 것을 충족해주면서 대리 충족을 느낍니다.

아이의 경우에 엄마가 취약해서 역할이 전도되면 아이는 호기심어린 탐색 기능을 잃게 됩니다. 결국 세상을 향해 제대로 나가지 못합니다. 엄마의 언저리에서만 돌아다니게 돼요. 자신의 지적, 신체적, 정서적 힘을 마음껏 펼쳐 쓸 수 없게 됩니다. 스스로 부모 노릇을 하는 사람은 이런 특성을 갖고 살아가고 있습니다. 이러한 분들은 자신의 경험을 정직하게 받아들이지 못하더라고요.

·· 극복하지 못한 고통은 잊은 채로 반복된다 ··

비통합 경험을 하지 못하면 생기는 문제가 있는데요. 그중 하나가 지각과 행동이 의식에서 분리되어 기억을 못하는 해리(dissociation) 증상이에요. 상처받은 인격은 상처 준 현실을 해리시키고, 공상으로 자기를 보충하고 위로합니다. 공상은 삶에 필요한 현실 지각을 못한다는 점에서 해리의 한 양태예요. 현실과 동떨어진 느낌이죠. 인격요소에 해리를 유발하는 상처가 있다면 열정이나 좋은 재능을 사용하며 다른 사람과 공유하는 게 안 돼요. 현실과 동떨어져 삶을 낭비하면서 살게 됩니다.

잠잘 때 꾸는 꿈은 현실을 반영합니다. 하지만 깨어 있을 때의 백일 몽, 즉 공상은 현실의 일부가 해리된 결과물이에요. 또한 자신이 지각하고 경험한 내용을 하얗게 망각하는 건망증도 해리의 한 종류입니다. 어떤 사람이 물건을 훔쳤는데 훔치지 않았다고 거짓말해요. 하지만 그 사람은 거짓말하고 있다고 생각하지 않아요. 훔친 건 무의식적으로 뭔가 원해서이고, 의식에서는 훔치는 것을 정말로 원하지 않았을 수도 있다는 것입니다. 이런 경우 성격구조에 해리를 유발하는 방어기제가 일어났다고 봅니다. 스스로 진실을 말하고 있다고 믿게 되면 자신이 저지른 나쁜 행동은 그 사람의 성격 안에 통합되지 않고 잘려 나가죠. 이것이 해리입니다.

한 예로 어릴 적 성폭력을 당한 아이의 정신은 그것을 감당할 수 없으니 기억체계에서 분리시켜요. 그런데 의식의 지각체계에서 분리된 기억도 자기 인격이에요. 그것 때문에 유사한 자극이 주어질 때마다 정신이 아이 때처럼 민감하게 반응합니다. 또 너무 이른 시기에 겪은 성폭력이 해리되면 그것에 대처하는 자아능력을 전혀 발달시킬 수 없게 됩니다. 해리된 트라우마 상태를 자신도 모르게 2차, 3차 재현할 가능성도 있어요. 스트레스 위협이 오면 빠르게 반응하고 다시 평형상태로 돌아오는 게 정상 반응인데, 트라우마를 경험하면 균형이 깨져 위험을 느껴도 피하지 못합니다. 위험이 없어도 싸움, 회피, 공포 반응이 지속되고 심지어 익숙한 두려운 상황 속에 머물러버리는 경우도 있습니다. 정서적 충격을 소화하지 못해서 정신이 와해된 최초 경험을 숙달(master)하기 위해 자신도 모르게 반복하는 겁니다.

심리학자들이 인격이 조각난 해리 증상을 가진 사람들을 조사했더니 60퍼센트 이상이 출생 2년 내에 학대든 방치든 분리든 애착인물과의 문제가 있었어요. 정신이 여러 인격으로 분열된 상태에서는 한 사람으로 온전히 존재할 수가 없어요.

"꿈에서 제 앞에 집이 폭삭 주저앉는데 놀라지 않고 구경하는 나를 또 다른 내가 바라봐요. 제가 있는 집은 사방이 유리라서 밖의 풍경과 사람을 구경할 수가 있어요. 칼에 찔렸는데 아프거나 피가 나지 않아요." 분열성 성격을 가진 사람은 이렇게 꿈에서 제삼자, 구경꾼이 됩니다. 삶과 유리된 인격이 꿈 이미지로 나타난 것입니다.

이들은 현실에서 살지 못하고 꿈에서조차 온전히 살지 못해요. 꿈은 외부와 내부현실의 반영이기에 꿈과 현실은 밀접한 연관성을 지녀요. 꿈은 주로 억압과 관련 있어요. 억압은 의식이 수용하기 힘든 현실의 무엇인가와 연결됩니다. 그런데 해리의 일종인 공상은 현실 요소와의 연결을 차단해요. 꿈은 현실의 대상과 짝이 되는데, 공상은 현실적 계획과 무관한 또 다른 정신활동이에요.

하지만 상상은 항상 현실과 교류해요. 예를 들면 내일 친구를 만나 뭐하고 놀까 하고 상상하면 기대했던 것들이 몸의 즐거움이나 감정의 즐거움으로 바뀌지요. 이에 비해 공상은 현실에서 무엇을 해야 한다는 강박적인 생각은 하는데 의미 있는 일은 실제로 일어나지 않아요. 현실과 짝을 이루지 못해요. 머리로는 알지만 현실의 영역에서는 거의 실천이 되지 않아요.

분열성 성격자는 유아기에 엄마로부터 떨어져 혼자 있었던 것처럼 영원히 혼자 있는 거예요. 감정으로 표현하자면 공허하고 외롭고 지루해요. 이들의 공상은 현실로부터의 고립된 상태로 머물면서 삶의 에너지를 소모하기 때문에 삶이나 꿈에 공헌을 못해요. 공상은 정신발달에 도움이 되지 않으며 심지어 해를 끼치고, 병든 느낌을 갖게 하고, 모든 삶을 제한하기도 해요.

또한 삶을 마비시키는 강박적 일상 행위에 주목해야 해요. 종일 TV를 보고, 충동적인 쇼핑을 하고, 밤새 인터넷이나 게임을 하고, 지나치게 음악이나 책 속에 살고, 잠을 많이 자는 것도 일종의 해리 상태를 반영해요. 현실의 많은 환경 요소를 외면하는 비현실이 지배적이면 일상이 망가져요. 이런 행동들은 삶에 변화와 발달을 일으키는 상상과 몰입과는 질이 달라요. 위니콧은 이러한 사람은 치료를 위해 형태 없는 쉼 (의존) 상태로 들어가야 한다고 강조했습니다.

·· 다가오지 마. 숨막혀 ··

사례를 통해 비통합 경험의 중요성을 이해해볼까요. 은희 씨가 잘 쓰는 말은 "다가오지 마. 숨 막혀"입니다. 그녀는 누가 접근해올 때마다 못견뎌 합니다. 타인과의 정서적 접촉이 도무지 안 되는 성격을 가졌어요. 주변에서 일어나는 일들을 대부분 망각하고 무관심해요. 그래서 사람들은 은희 씨를 무심하고 성의 없는 사람으로 오해하는 일이 많았어요.

늘 정서와 상관없이 상황을 표현하므로 자신이 좋았거나 싫었던 경험을 새로운 일인 양 반복해 말합니다. 실수해서 손해를 봐도 현실을 자세히 살펴보고 무엇이 잘못되었다는 것을 알아차리지 못해요. 오히려 누가 지적해주면 침범으로 지각해 거리를 두지요. 그녀는 누구에게든 관심이 일어나지 않기 때문에 상대방의 욕구에 맞춰 잘못을 수정하는 일 자체가 불가능합니다.

때로는 누군가에게 애정갈망이 일어나지만 정작 가깝게 다가오면 불편감이 올라와 관계를 회피하고는 해요. 사랑 감정이 일어나면 왠지 모를 불안이 일어나 거리를 두게 됩니다. "제가 누구를 사랑하거나 누가 저를 사랑하면 그 관계는 반드시 깨지고 말아요! 아, 제발 누가 가까이 오지만 않으면 그럭저럭 버티며 살아갈 수 있겠는데, 그게 안 돼서 괴로워요."

분열성 성격을 가진 사람은 자신의 사랑이 파괴적인 것으로 느껴져 대상에게 인내심을 갖고 관심을 애정을 주지 못해요. 좋아하는 사람에게 선물도 하고 고맙다고 표현하고 싶은데 오버하는 것은 아닌지, 손해 보는 것은 아닌지 또 가까워지면 뭔가 어색해질까봐, 침범 당할까봐 고심하다가 사랑을 그만둬요.

상대방이 연락이 없으면 관계를 그냥 포기해버려요. 은희 씨는 적극적으로 누구에게 다가가거나, 붙잡아 두는 게 불가능하다고 해요. 이런 현상은 정신이 최초 형성되는 시기인 '분열성 자리'에서 엄마가 자기를 사랑한다는 느낌, 자기의 사랑이 엄마에게 수용된다는 느낌의 결여에서 생겨나요. 유아는 엄마가 자신을 소중한 존재로서 진정으로 사랑하지 않았다고 느끼면 박탈감과 분노로 부정적 엄마표상에 심각하게 고착돼요. 그로 인해 최초 결핍을 보상받기 위해 의존 욕구와 애정 욕구를 강하게 지니지만, 환경에 대한 불신과 불안 때문에 안전감에 연연하며 친밀 관계를 좀처럼 맺지 못하는 상태로 살게 되지요.

사랑하고픈 대상으로부터 친밀 관계를 거절당하는 좌절은 정신에 엄청난 고통을 주게 됩니다. 이 좌절 경험이 억압된 무의식의 부정적 대상표상과 연결되면 정신을 파편화시키는 강력한 병리적 외상을 일으킬 위험이 되기도 합니다.

그것은 수치심이 될 수도 있고, 시기심이 될 수도 있어요. 그로 인해 잘 지내고 싶은 대상과 온전히 사귀기도 전에 사소한 좌절로 관계를 깨거나 돌연 철수하는 행동을 하죠. 늘 물러나는 은희 씨는 어디에서도 그 무엇에도 만족을 발견하지 못해 정서적으로 허망합니다. 결국 현실과 지속적으로 접촉하지 못함으로써 자아발달이 정지되는 곤경에 처해 상담을 오게 됐습니다.

·· 내가 존재한다는 신뢰감 ··

구강기 초기 유아는 입으로 삼키려드는 욕구 상태 때문에 대상으로부터 영양분 있는 에너지를 원해요. 따스한 젖을 받아먹으며 편안히 휴식하고 싶었지만 좌절한 아이는 대상과 편안한 정서적 접촉을 갈망하면서도 두려워 회피하게 됩니다. 그로 인해 대상과 전적으로 융합하고 싶은 관계 욕구를 느끼는 동시에 자신의 욕망을 부적절하고 어리석은 것으로 느끼죠.

현실에서 관계 경험을 쌓는 노력을 해보라고 하면 아무 소용없다고 합니다. 감정이든 물질이든 시간이든 대상을 향해 관심을 쏟는 것은 결국 나쁜 결과를 야기한다고 여기는 것이죠. 초기 의존 관계 박탈로 심한 분열성 성격을 지닌 분은 타자와 관계를 맺으며 어떤 형태로든 애정이나 물질을 주는 것을 고갈로 지각합니다. 그래서 친밀한 관계를 맺기가 어렵습니다.

소영 씨는 기대하고 찬사해주는 사람에게 종종 실망을 주곤 합니다. 예를 들면 무언가 열심히 하다가 칭찬받으면 자신은 아무것도 아니라며 일을 수포로 만들어버리기 일쑤였어요. 이 사람 안에 거부의 메타커뮤니케이션이 있는 거예요. 좋은 활동을 제안하고도 부담스러워 취소한다든지, 잠수를 타거나 중요한 일을 망각하는 무책임한 실수를 저질렀죠. 소영 씨는 엄마와 어느 시기에 좋았다가 깨져버린 경험이 있고 나서 두 개의 자아로 분열되었습니다. 만족스러운 상태에서 환멸을 경험했기에 하나는 창의적이고 똑똑하고 능력 있는 모습이고, 다른 한쪽은 파괴적인 자아로 분열되었어요. 엄마의 좋은 것이 변하면서 증오를 일으켜 파괴 충동이 돼버린 거죠. 이런 사람은 누군가를 일단 나쁘게 인식하면 좋은 기억이 작용할 여지가 없어서 부정적 행동을 하게 됩니다.

소영 씨에게 불쾌하고 무서운 일은 좋아하는 사람이 떠나거나 거부를 당해 혼자 남는 것입니다. 원래 가지고 있던 부정적 감정이 입증되어 충격을 받는 것입니다. '결국 날 버리고 떠나는구나. 내가 싫구나. 나를 사랑하지 않는구나. 내가 나쁘구나!' 이렇게 자신의 부정적 대상표상과 공격성을 외부로 투사하기 때문에 인간관계나 일을 성공적으로 이어나가기 어려웠어요. 아파서, 힘들어서, 혐오스러워서, 어려워서, 부담스러워서 숨어버리고 포기해버리죠.

소영 씨는 접촉해주지 않는 엄마 대신 손위 형제들한테 키워졌어요. 언니들 입장에서 동생을 돌보는 것이 귀찮잖아요. 소영 씨는 언니에게 잘못 보이면 보복을 당하니까 비위를 맞추면서 살았어요. 언니들 사이에서 살아남기 위해 영리하게 모든 심부름을 도맡았지요.

하지만 소영 씨는 참자기가 발현되지 못해 흥겹게 놀 줄 모르고, 재난을 당할까봐 불안에 떨고, 능동적으로 뭔가를 하지 못해 마음이 늘 다른 데 있는 멍한 아이였어요. 평생 주어진 역할만 하려고 할 뿐 능동적인 행동을 할 수 없는 수동적인 아이였던 거예요. 소영 씨는 순응의 기초 위에서만 존재하므로 질문을 받으면 정답을 말해야 한다고 생각하거나, 누군가와 있어도 딴 생각에 빠져 있거나 다른 사람의 생각에 자신을 맞추다 보니까 사람을 만나고 나면 안 통하는 느낌 때문에 늘 지루하고 피곤했어요. 존재의 주요 부분을 리얼하게 느끼지 못해 공상의 영역에서만 활동했어요. 공상은 기쁨이 없는 현실 삶의 텅 빈 틈을 메우는 기능을 합니다.

소영 씨는 어린 시절의 형태 없는 쉼 상태에 있도록 허용받지 못했습니다. 그래서 계속 주어진 틀에 자신을 맞추느라 창조성을 잃었죠. 그런 그녀에게 안아주기 환경을 제공해주니까 꿈을 꾸기 시작했습니다. "선생님 경치가 아름다운 바닷가에서 서핑을 배우고, 맛있는 요리를 해서 주변 사람들과 나눠 먹는 즐거운 꿈을 꾸었어요."

상담자와 신뢰가 형성되면 형태가 없어도 뭔가가 만들어질 수 있다는 희망이 생긴다고 위니콧은 말했어요. 어린 시절의 형태 없음에서 시작해야 한다는 것을 이해하는 사람은 드문데 그것을 통감할 때 진짜 분노가 올라옵니다. 소영 씨는 상담자에게 분노를 맘껏 표현한 후에야 비로소 현실에서 행할 수 있었어요. 그때부터 자기가 하는 모든 몸짓과 감정이 아름답고 신선하고 좋게 느껴지기 시작한 거죠. 공상 속에 있을 때는 느끼지 못한 것입니다.

정신의 분열은 좋은 관계 경험으로만 해결됩니다. 꿈은 꾸어지는 것만으로도 무의식에 갇혀 있던 분열된 요소가 의식체계에 접속되어 치료 작용이 일어납니다. 안전한 최초환경 제공이 실패하면서 형태 없음 상태로 휴식할 수 없는 사람들이 많아요. 소영 씨는 상담자를 믿기 시작하면서 삶에서 일어나는 세세한 것들이 자기 것이 되었어요. 우리는 형태 없는 휴식 상태를 제공하는 편안히 안아주는 누군가가 없이는 절대 발달할 수 없습니다.

위니콧은 거짓자기를 가진 사람은 원하는 행동이나 말을 참는다고 보았습니다. 지나친 인내를 하는 것이죠. 위니콧은 꿈을 안 꾼다고 스트레스 받는 내담자에게 분석을 위해 꿈꾸는 것이 아니라 그냥 잠을 잔 것이니 아무 문제없다고 지지해주었지요. 또한 강박적인 사고나 행동이 아닌 자율적인 행동엔 감동을 해주었고요. 예를 들면 졸려서 자연스럽게 잠드는 것, 판단하지 않고 주저하는 등의 자율적 충동 말예요. 부모를 포함해서 누구든 타자의 틀에 맞춰지고 있는 느낌에 저항하는 율동이 자기성의 토대예요.

위니콧은 거짓자기를 어렵게 내려놓은 사람에게 "당신은 삶에서 자신과 싸우고 있는데, 이기기도 하고 지기도 합니다. 싸움의 목적은 운명을 잘 통제하려는 것이니 염려 마세요"라고 위로했어요. 삶은 항상 새롭게 시작하는 것인데 있는 그대로를 수용할수록 더 좋다는 뜻입니다. 위니콧은 누군가 자신 안에 있는 혼돈을 있는 그대로 봐줄 때 자기 공간이 편안해지고 스스로 질서를 세운다고 했습니다.

·· 왜곡 없이 직면하고 관계 속에서 성찰하기 ··

해리 증상을 이해해볼 수 있는 김기덕 감독의 영화 〈비몽〉을 이야기해볼까 해요. 전각을 새기는 남자 진이 꿈을 꾸면, 옷을 짓는 여자 란은 진이 꾸는 꿈대로 행동해요. 헤어진 여자 친구를 잊지 못하는 진의 꿈 때문에 란은 자신의 의지와 달리 더 이상 만나고 싶지 않은 애인을 찾아가게 됩니다. 란은 의식에서 해리된 무의식적 인격으로 고통을 겪는 몽유병자입니다. 진과 란은 서로 다르지만 한 사람이기도 해요. 한 사람의 인격 안에 있는 자아 대 본능이기도 하고요. 감당할 수 없는 정서적 부담을 해소하려는 자아의 노력일 수도 있고, 현실과 타협이 불가능한 최초시기의 만족들을 되찾으려는 무의식의 소망일 수도 있어요.

진은 헤어진 여자친구에게 마니아(mania)적 집착을 하는데요. 내면화한 특정 대상에 고착되어 그녀가 보여주는 잠깐의 친절로도 행복해하지만 정신의 분열로 인해 상대를 사랑할수록 그 사랑이 진짜인지 의심해요. 란은 마니아적 집착으로 자신을 소유물로 만드는 남자에게서 간신히 벗어난 후 그를 잊으려고 애를 써요. 하지만 진이 지나간 사랑을 그리워해서 꿈을 꾸면, 란은 의식의 의지와 달리 진을 대신해 혐오스런 옛 애인을 찾아가 사랑을 구걸해야 해요. 그래서 진이란 존재는 란의 악몽이죠. 진이 '잠을 자지 않아야' 란은 옛 남자에게 돌아가는 해리 행동을 하지 않게 됩니다. 잠은 좌절된 현실에서 철수해 다시 돌아가고 싶은 환상계로의 통로입니다. '잠을 잔다'는 것은 '현실의 나'에서 억압된 소망들이 역동하는 '무의식의 나'로 퇴행하는 것이기도 해요.

우연한 현실 사건을 통해 접촉한 두 사람은 서로에게 영향을 미치는 대상임을 알게 돼요. 그러나 유아적 일차사고에 함입되어 사는 이들은 의식과 무의식이 분열되고 사고와 정서가 분리되어 서로를 인정하는 게 쉽지 않죠. 각자가 분열된 세계를 경험할 뿐 통합하지 못하죠. 증상의 형성은 일차적으로 현실의 좌절에서 시작됩니다. 사랑 실패, 과제 실패, 심각한 질병 등 인생의 작고 큰 사건은 증상을 일으키는 원인이 됩니다. 이들은 각자의 애인에 의해 유년기의 상처를 재연하는 강렬한 좌절 경험을 한 상태예요. 물론 반복해서 좌절을 주는 현실의 최초 애인은 어린 시절의 엄마와 아버지입니다. 손상된 자아가 정신에 구조화되면 란과 진처럼 자신의 문제에 파묻혀 스스로 극복할 능력이 없게 됩니다. 대신에 이들은 증상을 통해 자신과 세상을 향해 끊임없이 호소와 보상을 요구할 뿐이죠. 진이 바늘, 끌, 망치로 자해하며 '잠자지 않으려' 안간힘을 써도 결국 깊은 잠에 빠지는 것처럼, 란도 몽유병 증상을 통해 "내가 얼마나 힘든지 좀 봐주세요. 너무 아파요. 통합해서 편히 살게 도와주세요"라는 자학적인 불평의 사인만 보낼 뿐이죠.

하지만 현실에서는 그런 호소를 알릴 수 없고 보상받을 길도 없어요. 이들은 이미 현실에서 철수했고 아무런 도움도 친구도 없이 환상에서 사는 것입니다. 이들을 도우려는 정신분석가가 "두 사람은 한 사람이기 때문에 치료(통합)하려면 서로 사랑(관계)해야 한다"고 말하지만 그들은 알아듣지 못해요. 이들은 현실에서 자신을 구원하는 방법을 결코 모르는데, 이는 벌써 모든 삶이 증상구조 안에 들어와 있기 때문이죠. 그들은 서로를 침입자로 인식하므로 사랑하는 사람으로 만날 수 없어요. 필요에 의해 자신의 약한 상태를 인정할 때 비로소 사랑할 수 있죠. '자기극복 장치'는 현실 세계와 연결되고 외부 대상들과 접촉되어야 어느 정도 회복되고 작동할 수 있어요.

증상의 회복은 상처를 감당하거나 인내할 각오를 하고 초기 외상을 왜곡 없이 직면하고 관계 속에서 성찰해야만 해결됩니다. 분석가의 말대로 진정으로 서로 사랑하면 끔찍했던 초기상처가 완화될 수 있지만, 이들은 서로를 도울 수 없었어요. 둘이 관계만 잘했어도 좌절을 준 옛 대상에게서 벗어날 수 있었건만, 안타깝게도 둘은 친밀한 관계가 되려 하자 과거의 섬뜩한 고통을 다시 경험합니다. 사랑받다가 버림받던 초기 외상 불안이 솟구쳐 합쳐지길 포기하고 각자 자살하고 맙니다. 쾌락원칙을 넘어서는 죽음욕동이 고통 없던 원상태로 데려간 것이죠. 죽는 순간에야 지겹던 장벽이자 보호막이던 '분열'이 풀리고 '옷'에서 해방된 한 마리 나비는 소망하던 '그'에게 사뿐히 날아가 따스하게 손을 잡습니다.

· 7강 ·

몸과
정신의
통합

·· 경험의 통합이 자아를 이룬다 ··

안아주기 환경에서 아이에게 일어나는 중요한 발달 체험인 '몸과 정신의 통합'에 대해 소개하겠습니다. 제가 심리학을 처음 배웠을 때는 아이가 태어난 직후엔 절대적 자폐 상태이고 그 후에 외부 대상 관계를 시작하면서 자아가 형성된다고 이해했어요. 그런데 요새 이론은 이미 엄마 몸속 태아에게 외부 환경 상태를 지각하고 관계하는 원초 자아 기능이 있다고 해요.

자아는 외부 대상에 관심을 집중하여 그 대상에 대한 지각을 내면화하여 기존 정신 내용물에 통합하는 과정을 통해 발달해갑니다. 그래서 수많은 내용물이 과거부터 인간의 정신에 축적되어왔고, 현재에도 새로운 자극이 무수히 정신에 각인되고 있어요. 이것들을 생존에 유익한 용도로 연결하여 묶어내는 통합(integration) 기능이 개인에게 잘 작동되면, 정신이 확장되고 자아가 발달합니다.

이처럼 정신의 발달은 과거와 현재의 경험들 사이를 왕성히 통합하는 작용이 있어야 이루어져요. 우리가 주목할 점은 원초자아는 신생아에게 처음부터 있지만 엄마와의 신체적-정서적 관계가 있어야만 신체발달과 정신발달이 하나로 묶어지는 '나'가 발현된다는 겁니다. 특히 정신작용은 신체작용과 긴밀히 연결되어 있어요. 예를 들어 아이의 신체는 엄마의 심리 상태나 행동에 영향을 크게 받아요. 엄마의 안아주기는 신체적-심리적 관계를 포함해요.

치료 아동인 하늘이의 그림을 보면 나풀거리는 머리카락, 장난기 넘치는 살아 있는 눈과 표정, 힘 있게 휘젓는 팔에서 풍요와 힘이 느껴져요. 자기를 그렸지만 자기를 대하던 엄마의 영향이 반영된 그림이기도 해요. 아이한테 말을 많이 걸어주는 엄마를 비롯해서 자기가 어떤 존재인지 알아가는 중인 발랄한 아이죠.

다른 치료 아동인 설아의 그림을 볼까요. 설아는 몸, 팔, 다리를 나름대로 그렸지만 눈은 하나밖에 없고 표정은 일그러져 있어요. 하늘이와 같은 연령의 아이인데 몸도 빈약하고 소통하는 데 필요한 눈이나 입을 제대로 그리지 못했어요. 아이에게 여러 가지를 각성시키는 환경이 제역할을 하지 못했다는 걸 반영하고 있어요. 같은 세상에서 어떤 아이는 하나도 놓치지 않고 느끼며 감격하고 사는데 어떤 아이는 그렇지 않죠. 사실 이런 그림은 엄마에 대한 이야기이고 자기가 겪은 환경에 대한 이야기를 담고 있어요.

통합에는 여러 가지 양상이 있는데요. 어릴 적 엄마가 오늘은 무엇을 하고 지냈을까 하고 하루를 정리해줄 때 아이는 즐거워하잖아요. 그러면서 아이는 상상과 현실을 구별해내기도 해요. 엄마의 안아주기가 성공하면 시간과 공간의 통합이 일어나요. 밤과 낮이 다르지만 서로 연결되어 있다는 것, 오늘의 경험이 전날 경험의 결과라는 것, 어제의 감정과 오늘의 감정이 반대되지만 어제의 나도 오늘의 나와 '동일한 나'라는 통합이 안아주기 과정에서 일어납니다.

반면에 정신증자는 온전한 환경으로서 엄마 경험을 하지 못해 정신이 안정적으로 구조화되지 못해서 통합 기능이 작동되지 않아요. 그로 인해 과거부터 현재까지 경험들을 시간적으로 통합하여 추상적으로 사고하지 못한 채 각 경험을 부분적, 병렬적으로 지각할 뿐이죠.

또 공간 통합에 실패할 경우, 자신이 어느 공간에 갇힌 느낌이 들어요. 좁은 장소에 들어가면 신체가 구겨지고 접혀진 느낌이 들어 답답하기도 해요. 다락방은 어떤 사람에겐 아늑하고 방해받지 않는 안전한 창조공간이지만, 창문이 없는 공간이니 숨 막혀 하는 사람도 있어요. 공간 통합에 실패한 사람은 누군가 자신을 불쾌하게 쳐다보는 것만으로도 침범이나 구속당하는 느낌이 일어나요. 이러한 자기의 상태가 꿈에서 아주 작은 창문과 구멍을 통과하는 스트레스를 겪는 모습으로 나타나기도 해요. 또 방향감각이 부족해서 길이나 이정표를 도무지 찾지 못해 헷갈려 하고, 늘 같은 공간인데 기억이 나지 않아 머리를 쥐는다든지, 넘어지고, 몸이 부딪치는 일이 반복되기도 합니다. 반대로 광장 공포는 사람이 많은 곳에 못 가는 경우를 지칭하는데 최초 환경인 엄마 관계가 안전하지 않을 때 자기 탐색에 대한 불안이 증폭되기 때문입니다.

정상성 느낌은 어떤 것일까요? 정신 내부 요소들이 균형있게 통합되어 있는 정상성 감각은 부모의 무조건적인 수용과 사랑에 기반해 있어요. 자신에 대한 정상 감각을 획득한 다음 외부 기준에 따른 정상성에 대한 경계가 만들어져요. 정상성 느낌을 너무 초기에 손상당하면 육체적, 정서적, 심리적, 영적 차원에서 다 문제가 발생해요. 거기에는 어떤 지속적인 좋음도 없어요.

·· 있는 그대로 인정하기 ··

영식이는 늘 학교에 지각을 해요. 일찍 일어나도 시간 배분을 못해서 결국 지각을 하죠. 공부도 못했는데, 중요한 부분에 줄을 긋고, 요약해서 필기하는 게 불가능했어요. 예습, 복습 없이 좋은 성적이 나올 수는 없잖아요. 학원수업이나 과제를 미루고, 과외시간이 100분인데 화장실에 가서 30분 이상을 보내버리고, 분식점에 들어가 카레라이스를 먹고 집으로 돌아와 다시 라면을 끓여 먹어요. 엄마도 아이가 늦게 일어나거나 등교나 학원 갈 시간이 임박해도 식당 문이 열릴 때까지 기다려 밥을 먹이느라 현실의 약속을 이행하지 못해요.

엄마는 공과금이나 학원비를 제때 내본 적이 없어 신용을 잃고, 주차선을 지키지 않아 이웃에게 보복당하기 일쑤지만 고쳐지지가 않죠. 이

모자가 얼마나 자기조절이 불가능한지 늘 아슬아슬했어요. 정신과 신체의 통합을 성취하지 못해서, 흘러가는 매일의 매시간을 상징으로 이해해 정리하지 못하고, 타인을 배려하는 반응을 하지 못한 채, 늘 현실에 부적합한 양태로 욕구를 충족하는 행동화(acting out)를 반복할 뿐이었어요. 사회적 기대를 받아들이고 규범을 지키고 실천하는 게 불가능했던 겁니다.

TV에 방영된 사례인데요. 신체장애가 삶의 장애가 될 수 없다는 엘런 가족 이야기였습니다. 눈이 보이지 않는 니콜스 부부가 4명의 시각장애인 한국 아이를 입양해 키웁니다. 부부의 헌신으로 두 아들은 여러 번의 수술을 통해 시력을 회복했고, 맏딸인 엘렌은 시집을 가서 좋은 엄마가 되었어요.

부부는 외로움 때문에 입양을 결정하지 않았어요. 자기애적인 병적 집착으로 아이를 잡아두지 않았고, 아이들이 자신이 있어야 하는 자리, 역할이 있는 사회로 떠나보냈어요. 막내 새라는 중증장애인으로 20대이지만 정신 연령은 유아였는데요. 일상적 소통이 불가능하고, 자해가 심해 헬멧을 쓰고 다니더라고요. 기숙학교에 보내고 주말마다 부모와 함께 지내는데 새라를 믿고 일관성 있게 사랑하는 부부를 보고 눈물을 쏟았어요.

새라는 행복한 아이였죠. 아버지 몸에 자기 몸을 걸쳐 휴식할 수 있는 신뢰감이 있었어요. 시각장애로 일어나는 일상의 실수 속에서도 화내지 않고 살아가는 그들의 모습이 아름다웠습니다. 아이들을 위해 희생하는 니콜스 부부의 철학은 사랑은 결과를 바라지 않는 무조건적인 거였습니다. 아이들이 어떤 모습이든 그냥 받아줄 준비가 되어 있었습니다. 세상 사람들은 그를 세상에서 가장 특별한 아버지라고 칭송했지만 그들 부부에겐 당연하고 평범한 일이었죠. 가장 행복한 순간이 언제냐는 질문에 한국말로 아이들이 엄마, 아빠라고 부를 때라고 했습니다.

위니콧 사례인데요. 구토와 복통, 두통으로 그에게 상담을 의뢰한 아이가 있었어요. 그 아이는 합지증 장애가 있었고 스스로 감당하지 못해서 자기 손을 숨겼어요. 자신의 장애에 대해 누구와도 객관적으로 이야기한 적이 없었죠. 태어날 때부터 가진 물갈퀴 같은 손과 발을 엄마가 있는 그대로 사랑해주길 간절히 원했지만 되질 않았죠.

위니콧이 엄마 대신 그림으로 접촉하며 지지해주었어요. 사실 엄마도 합지증이 있었어요. 위니콧은 아이의 기형을 고쳐야 한다고 느끼는 엄마와 아이를 있는 그대로 사랑하는 엄마가 있다고 했어요. 자신이 살아 있고 정상이라는 느낌은 태어난 모습 그대로 사랑받는 확신에서 생겨납니다. 부모가 아이 존재를 그 자체로 수용할 때 아이는 성공적인 삶을 살 수 있습니다.

·· 성장은 몸과 정신이 연결되는 과정 ··

몸과 정신의 통합은 정신이 신체에 깃든, 정신과 신체가 연합된 상태예요. 아이는 정신과 신체가 연결되어 있다는 것을 느끼면서부터 자신의 몸을 지배하고 통제하려 애쓰지 않고 편안하게 있게 됩니다. 엄마가 아이를 튼튼히 잘 붙잡고 있기 때문에 편안하게 안길 수 있는 거예요. 이 경험은 절대적 의존기에 수십 번 일어나죠.

그런데 엄마가 아기를 어떻게 다룰지 모르면 정신이 신체에 깃드는 경험에 문제가 생겨요. 몸과 정신의 통합은 신체적 안아주기도 중요하지만 엄마의 정서적 면이 더 중요합니다. 엄마가 불안이 없다는 것은 안정감, 일관성, 평화, 고요함이 있다는 것입니다.

엄마와 아기의 초기관계는 아기의 몸과 정서에 각인됩니다. 어릴 적 환경의 결함은 침범이나 상처로 각인돼요. 몸과 정신이 연결되지 않아서, 예를 들어 발이 무엇을 하는지 세세히 지각하지 못해서 물건에 걸려 넘어지곤 하죠. '발로 볼 수' 없기 때문에 그렇습니다. '몸'은 의식적으로 끊임없이 주의를 기울여야 하는 복잡한 기계입니다.

보통의 건강한 사람은 몸과 정신의 통합이 유아기에 성취되어 주의를 기울이지 않아도 몸 전체를 현실 상황에 맞게 조절할 수 있습니다. '다루기'는 엄마로부터 아이가 만져지고 다루어지는 것으로, 갓 태어난 아기의 육체는 정신과 연결되어 있지 않아요. 아기는 자신이 느끼는 감각들에 대한 응답을 엄마로부터 받습니다. 정성스럽게 기저귀를 갈아주고, 먹여주고, 몸을 만지며 옷을 입혀주는 환경의 응답은 몸과 정신을 연결시켜 하나의 '나'로 성장하도록 도와줘요.

그때 엄마는 아기의 몸을 대충 만지는 게 아니고 사랑을 언어화해서 인격화된 경험이 되게 합니다. 그러면 몸 구석구석에 정신이 자리 잡는 계기가 됩니다. 엄마가 계속 살피고 조율해주면서 아이한테 친절하고 따뜻하게 응시하면서 얘기하는 상호작용 과정에서 아이의 신체와 정신이 조화롭게 연합되는 거예요.

아이의 몸 구석구석에 정신이 깃든 후에는, 신체 움직임과 신체 사용이 안정되면서 비통합 상태에서 엄마한테 자기를 맡기며 편안히 휴식하는 것이 수월해져요. 환경에 대해 방어하지도 않고 휴식하는 이 상태를 위니콧은 온전한 인격 형성에 아주 중요한 체험이라고 강조해요. 불안에 대한 통제력이 있어야 과민해지지 않고 잠도 편히 잘 수 있어요.

또한 이런 과정이 순조롭게 진행되면 피부의 경계를 이루는 막(Ego boundary)이 생겨 아이가 신체의 안과 밖 구분이 가능해집니다. 우리가 살면서 모든 게 순조로울 때 행복하다 느끼면 순간적으로 통합·비통합 공존 경험을 합니다. 의도적 노력 없이도 몸 안에 정신이 온전히 거주하는 편안한 느낌, 내가 나인 게 너무 편안한 거예요. 내 팔, 내 다리, 내 숨, 말하고자 할 때 편안히 말하는 것, 내가 나인 게 너무 좋은 상태 'I am'인 것입니다.

·· 지지를 얻은 만큼 아이의 두려움이 사라진다 ··

아이가 세상과 맺는 관계를 위니콧은 '개인화(personalization)'라고 했어요. 내가 나의 의지로 신체를 통제한 다음에 안심하고 세상과 만날 수 있죠. 'I am'이 돼야 나 아닌 다른 대상을 견뎌내거나 방어할 수 있어요. 현실을 직면하는 데 있어서 너무 모욕적이거나 압도적이지 않아야 해요. 처음에 아이는 자기의 본능이 신체 내부에서 나오는 것을 모르기 때문에 바깥의 것으로 인식합니다. 엄마의 안아주기 환경이 적절하면 자신의 분노나 질투가 밖에서 오는 게 아니고 자기 안에서 일어났다는 것을 깨닫게 돼요.

개인화 실현은 안과 밖, 나와 너의 구분을 성취했다는 뜻이에요. 이 시기 때 취약한 엄마 경험을 한 사람은 자신이 느끼는 박해불안의 원인이 밖에서 오는지 안에서 오는지 구분을 못해요. 이 시기에서 발달이 멎은 사람은 자기 내부에서 일어나는 일들을 마치 밖에서 일어나는 것처럼 인식해 공포를 느끼면서 살아요. 내 안에 있는 본능 욕구들은 외부 현실의 압력으로 억압되고 변형되고 승화되어야 하는데, 이런 사람들에게는 그럴 기회가 주어지지 않습니다. 그래서 보통 사람들의 말 한마디, 눈빛, 거부하는 제스처에도 위협을 느끼고 자기 존재가 흔들려요.

다시 설명하면, 이 시기 때 아이는 자신의 분노나 절망이나 후회를 자기 안에 수용하는 것을 배워요. 엄마의 따뜻한 안아주기를 통해 아이가 현실을 소화할 수 있게 되면 아이는 자기의 기분 상태와 다른 사람의 기분 상태가 다를 수 있다는 것을 배우고, 정신의 내부와 외부 현실이 구별돼요. 내면에서 일어난 일인지 외부에서 일어난 일인지 구분하지 못하면 큰 혼란이 일어나죠. 외부 대상을 배려하는 태도도 배울 수 없어요.

아이의 충동은 성으로 나타나기도 하고 공격성으로 나타나기도 해요. 충동은 아이가 몇 살이든 그 삶에 생명력을 불어넣는 생물학적 힘이에요. 이러한 충동을 수용하고 조절하고 승화시킬 수 있는 정신 기능이 나이마다 다르게 주어져야 하는데, 그 역할을 부모가 시범을 보여주고 알려줘야 해요.

위니콧은 부모를 믿고 신뢰하는 정상적인 아이는 자신이 시도할 수 있는 것은 전부 해본다고 했어요. 깨트리고 헤집고 엎지르고 사람이나 물건을 사용하는 능력을 마음껏 펼치고 시험한다고 했어요. 그런데 어떤 엄마는 아이를 사랑스럽게 보지 않고 자신을 괴롭히는 존재로 느껴요. 엄마를 신경쓰게 하는 아이의 자연적 몸짓에 엄마가 튼튼히 맞서지 못하고 무너지는 것입니다.

·· 육체와 정신이 함께 사랑받을 때
온전한 인격이 형성된다 ··

엄마가 안아주기 환경에서 할 수 있는 많은 역할이 있는데 일단 아이의 충동을 잘 받아주고 다스릴 수 있도록 도와야 사회적 관계능력을 지닌 인격체가 될 수 있어요. 인격체라는 건 말 잘 듣는 아이가 아닙니다. 개성이 살아 있는 아이를 뜻합니다. 엄마가 하지 말라고 한 행동은 그 목적이 금지에 있는 것이 아닙니다. 한계선을 분명히 알려주고 내부와 외부 현실의 특성이 다르다는 것을 알려주는 것입니다.

분리됨에 대한 인식이 없는 생애 초기의 유아는 살아 있는 사람이 안아주는 신체적으로 표현된 사랑만 느낄 수 있어요. 그런데 그 안아주는 사람이 안정되지 못하면 몸과 정신의 통합이 느슨해져서 인격화 경험이 실패로 돌아가요.

생후 몇 년 사이에 주 양육자가 자주 바뀌거나 양육자가 병리적일 때

문제가 크게 발생해요. 이 시기에는 아이의 인격을 신체자아(body ego)라고 해요. 특히 이 시기에 아이를 때리면 정신을 파손하는 것과 같아요. 아이 앞에서 부모가 서로 공격하는 경우도 마찬가지고요. 아이의 몸을 함부로 다루는 엄마는 어릴 적 박탈 상처가 심한 엄마일 수 있습니다.

위니콧은 아이의 몸은 신성하다고 했어요. 아기의 몸에 엄마가 화풀이를 하는 건 있을 수 없는 일이죠. 도덕성 발달 전에 때리는 것은 아무런 교육 효과가 없습니다. 아이는 때리는 사람도 나쁘고, 맞는 자기도 나쁘다고 생각해요. 인내하고 말로 반복해 타이르면 결국 인격이 형성되어 무엇이 옳은지 판단할 수 있게 돼요.

유아는 만져지고 안기고 쓰다듬어지는 신체 경험을 통해서만 관계를 인식하고 존재감을 느껴요. 이 존재감은 약간의 방해만으로도 위협을 받습니다. 유아한테는 불안을 관리할 자기가 존재하지 않기 때문에 조금이라도 불편하게 만들면 존재가 해체되는 멸절불안이 일어나요. 자기가 필요로 하고 원하는 것에 대한 신호를 보낼 수 없게 돼요. 아이의 자아 기능을 조건화하는 것을 만들어주는 반응을 환경이 해주지 못하면 대상에게 집중할 정신적 에너지가 시들어버립니다. 반응이 없으면 세상과 연결될 수 없는 거죠. 또한 반응해야 할 대상이 에너지가 없거나 방전되어 있으면 희망 없는 상태가 됩니다.

·· 보통의 돌봄과 보통의 관심 ··

엄마는 안아주기 환경을 통해서 말과 감정으로 아이한테 생기를 불어넣습니다. 이때 엄마는 생생한 감정으로 아이를 찬사하고, 아이로 인해 행복한 감정을 느끼고 아이도 엄마로 인해 행복한 감정을 느끼는 것이 중요해요. 아기가 '나는 나다'라는 존재연속성을 경험하면 시간의 통합이 생기고, 엄마의 일관성을 통해 모든 경험이 의미 있게 연결됩니다. 안아주는 엄마는 아이의 멸절불안을 막고, 아이가 감당할 수 있는 아주 작은 양의 현실만 경험할 수 있도록 해줍니다. 아이를 낳은 엄마는 처음 한 달간은 뭐가 뭔지 몰라도 차츰 아이의 몸짓이 무슨 신호인지 계속 배우게 돼요. 위니콧은 건강한 아이가 탄생하려면 엄마의 '보통의 돌봄과 보통의 관심'이 필요하다고 했습니다.

이 '보통' 안에는 충족해주고 좌절시키고 거리두는 모습도 담겨 있어요. 위니콧의 이론을 공부하다 보면 마땅히 받아야 할 것을 못 받은 상처로 발달이 정지된다는 생각이 듭니다. 엄마가 발달하지 못하면 아이의 인격적 발달을 도와줄 수 없어요. 아이의 필요가 적절히 충족되고, 자기감이 형성된 다음에 견딜 만한 좌절이 주어지면 환상과 현실을 구별해내고, 시간 감각이 형성됩니다. 존재감이란 내가 정상이라는 느낌이에요. 아이가 생을 시작할 때 엄마가 존재해줘야 이 감정을 얻을 수 있어요. 아이는 엄마의 자궁 속에 있을 때 안전한데, 바깥에 나왔을 때 엄마가 무조건적 수용과 사랑으로 안아주는 환경을 제공하면 잠재능력이 발현돼요.

엄마의 불안으로 인해서 안아주기 환경이 실패하면 자발성과 창조성이 사라지는 심리적 기형을 갖게 돼요. 자신에게 중요한 것을 솔직히 말할 수 있고, 감정적으로 중요한 것에 대해 자기 입장을 박해불안 없이 분명히 말하고 버티는 것, 'I am'은 나 아닌 것에 맞서는 것까지 포함하거든요. 자기주장을 해야 할 때마다 공격당하고 보복당할 것 같은 박해불안을 느끼는 사람은 안아주기 박탈 상처가 있는 거예요. 모든 사람이 다 좋다고 해도 내가 그것이 불편해서 못하겠다고 할 때 나 아닌 것에 내가 맞서야 하잖아요. 때론 거기에서 일어나는 불이익을 감당하는 것, 피해의식 없이 현실의 요구를 감당할 수 있는 힘은 최초 시기에 받은 엄마의 안아주는 에너지에서 와요.

신체와 정서가 살아 있으면 개성을 지닌 주인공이 될 수 있습니다. 신체 플러스 정신이 인격입니다. 대인관계능력은 엄마와의 협조적 상호작용으로 만들어져요. 엄마와의 관계 연합이 부족했던 사람은 대인관계가 너무 강렬하거나 느슨합니다. 다가가고 멀어지는 조율도 어렵고요.

또한 엄마가 아이의 정서를 정신에 담아줄 때 신체감각은 즐거움을 느낍니다. 추우면 추운 대로 더우면 더운 대로 즐거워요. 안아주기가 실패하면 몸의 느낌을 즐거운 것으로 받아들이지 못해요. 신체와 신체 사이의 친밀한 관계나 접촉을 못 느끼고 신체의 어느 부분을 두려워하게 돼요. 몸과 정신이 통합되려면 신체적 안아주기와 엄마의 정서가 중요한데 엄마가 우울하면 안아주기가 방해를 받습니다. 엄마가 아이에게 살아 있는 존재로 현존해줘야 하는데, 우울감에 사로잡히면 아이 옆에 있어도 다른 세계에 있는 거예요.

엄마가 아이랑 함께 있거나 아이를 안고 있는데 아이 존재에 대한 기쁨이 없으면, 안고 있어도 안아주는 게 아니에요. 보람이 안 느껴지니까 무겁고 피곤하고 짜증나겠지요. 엄마가 거기 있지만 없는 거죠. 이 시기에 엄마는 아이한테 헌신해야 하는데 헌신은 자신보다 아이를 먼저 생각할 수 있는 능력에서 나와요. 자기애가 결핍된 엄마는 아이가 안아달라고 하면 피곤해하고 다른 걸 하고 싶어 해요. 보통의 건강한 엄마는 자기 것을 미루고 아기를 보살피는데 이것이 '엄마 됨'이라고 위니콧은 말합니다.

정신은 신체와 관계를 맺고 있는데 처음에는 느슨하다가 엄마가 열렬히 사랑해주면서 잘 묶입니다. 안아주기로 묶는 거죠. 그래서 아기가 신체와 정신 구분이 없는 상태에서는 놀라게 하면 안 돼요. 아이를 들어올릴 때 내릴 때 조심스럽게 해야 하는 이유입니다. 아이를 재울 때도 깨울 때도 부드럽게 다뤄야 합니다. 아이가 땀을 흘리거나 안색이 창백해지고, 먹는 걸 토할 때 불안한 엄마는 짧은 시간 안에 많은 걸 하려다가 결과적으로 아이를 재촉하여 침범하게 됩니다. 아이가 얼마나 민감하냐면 엄마가 기저귀를 갈아주는지 다른 사람이 갈아주는지 몸의 리듬으로 알아차려요. 엄마는 아이의 움직임을 예측하고 거기에 협력하고 파도 타듯이 기저귀를 갈아준다는 거죠. 준비되지 않은 외부 자극은 침범이 되고 침범은 존재연속성을 깨트리게 되는 거예요.

엄마가 안아주는 환경으로 인해서 정신과 신체가 잘 자라면 신체감각을 즐기게 되어 민첩해지고, 몸의 움직임에 생기가 넘칩니다. 운동신경은 신체와 정신이 연합되면서 더 잘 발달합니다. 부분적으로 실패하거나 완성하지 못하면 몸으로 하는 게 별로 행복하지 않아요. 신체활동을 통해 현실 경험을 하게 되는데, 실패를 하면 현실 세계에 못 나가고 공상 세계에 의지하게 됩니다.

위니콧은 머리카락 끝에도 정신이 있다고 해요. 그래서 우리는 뒤통수로 보고, 뒤꿈치로도 볼 수 있어요. 몸과 정신의 통합이 안 된 사람은 돌부리에 걸려 넘어지고, 자꾸 쏟고, 걸음걸이도 둔해요. 신체의 눈이 없는 거예요. 조심성이 없어 뭐든 만지면 망가뜨리고, 줄넘기를 할 때도 언제 뛰고 언제 넘어야 하는지 몰라 걸려 넘어집니다. 공을 찰 때도 헛발질을 하죠. 몸의 감각에 즐거움을 못 느껴서 땀을 흘려도 상쾌하지 않고 불쾌합니다. 이런 사람에게 몸의 감각과 활동을 즐기는 방법을 알려주는 것도 일종의 안아주기입니다.

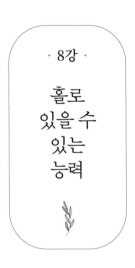

· 8강 ·

홀로
있을 수
있는
능력

·· 외로움을 이겨내는 근본 에너지는 엄마다 ··

'형태 없는 비통합적 휴식'과 '홀로 있을 수 있는' 능력은 위니콧이 주목한 정신발달의 핵심 지표입니다. 홀로 있음은 시공간적으로 혼자 있는 걸 의미하는 게 아니라 '홀로서기'라는 발달적 성취를 뜻해요. 홀로 있음은 비통합적 휴식과 일맥상통하는데 아무도 없는 고립을 말하는 게 아닙니다. 관계 속에 있으면서 타자의 눈치를 보거나 지나치게 의존하지 않고 스스로 우뚝 서 있는 형태예요.

외로움이란 그렇게 비참한 감정이 아니에요. 내면과 소통하기도 하고, 삶의 방향이나 목적을 세우고 준비하는 정신의 고요한 상태입니다. 이걸 고독이라 표현합니다. 어떤 분은 대학 때 6시 수업이 끝나면 친구들과 밥도 먹고 학과 활동을 좀 하고 싶은데 엄마가 8시 정도만 되면 빨리 들어오라고 전화를 해서 서클 활동을 제대로 못했다고 아쉬워하더라고요. 하지만 막상 집에 오면 엄마는 자신의 하루가 어땠는지 전혀 관심이 없어서 외로웠다고 합니다.

사실 홀로 있다는 것은 보이지 않는 지지에 의존하고 있습니다. 즉 좋은 내적 대상을 지녔다는 거죠. 제대로 홀로 있는 상태의 아이는 내면화된 엄마의 심리적 지원을 받고 있는 거예요. 홀로 있음에 성공하지 못한 아이는 끊임없이 엄마의 관심을 확인합니다. 엄마가 옆에 있어주면 엄마를 잊고 관심 가는 것에 몰입해 놀다가 다시 엄마를 확인하며 충전 받는 보통의 경험에 문제가 생겨서 그래요.

내담자가 분석 중에 침묵해도 분석가가 기다려주면 퇴행적 경험을 하면서도 불안 없이 홀로 있을 수 있는 능력을 성취하기도 해요. 할 말이 없는 상태를 못 견디는 것도 홀로서기의 실패죠. 엄마 관계에서 좋은 경험이 축적되면 긍정적 에너지를 이미 유아기에 충분히 받았기 때문에 외부 대상들로부터 새로운 자극이 없어도 이미 내재화된 내적 대상들과 관계하면서 만족스럽고 편안하게 존재할 수 있습니다.

홀로서기능력은 허망감 대신 생동감을 느낄 수 있게 하고, 충동들이 낭비되는 일이 없게 해요. 이에 비해 홀로서기에 실패한 사람은 불안으로 누군가에게 계속 말해야 하고, 쉼 없이 움직임으로써 불안정한 자기 존재를 채우고 싶어 하지만 큰 효과는 없어요. 또 홀로 있음에 필요한 환경으로서 엄마의 지지가 깨지거나 침범받으면 사적 영역이 사라지고, 극심한 혼돈과 불안을 경험하게 돼요. 그래서 혼자 잘 기능하지 못하는 사람이 많아요. 홀로 있는 능력은 성인이 돼서 자기만의 고유한 견해나 입장, 인생관이나 자기 세계를 가지는 것이기도 합니다. 즉 홀로 있는 능력이 없으면 혼자서 성취할 수 없는 삶을 살게 돼요. 혼자서는 어떤 것도 시도하지 못하고, 능력이 있어도 무가치감에 시달리고 뭘 해도 기계적으로 한다면 홀로 있음에 실패했을 수 있습니다. 뭘 해도 진짜 같은 느낌이 안 들고 자유롭지 않은 상태입니다.

개인마다 자기 리듬이라는 게 있지요. 복잡하게 살기 위해서 또는 단순하게 살기 위해서 혼자만의 시간이 꼭 필요한데, 어떤 사람은 이 시간이 불안으로 가득해요. 엄마 품에서 편안하게 존재하면서 모든 것이 충족된 상태에서 유아는 '온전한 나'인 홀로 있음을 경험해요. 그래서 아동기 이전부터 사람은 어느 정도 고독을 즐길 줄 알아요. 고립감이나 소외감이 아닌 참을 만한 외로움을 이겨내는 근본 에너지는 좋은 엄마 관계에서 나와요.

엄마의 역할을 두 가지로 구분해볼 수 있습니다. 아이가 필요로 하고 원하는 것을 이해하여 적응해주는 적극적 엄마 역할이 있고, 아이가 홀로 편안히 자발적 경험할 수 있도록 물러나 있는 소극적 엄마 역할이 있어요. 이 두 가지를 유연하게 함께 해야 합니다. 엄마가 아이를 계속 자극하여 홀로 있을 수 있는 경험과 능력을 빼앗으면 아이는 사적 영역을 잃게 됩니다. 존재의 고요함을 상실하는 것이죠.

엄마와 아이는 친밀하게 융합하는 유대 관계를 맺으면서 아울러 각자 타고난 참자기로 홀로 있음을 존중해주는 관계여야 해요. 엄마가 자기 안에 홀로 있을 수 있는 능력이 없으면 아이를 침범하고 침해하게 되

죠. 인간관계도 마찬가지예요. 친하다고 지나치게 관여하고 다가가면
파국이 일어나기도 해요.

·· 모든 관계는 상대적이며 끝이 있다 ··

옥자 씨는 상담 중에 덜덜 떨며 악몽을 꾼 이야기를 쏟아냈어요.

"해일이 덮쳐 와서 높은 곳으로 온 힘을 다해 달렸어요. 하지만 도망
치는 자리마다 물바다가 돼요. 집으로 돌아가려는데 다 왔다고 느낄 때
마다 알 수 없는 장소고 더 멀리 되돌아가요. 섬이 지반 없이 바다 위에
둥둥 떠 있어요."

옥자 씨는 어렸을 때 엄마를 잃고 아버지가 사업에 여러 번 실패하면
서 가족의 위기가 끊이지 않았습니다. 혼자 힘으로 대학까지 나와 남들
이 부러워하는 직업을 가졌지요. 영리하고 책임감 있게 일을 잘해냈지
만, 다른 사람을 위해 서비스하면서 자신의 존재가치를 찾는 외로운 사
람이었어요. 사람들을 기쁘게 하면서 안정을 찾았던 거예요. 뭐든 최선
을 다해 노력해보지만 혼자라는 느낌을 떨칠 수 없었어요. 겉으로 드러
난 책임감 강하고 명랑한 모습과 달리, 매일 아침마다 절망 속에 눈을
뜨고 무력감을 느꼈어요.

아버지가 매우 자기중심적인 분이었는데, 옥자 씨는 늘 힘없이 아버
지에게 착취를 당해서 성격도 두 개의 자아로 분열되었어요. 늘 열심히
하다가도 죽어버리고 싶은 부정적 생각에 시달렸죠. 아버지를 비롯해

누구에게든 자신의 외로운 감정과 실망감을 표현할 수 있었다면 그녀는 현재와 다르게 생동감을 느끼며 살았을 거예요. 옥자 씨는 관계에서 오는 복잡한 요구와 압박감이 부담스러워 관계를 띄엄띄엄하거나, 확 잘라버리는 일시적 변화를 안정감으로 착각했어요. 믿었다가 실망하고, 유혹하고 버리고, 잘해주고 조정하고, 자부심에 넘쳤다가 의심하고, 친절하다가 냉담하고, 늘 이상화했다가 평가절하했죠.

"제가 매순간 슬프고 까다롭게 굴고 격노하면 이런 나를 선생님은 봐줄 수 있으세요? 실망하지 않을 수 있으세요? 아니 좋아해줄 수 있어요?" 늘 명랑하고 행복한 척했던 옥자 씨의 진실한 말이에요. 그녀는 이렇게 무겁고 서러운 감정을 드러내고 안도감을 맛보며 스스로에게 진실해지기로 했어요. 신뢰에는 좋은 날도 있고 나쁜 날도 있다는 것을, 인간관계에서 버림받지 않는 영원한 관계가 없다는 것을, 의존은 '내가 필요할 때까지'라는 상대적 의미라는 사실을 받아들이는 연습을 상담에서 수없이 했습니다. 좋은 내적 대상 관계가 형성되어 있으면 외부 자극이 없어도 삶이 풍요롭게 지각되어 편안히 홀로 존재할 수 있습니다.

유아의 정신은 초기의 좋고 나쁜 대상이, 대상과의 좋고 나쁜 경험이 일련의 과정을 통해 계속 통합 발달해가야 온전한 인격이 돼요. 과거에 경험한 대인관계 흔적과 현재의 대인관계 흔적은 내면에서 밀접히 연결됩니다. 정신에 좋은 내적 대상관계와 좋은 환경 경험이 있으면 감사의 능력을 성취하게 돼요. 이런 경험을 한 사람은 타인에 대해 인격적인 태도를 갖게 됩니다. '나는 홀로 있다'는 말은 정서적 성장이 이루어졌음을 의미해요. 서로 대립되는 이질적 정신요소들이 하나의 단위로 통합된 것입니다.

'나는 나로 있다'가 성취되어야 나 아닌 상태도 견딜 수 있습니다. '나는 나다'가 부족하면 나 아닌 것들이 편집증적 상태로 지각돼요. 누가 나를 해칠 것 같고 나쁘게 대할 것 같은 박해불안이 일어나요. 어렸을 때 엄마가 불안을 대신 처리해주지 못하면 그것이 무의식에 저장되어 반복해서 외부 세계로 투사돼요. 대상과 관계할 때마다 부정적 전이가 일어나는 것이죠. 어떤 사람을 만나면 혐오스럽고, 짜증나고 신뢰할 수 없는 느낌이 반복되는 것은 어렸을 때 억압한 부정적 감정과 부정적 표상이 현재 외부 대상에게 투사되어 전이를 일으킨 거예요.

물론 이때 자아 지원을 해주면 다시 회복되기도 해요. 하지만 좋은 자아 지원이 없을 때마다 '나는 나다'라는 능력을 만들어낼 수 없고, 주변에 맞추면서 자기 목소리를 낼 수가 없고, 다름이나 낯섦에 맞서서 과감한 주장을 못하게 됩니다. 엄마가 아이의 필요와 욕구를 채워주는 관계와 아이를 그 자체 인격체로 보면서 지지해주는 관계, 이 두 가지는 늘 조화로워야 해요. 좋은 자아 지원이 없이는 본능을 승화시켜 쓸 수 없습니다. 홀로 있을 수 있는 경험을 하지 못하면 외부 자극에 대한 진정한 나의 반응을 모르는 거짓자기 상태가 됩니다. 홀로 있는 능력이 있어야 잠재능력을 발휘할 수 있고 강박 없이 몰입할 수 있습니다.

·· 좌절의 기회를 뺏으면 안 된다 ··

우리에겐 생물학적 나이가 있고, 심리적 나이가 따로 있어요. 정신분석은 최초시기의 의존 욕구가 해결되지 않으면 잠재능력을 펼치기 어렵다고 봐요. 발달이 되지 않은 상태에서 나온 표현들은 대부분 꾸며낸 거짓일 뿐이에요. 그런 태도는 항상 부적절한 관계와 병리적인 결과를 낳죠. 의존을 해결하고 살아야지 주체적인 삶을 살 수 있어요. 몸만 자랐다고 성인이 아니에요. 내가 나로서 있는 홀로 있기를 살아내지 않고는 결코 남을 이해하지도 도울 수도 없어요.

상대적 의존기는 자기와 다른 대상에 관심을 쏟고 이해하고 배려하는 능력이 발달하는 시기입니다. 타인을 배려하면서 사랑을 주고받는 경험과 능력이 형성되고 발달하는 것이죠. 상대적 의존기에 해내야 할 과제가 많아요.

첫째는, 엄마가 아이에 대해 완벽히 적응하려는 마음과 태도를 내려놓는 거예요. 엄마는 아이의 욕구를 맞추는 것에 점진적으로 실패해야 해요. 절대적 의존기가 지나서 아이가 젖을 떼면 엄마는 좀 더 많은 양의 욕구충족을 지연시켜도 되죠.

절대적 의존기에는 엄마가 일일이 공감하며 해석해주었는데 그보다 발달된 수준에서 아이는 자기가 원하는 것을 손으로 가리키고 그다음에 언어를 사용해요. 아이는 만족을 얻기 위해 주관적 환상에 의존하거나 불편한 상황을 마술적으로 통제하려는 욕구를 포기하고, 점점 현실에 기초한 말과 행동을 사용해 의사소통을 합니다.

처음 분리 단계에서는 엄마랑 분리되는 게 두렵지만 'I am'을 잘 형성하고 나 아닌 것에 도달하면 놀이를 통해 현실에 적응하고 독립을 향해 발을 떼기 시작해요. 이 과정을 아이 혼자서는 할 수 없고 엄마가 일조해줘야 해요. 엄마가 친숙하게 아이와 관계해주다가 점진적으로 거리를 두면, 아이의 정신에 결핍이 생깁니다. 그 결핍을 '엄마의 대체물'로 채우면서 힘든 상황을 헤쳐나가는 능력이 발달합니다.

상대적 의존기는 친숙한 엄마 외에 아빠, 형제, 친척, 이웃, 친구를 발견하면서 대상관계가 발달해가는 때입니다. 이 시기에 아이에 대한 엄마의 적응 실패는 빈번합니다. 그것이 아이한테 성장의 동기가 돼요. 적당히 받아주고 적당히 관여하는 것이 완벽히 맞춰주는 것보다 아이의 발달에 아주 유리하죠. 그런데 아이가 자기와 타자의 차이를 인식하게 된 다음에도 엄마가 모성적 공감을 사용해서 아이의 전능감을 조장한다면, 아이가 현실로 나아가지 못합니다.

엄마가 아이한테 몰두해서 아이가 자기한테 멀어지는 것을 허용하지 않으면, 그 대가를 평생 뼈저리게 받게 돼요. 아이가 전능환상을 포기해야 자기감을 발달시키고 타자관계를 맺을 수 있어요. 잘하면 잘한 대로 좌절하면 좌절한 대로 공감해주고 달래주면 됩니다.

하지만 엄마가 해주는 것과 아이가 스스로 하도록 기회를 주는 것은 차이가 커요. 현실이 자신의 기대와 바람대로 주어지지 않는 불안전 경험을 아이가 반드시 직접 지각하고 받아들여야 해요. 상대적 의존기에 엄마의 완벽에 가까운 적응은 정신의 발달을 방해하는 엄청난 침범이에요. 의존 욕구가 커서 홀로서기가 안 되면 흥미를 갖고 환경을 온전히 탐색해갈 수 없어요. 외부 현실과의 관계가 재미도 없고 자신감도 없어져요. 아이는 실패를 통해 여러 가지를 배웁니다. 그것이 자연스럽고요. 그러면서 복잡한 세상과 다면적으로 만납니다. 사회와 동화될 수도 있고요. 엄마가 아이한테 의존을 강요하면 아이는 자신과 대상 이미지가 분화되지 않아서 너와 나의 구분이 없어지고 사회성 발달을 할 수 없어요. 70대 엄마에게 의존하며 이것저것 요구해대고 안해준다 욕해대는 사회부적응 40~50대 자녀들도 적지 않답니다. 엄마의 작품인 거지요.

·· 엄마가 아빠를 인정해야 아이가 아빠와 접촉한다 ··

너와 내가 다르다는 것을 모르면 나이가 들수록 현실에 부적응하는 많은 병증을 얻게 됩니다. 나와 너, 주관과 객관이 구분되지 않아 상대의 말을 주관적으로 이해하거나 없던 말을 만들기도 합니다. 절대의존에서 상대의존으로의 발달이 멈추면, 현실의 사회에서 만나는 대상과 온전히 소통하지 못합니다.

예를 들면 경계선 인격을 지닌 엄마는 아이의 독립성 발달을 지원하는 데 많은 문제를 겪습니다. 경계선 인격의 엄마는 아이를 품에서 내려놓지 못합니다. 건강한 아버지가 있으면 엄마-아이 사이의 원초적 의존 고리를 끊고 사회에 홀로 서는 힘을 갖도록 도울 수 있어요. 그런데 아버지의 힘이 약하거나 부재하면 아이가 홀로서기를 못한 채 매우 힘들게 살 수 있습니다.

건강한 엄마는 상대적 의존기부터 아이의 삶에 맞추었던 초점을 점점 거둡니다. 상대적 의존기의 엄마에게는 아이를 돌보는 것보다 중요한 일들이 꽤 많아요. 아이를 사랑하는 건 변함없지만 엄마 자신의 삶을 추구하는 것이 자연스러운 거예요. 그런데 경계선 인격 엄마는 모든 게 아이 위주예요. 밥을 먹어도, 어딜 가도, 무엇을 사도 아이 것이 먼저고, 무슨 얘기를 해도 아이가 화두예요.

상대적 의존기부터 유독 중요한 것이 아빠의 역할입니다. 이때부터 아이가 아빠와 친해지는 시기죠. 이때 아빠가 퇴근 후 집에 오면 아이가 좋아서 난리가 나잖아요. 절대적 의존기에 직접 접촉을 하는 건 엄마지만, 세상을 무난하게 살아가려면 아빠의 지지와 지원을 받아야 해요. 아빠는 엄마와 아이의 환경을 보호하는 기능을 해요. 엄마의 몸과 정신을 편안하게 해주는 존재죠. 엄마가 아빠와 친밀한 관계없이 아이를 홀로 돌보는 건 엄청 힘든 일이에요. 아빠는 엄마의 복제가 아니고 엄마와 다른 고유한 존재예요.

아빠가 엄마가 하지 못하는 고유의 역할을 해야 하는데, 엄마 같은 역할만 한다면 제3의 누군가가 필요하다고 위니콧은 말했습니다. 아이가 절대적 의존기를 벗어나 독립된 온전한 사람들과 관계하기 시작할 때 아빠는 인격적 존재로서 굉장히 중요해져요. 엄마는 친숙한 존재인데 아빠는 현실적 대상이거든요. 엄마는 원초 불안을 품어주고 담아주는 역할을 하는데, 원시 심성에서 벗어나 문명의 새로운 에너지를 받아들이게 하는 힘은 아버지에게서 나와요. 아버지는 이기적이고 거친 본능

충동들에 법과 질서를 각인시켜요. 자기중심적인 아이를 타인의 욕망이나 시선을 배려하는 인격체로 전환시켜줘요. 사회적 문제해결능력은 아빠의 힘에서 나옵니다.

그런데 아빠는 아이랑 그냥 친해질 수 없어요. 엄마의 언어로 아버지의 존재가 인정될 때 친해져요. 즉 엄마가 아빠를 인정할 때 아이는 비로소 아빠랑 접촉이 돼요. 아이는 아빠가 엄마를 어떻게 대하는지, 엄마가 아빠를 어떻게 대하는지 느낌과 언어 속에서 부모 관계를 배워요. 엄마의 언어로 인정된 아빠는, 엄마가 아이를 흔들지 못하게 막아주고 사회화를 시키는 존재예요. 아빠가 직장에서 일어난 일을 엄마한테 얘기하면 아이는 그 얘기를 듣고 배워요. 새로운 경험인 거죠.

그리고 한쪽 부모에게 미움을 받고 있을 때 다른 쪽 부모에게 여전히 사랑받는 것이 양가감정을 해결하는 좋은 방법입니다. 그런데 미성숙한 부모는 둘이 합의해서 아이를 공격해요. 경계선 인격 엄마는 같이 공격하도록 남편을 몰아세우고 포섭하죠. 그러면 아이는 절벽에서 떨어지는 기분을 느껴요. 부모의 조합 자체는 든든한 바위이고 튼튼한 울타리지만 아빠는 엄마와 매우 다른 존재여야 해요.

미래 씨는 지금 아빠를 찾고 있는 중이에요. 아빠 하면 떠오를 만한 추억이 얼마 되지도 않지만, 그것마저 좋지 않은 것 투성입니다. 미래 씨에게는 오로지 엄마뿐이죠. 그녀가 경계선 인격장애를 이해하는 수업을 들으면서 아빠의 존재감이 왜 느껴지지 않았는지 이해하게 되었습니다. 경계선자인 친정 엄마와 한 사람처럼 붙어 있었기에 아빠가 들어올 공간은 어디에도 없었죠.

미래 씨는 아빠가 엄마와 자신 사이로 들어오려고 엄청나게 애를 썼는데 자기가 엄마랑 꼭 붙어 아빠를 밀쳐냈다는 슬프고도 불편한 진실을 중년이 돼서야 깨달았어요. 이렇게 평생 잃어버릴 뻔한 아빠를 찾았는데 도통 어떻게 관계해야 할지 모르겠다고 호소했습니다.

그녀에게 아빠의 존재는 오로지 엄마가 말해준 이미지였어요. 무능력하고 매번 실패하는 남자였죠. 엄마 본인이 세상을 보는 시선으로 투사된 나쁜 남편만을 자신 안에 정신화시켰고, 그것을 딸에게 전염시켰습니다. 가슴 아프게도 미래 씨는 아빠가 실제로 어떤 사람인지 알 수 없었어요.

"선생님 아버지와 통화하고 싶어 전화하면 몇 초도 안 돼 엄마를 바꿔주세요. 아빠와 이야기하고 싶다고 해도 막무가내로 엄마한테 하라 합니다. 이젠 엄마가 방해하지 않는데도 안타까워요. 아버지는 이미 관계를 포기하신 것 같아요. 심각한 건 엄마가 그랬던 것처럼 제가 남편과 자녀에게 같은 삶을 되풀이하고 있다는 겁니다. 100퍼센트 내 감정과 기분으로 가족을 지배해요. 내가 우울하고 기분이 안 좋거나, 아파서 힘들거나 불안하면 식구 모두를 똑같이 전염시켜요. 그러다 내가 풀리면 모두 다시 빨리 풀어지도록 강요해요."

보편적으로 사람의 욕구는 가족이든 이웃이든 특정 개인과 친밀한 '정서적 유대 관계'를 맺고 잘 살아가는 거예요. 하지만 두려움으로 일관된 인간관계를 반복하는 사람들도 있어요. 이런 불합리해 보이는 행동의 이면에는 어려서부터 안정감을 주지 못한 환경 대상으로부터 자신을 지키려고 했던 방어적 적응기제가 계속 작동하기 때문입니다. 나이에 맞지 않은 의존적 태도나 회피적 행위 이면에는 안정된 돌봄을 받고자 한 영유아 아동기의 절실한 사랑 욕구가 작동해요.

· 9강 ·

전능
환상

·· 엄마가 없는 세상을 살아야 하기 때문에 ··

상대적 의존기에 중요 대상으로 부각되는 아버지에 대한 이야기를 마무리 짓고 전능환상에 대해 공부할까 해요. 감정소통을 긍정적이고 풍요롭게 만들어주는 역할을 엄마가 하지요. 하지만 아이는 이기적 본능과 거친 충동을 가지고 있기에, 질서나 법을 각인시켜 타자의 시선이나 욕망을 배려하는 사회적 인격체로 전환시키는 역할을 아버지가 해야 해요. 엄마로부터 아이의 분리를 위해 아버지는 힘 있는 상징적 대상 역할을 하는 것입니다.

엄마는 그런 기능적인 역할을 직접적으로 못해요. 그래서 엄마와의 경험만 가진 사람은 갈등이 생기면 자신의 문제를 객관화해 해결하는

데 어려움을 느낍니다. 자율적 문제해결이나 욕구 조절능력은 아버지의 힘을 내면화해야 형성될 수 있어요.

아버지가 있다 해도 그런 역량을 아이가 가지지 못하는 경우도 있습니다. 엄마의 기운이 너무 세거나 아이의 상징적 기능이 발달할 만큼 아빠와 접촉하지 못하면 그렇습니다. 한 달에 고작 한 번 만나서는 아버지가 아이에게 규칙을 내면화시키거나 질서를 부여하기가 어렵죠.

아이가 나이를 먹으면서 현실 자아를 강화하고 정체성을 확립하는 데 아빠의 역할은 아주 중요해요. 하지만 아버지는 직접적으로 아이와 관계할 수 없습니다. 엄마가 다리를 놔줘야 관계를 맺을 수 있어요. 엄마가 아버지의 권위를 인정해줘야 아이의 정신에 힘을 미치는 '아버지의 자리'가 자리 잡을 수 있어요. 이것은 또한 부부의 관계가 적절히 좋아야 가능합니다.

아이에게 법과 질서의 가치를 심어주려고 할 때, 아버지는 말씀과 행동으로 규범의 모델이 되야 합니다. 그러기 위해서 엄해지곤 하는데, 이는 결국 아이가 엄마를 돕고 존중하게 만듭니다. 아버지의 역할로 인해서 아이의 여러 충동이 정리될 수 있습니다. 아빠가 든든한 삶의 모델이 돼주고 부부가 힘을 합쳐 아이를 지켜주면 아이의 파괴 충동은 안전한 것으로 길들여집니다.

위니콧은 집 안의 따뜻한 기운이 엄마에게 있다면, 거리의 생기발랄함은 아빠에게 속해 있다고 했어요. 사회성은 아버지 관계로 결정되는데, 최신 이론에 의하면 남자아이보다 여자아이의 경우에 아버지 관계를 통해 더 큰 효과를 본다고 합니다. 그런데 우선되는 것은 엄마의 역할입니다. 엄마 관계가 좋아야 아버지 관계가 수월해져요. 또한 아이의 발달 과정 동안 아빠의 말을 신뢰하는 엄마의 태도도 중요해요. 이런 과정이 정상적으로 일어나면 딸은 자신의 여성성을 통합하기 위해 아빠가 필요하고, 아들은 자신의 남성성을 통합하기 위해 아버지가 필요한 자연스러운 발달이 펼쳐지겠죠.

개인이 고립되지 않으면서 환경과 상호의존하며 산다는 건 아주 행복한 일입니다. 그러기 위해서는 상대적 의존기까지 잘 발달해야 하죠. 사회성은 배워서 되는 게 아니고 관계 경험으로 만들어지는 거예요.

절대적 의존기 때는 원할 때 엄마가 알아서 맞춰주는 경험을 하잖아요. 하지만 발달 수준이 거기에 고착되면 타인을 배려하는 관계가 불가능해져요. 그러면 항상 누군가 나한테 잘해줘야 불안해지지 않는데, 상대가 잘해주는 게 부족하면 상처를 받게 돼요. 상대적 의존기를 잘 보내면 내가 원할 때 원하는 만큼만 관계를 잘할 수 있습니다. 절대적 의존기와 수준이 매우 달라요. 내가 상대적 의존기에 도달했다면 적을 만들지 않고 아쉬움을 표현하며 사는 게 가능해집니다. 상대적 의존기까지 잘 발달했다면 인간관계가 한결 수월해요.

상담을 하다 보니 돌봄을 받는 최초환경의 결함으로 인해, 자신의 생활환경을 온전히 인지하고 다루는 데 필요한 자아능력을 발달시키지 못한 분들을 만나게 됩니다. 이들이 삶을 살아가는 태도나 관계에서의 태도를 보면, 초기 정신발달에 실패해서 행복감과 사랑 감정을 잘 느끼지 못합니다. 이들의 좌절된 욕구를 이해하여 부응해주는 것이 치료인데, 개인마다 기간이 달랐습니다. 많이 생각하고 고뇌하는 시간이 필요한데, 오랜 시간을 투자해 심리적 재탄생을 하지 않고는 해결되지 않더라고요. 인간은 누구나 완벽한 엄마를 지닐 수 없습니다. 그래서 누구나 크고 작은 상처가 있어요. 그것들을 스스로 밝혀서 해결하면, 살면서 신나는 일들이 많아집니다.

·· 아이는 엄마를 가진 신이다 ··

전능감은 엄마와 아이의 관계에서 생겨나는 절대적 의존기와 상대적 의존기에 반드시 거쳐야 하는 체험이에요. 영유아기는 고도로 자기중심적인 시기예요. 엄마는 아이한테 몰입하며 젖을 주고, 잠을 재우고, 품을 주고, 따뜻한 응시를 해주고, 보호해주는 등 아이가 필요로 하는 걸 다 제공하지요. 무엇보다 엄마의 몽상으로 아이의 정서와 정신을 공감하고 이해해줍니다. 이처럼 아이가 필요로 하는 모든 것을 존중하며 기꺼이 제공하는 엄마를 겪은 흔적이 인격발달의 토대가 돼요.

엄마가 처음에는 아이의 배고픔, 지루함, 울음의 의미를 잘 알아차리지 못하지만 시행착오를 거치며 알아가잖아요. 이 시기 유아는 자기가 엄마를 만들었다고 믿어요. 그래서 엄마에 대한 전적인 권리가 있다는 착각이 일어나요. 유아가 눈을 움직여서 엄마를 찾으면 마술처럼 엄마가 나타나고, 젖가슴을 향해 움직이면 가슴이 저절로 다가오죠. 이런 전능환상은 내가 모든 걸 다 할 수 있는 신이 되는 경험이에요.

언어 습득 전에 이런 경험이 충분해야 합니다. 그런데 만 3년이 되기 전에 엄마가 갑자기 사라지면 유아의 전능환상이 손상돼요. 엄마가 멀리 떠나 있거나, 친척이나 가사도우미 등 다른 여러 사람에게 맡겨지면 전능환상이 망가지고 자존감이 손상됩니다. 공생 단계에서 엄마가 유아와 충분히 심리적으로 함께하면 유아는 자신의 바람과 현실 성취가 하나인 것인 양 욕구가 끊임없이 충족되는 경험을 하게 되죠. 아기는 엄마로부터 뭐든지 얻을 수 있다는 착각이 유지되어야 인격에 자신감이 자리 잡게 됩니다.

그런데 아이와 엄마가 융합해 있는 공생 관계는 젖을 뗄 무렵에 끝이 나요. 젖을 떼는 건 아이에게 엄청난 좌절이라서 그 곤경에 대처하는 과정에서 아이의 정신이 성숙해갑니다. 처음엔 자신과 자신의 분신인 엄마가 전능한 힘을 갖고 있다고 믿다가 어느 누구의 힘도 무한하지 않다는 걸 알아차리게 돼요. 그래서 엄마도 거리를 둘 때는 거리를 두고 무심할 때는 무심해야 해요. 그런데 자신의 의존 욕구가 해결 안 된 엄마는 아이가 세상을 탐험하고 싶어 할 때 놓아주지 않아요. 아이의 욕구를 신속히 만족시켜주는 방법과 질은 연령 수준에 따라 달라야 해요. 전능감이란 사라지는 게 아니고 평생 윤활유처럼 정신 안에 있죠. 인격의 부분으로 남아서 삶에 대한 유능감과 효능감을 갖게 해요.

엄마는 유아를 세상에서 가장 귀하고 전능한 신으로 만들어줍니다. 그 상태에서 갑자기 추락할 때 조숙이 진행되는데, 조숙은 다른 말로 거짓자기예요. 정신의 조숙은 엄마와 하나가 되지 못한 불안 상태를 반영해요. 어떤 아이는 조숙해져서 현실에 과도하게 적응하려다 환상이 다 사라지기도 하고, 어떤 아이는 현실을 차단하고 환상 속에만 머물기도 해요. 불안과 상처에 대처하는 방법이 개인마다 다릅니다.

전능환상이 너무 커서 현실을 심하게 왜곡해 지각하면 과대망상증을 앓게 되겠지요. 현실을 있는 그대로 보지 않고 보고 싶은 모습으로 왜곡하며 방어적으로만 사는 사람도 적지 않습니다. 어릴 때 생긴 만성적인 불안으로부터 자신을 보호하기 위해 어쩔 수 없이 그렇게 사는 겁니다.

일본 영화 〈태풍이 지나가고〉의 주인공 료타에 대한 이야기를 해볼까 합니다. 료타는 지능이 좋아 좋은 학교를 졸업했어도 이익이 되는 현실관계를 맺지 못하는 사람입니다. 인생의 경험은 엄마 관계와는 다릅니다. 료타는 지속적으로 독립된 개인이 되기를 거부하고, 세상과 접촉하지 못해서 다양한 사람과 어울리며 새로운 것을 탐색하지 못합니다. 료타의 아버지가 똑같은 것을 하지 말고 새로운 것을 다양하게 해보라고 용기를 주고 등을 세게 떠밀었다면 어땠을까요. 의존에서 벗어나지 못하면 자기중심성에서 벗어나지 못하는데 료타는 늘 허황된 현실을 꿈꾸는 철없는 사람입니다. 한때 촉망받는 소설가였지만 차기작을 구상한다는 이유로 삶을 회피하며 도박으로 월급을 탕진하고, 아버지로서 책임을 다하지 못하면서도 이혼한 부인에게 의존하기 위해 재결합하려는 허황된 꿈을 꾸고 살아갑니다.

료타는 실제로 무책임하고 현실을 보지 않고 불편한 것을 이래저래 빠져나가는 어린아이였습니다. 극도로 자기중심적이라 타인의 입장을 고려하거나 감정이입할 줄 모르는 그는 답답한 사람이기도 합니다. 료타는 경제적 자립을 하지 못해 부모를 떠나기가 두렵고, 도움 없이는 직업을 가지기도 어려운 사람입니다. 이는 자신의 일에 성공해보지 못하고 한량처럼 살아온 그의 아버지 모습이기도 합니다. 료타가 사고를 치면 가족을 비롯해 주변 사람들이 해결해줍니다. 이런 의존적 성격장애가 있는 사람은 일을 완수해내지 못합니다. 하지만 책임질 필요가 없을 때 뭐든 즐겁게 하지요.

료타는 아버지의 독립적이지 못하고 정직하지 못한 무능한 모습을 보고 자란 것입니다. 성실하게 고생하는 엄마로 인해 삶이 꾸려지고, 약한 아버지의 모습이 강화되면서 아버지가 부족한 사람으로 자리매김되었을 것입니다. 아버지 관계가 모호했고 그 부족한 모습을 따라 하면서 역시 아버지처럼 보살핌을 받고 살아가는 것이지요.

료타에게는 작가로서 잠재된 능력이 있습니다. 하지만 성공이 무엇이고 성공을 위해 어떻게 살아야 할지 알려준 아버지가 없었습니다. 그래서 삶을 간신히 살아가는 사람이 된 것입니다.

·· 너무 빠른 성숙은 병이다 ··

TV에서 다룬 A의 사례인데, 엄마가 인격장애가 심한 사람이었어요. A의 엄마는 결혼 생활이 불행해서 이혼을 하고 딸을 데리고 사는데 A를 전혀 돌보지 않고 방치했어요. 한 번도 안아주거나 따뜻한 말을 해주지 않았어요.

A는 엄마가 자기를 사랑해주지 않아서 슬펐지만 엄마를 포기할 수 없었기에 지극 정성으로 효도를 하더라고요. 건강한 아이는 엄마한테

사랑해달라고 요구하고 따지기도 할 텐데 반대로 A가 엄마를 돌보더라고요. 학교 다녀오면 늘 엄마의 기분을 살피고 집안일을 도맡아 했어요.

A는 뭐든 더 열심히 하면 엄마가 사랑해줄 것 같아서 강박적 인격구조를 발달시켰고 더 효녀 노릇을 했어요. 세상에 믿고 의지하고픈 엄마가 불안정했기에, 스스로 자기욕구와 환경을 완벽히 통제해서 생명을 유지한 거예요. A는 정상적 관계라는 걸 해본 적이 없었어요. 직장에서도 상사가 언짢은 말을 하거나 동료가 부정적인 행동을 보이기라도 하면 직장을 그만두었어요. 현실에서 온전한 사랑을 얻을 힘이 없다 보니, 동정심을 조장해서 친구의 남편과 불륜을 저지르게 됩니다. 그런데 남자가 가정을 포기하지 않는 거예요. 결국 A는 친구와 친구의 아들에게 심한 상해를 입혀요. 누구라도 A에게 따뜻한 엄마 역할을 해주었다면 일어나지 않을 비극이라 안타까웠습니다.

A가 자각하는 모든 긴장의 배경에는 유아기 멸절불안이 존재해요. 모성 박탈로 인해 생겼던 멸절불안이 해소되지 못한 채 무의식에 잠재되면 언젠가 힘든 자극을 받을 때 이렇게 무서운 일이 일어납니다. 갈수록 범죄가 잔혹해지고 있는데, 상당 부분이 유아기 엄마 관계에서 채우지 못한 전능감 문제로 일어난다고 봅니다. 전능환상에 고착돼 방어적 삶을 사는 사람은 어떤 경험을 해도 정신의 성장이 일어나지 않아요.

인격장애를 가진 사람은 스스로 자신의 잘못된 행동을 멈출 수가 없는데 상대방이 잘해줄수록 자신은 문제가 없고 옳다고 생각합니다. 딸은 이런 엄마와 거리를 두거나 그보다 더 건강한 관계로 달아났어야 했습니다. 하지만 선택조차 할 수 없었죠. 이들에게 외부 현실은 곤혹스럽고 미스터리한 일들이 일어나는 위험한 곳으로 지각돼요.

전능환상이 강한 사람은 너와 나 사이의 경계가 없고, 자신의 욕구로만 살고 타인을 대하죠. 경계선 정신구조를 가진 엄마는 너와 나 구분이 없어서 자신의 마음을 아이한테 투사해 아이의 정신을 자신의 일부처럼 조종하며 살아가요. 또한 경계선 구조를 지닌 아이는 엄마한테 딱 달라붙어 계속 퇴행적 삶을 살게 됩니다. 그렇게 세상 밖으로 나가지 못하게 돼죠. 아이가 뭘 원하는지 모르는 무감각한 엄마는 아이의 정신발달을 방해합니다.

엄마가 자기 욕구를 채우느라 아이를 기다리게 한다든지 반응해주지 않으면 아이는 좌절하게 돼요. 어릴 적 아이는 스스로 생각할 수 있는 능력이 없어서 엄마의 생각과 태도에 의존하고 모방하면서 살아요. 엄마의 생각능력의 깊이와 폭에 따라 아이의 환상도 달라집니다. 엄마가 전능환상을 갖고 반응해주면 아이는 창의성 있는 아이가 돼요. 아이가 느끼는 걸 엄마도 느끼며, 자신의 생각을 넘어 아이를 받아들이는 거예요. 엄마가 반응을 거부하고 비난하면 아이의 자발적 욕구와 생각과 의도에서 멀어져요. 그러면 아이의 경험능력이 작아지면서 기형화된 인격이 형성됩니다. 엄마가 반응해주지 않다 보니 대부분의 것에서 가치감과 교감을 느껴보지 못하죠.

자기애적 엄마는 또한 전능환상에서 나오지 못하는 엄마입니다. 이런 엄마는 자녀를 많이 깎아내려요. 아이가 작은 성공이라도 하면 '내덕에, 내가 이끌어서, 내가 기도해서, 내가 도와줘서'라고 생색내고 아이가 실패하면 '내 말을 듣지 않아서, 순종하지 않아서'라고 합니다. 그러면 아이는 끔찍한 고립감을 경험하며 자신감과 자존감이 바닥에 떨어집니다. 나만이 너 같은 아이를 이해하고 사랑해줄 수 있다는 엄마의 거만한 말이 아이를 외롭게 하고 가둡니다. 자녀는 무력감을 극복하기 위해 너무 많은 노력과 에너지를 사용하지만 결국 뭐든 성공할 수 없게 되죠.

냉엄한 현실의 힘들에 의해 전능환상이 깨지면 아이의 상상력이 손상돼요. 상상할 수 있는 능력도 전능환상에서 나와요. 너무 현실적으로 되어 놀 수 없는 아이가 상담에 오면, 놀 수 있게 만들기까지 오래 걸려요. 그런 아이는 눈치가 지나치게 발달해서 동심의 세계가 사라지고 없어요. 전능환상이 활짝 열린 아이는 자신감이 넘치고, 사고가 넓고, 호기심이 많고 상상력이 살아 있어요. 상상력이 죽은 아이는 생존을 위해 필요한 기본적인 지각과 관계해요. 그 상태가 바로 아이와 교류한 힘없는 엄마의 상상력 상태인 거예요. 신선한 자극을 받아야 정신의 발달이 촉발되는데 아이가 표현해도 엄마가 응답이 없으면 무디고 단순한 정신성을 지닌 아이가 되는 거예요.

정서 영역은 창조성과 연관되는데 아이가 무언가 진정으로 원할 때 정신작용이 활성화되고, 아이가 환상 속에서 무언가를 만들 때 전능환상을 경험해요. '나는 할 수 있다, 내가 세상의 주인이다.' 이런 경험은 엄마와의 만족스런 젖가슴 경험에서 나옵니다.

· 10강 ·

애착

· · 존 볼비의 애착 이론 · ·

위니콧의 절대적 의존기를 마무리하고 상대적 의존기의 여러 발달 모습을 공부하고 있습니다. 이제 전능환상 자리에 들어서는 환상의 영역인 중간영역과 중간대상에 대한 주제를 다루기 전에 위니콧 이론과 일맥상통하는 존 볼비(John Bowlby)의 애착 이론을 살펴볼까 합니다.

볼비는 애착 실패로 인한 정신적 고통에 관심을 가졌으며, 그 고통을 예방하고 완화하고자 했습니다. 애착 이론은 인간관계의 본질과 개인의 서로 다른 관계 패턴을 이해하는 좋은 개념 틀입니다. 그는 박탈당한 아이들의 거칠고 애정 없는 모습 뒤에 있는 깊은 외로움과 슬픔을 보았습니다. 만성적인 비행, 반사회성, 모호한 신체질병, 성격장애의 근원을 부모라는 환경의 결함에서 찾은 것이지요.

그는 병리 증상 예방과 제거에 대해 고민하다가, 심리적 문제를 안고 사는 사람 대부분이 유아기 엄마 애착 관계가 단절됐거나 손상됐음을 확인하게 되었어요. 엄마 분리가 너무 일찍 발생하거나 장기화되면 호르몬 수준이 떨어져서 아이가 죽는 경우도 있었지요. 인간은 선천적으로 친밀한 접촉을 추구하도록 본능화돼 있는데 애착 관계가 충족되지 않으면 여러 후유증이 생겨납니다. 한 예로 애착연구에서 중독연구가 많은데 중독자들이 추구하는 것은 쾌락보다 자신의 정서를 조절해서 수치감과 불안에서 벗어나는 것이에요.

애착은 함께 지내는 사람에게 보이는 지속적인 관심입니다. 생후 첫 1년간 안정되게 자아 지원을 해주는 엄마가 없으면, 아이는 대상에 대해 지속적인 친밀 관계를 맺지 못하게 돼요. 애착의 질은 부모라는 환경의 질에 따라서 달라지는 것이죠. 엄마 상실은 두려움 자체이고, 그로 인한 상처를 복구하지 못하면 삶에서 의미를 찾기가 힘들어집니다. 또한 애착은 삶에서 일어나는 불안을 최소화합니다. 그래서 애착에 실패하면 좌절된 의존 흔적들과 투쟁하면서 계속 상처 입게 됩니다. 어렸을 때 부모로부터 안정, 안심을 얻지 못하면 커서도 계속 그런 환경에 노출된다는 것입니다.

의존은 어떤 사람한테는 안정된 것이지만 어떤 사람한테는 고통스러운 것일 수도 있어요. 그래서 애착에 문제가 있으면 부부 관계에서도 실망감이 크게 일어나요. 사소한 좌절을 겪고 함께 살아온 남편과 갑자기 거리를 두기도 해요. 갈등이 있으면 가까이 다가가 해결해야 하는데 거부를 합니다.

인간은 살아가면서 유대감을 계속 발전시켜야 하는데 유아기 좌절 상처와 불안 때문에 방어를 하게 돼요. 사람을 믿지 못하면 자신이 원하는 바를 정직하게 말하지도 못하고, 눈치로 맞추고 불편함을 삼키고 누르게 되면서 거리감이 생기지요. 심한 경우에는 아예 어린아이처럼 생활능력 자체가 저하돼서 스스로 책임을 못 지고 처음부터 끝까지 누군가가 보살펴줘야 해요.

애착 시기는 엄마가 필요한 걸 다 해주는 기간인데, 엄마박탈은 안정 애착을 형성하지 못하거나 애착한 엄마를 잃은 상태예요. 엄마박탈로 인해 애착에 문제가 생기면 외부 세계를 절대 탐색하지 않게 돼요. 특히 청소년기에 발병해 집 밖으로 나오지 않는 아이들이 많은데, 발병은 여러 계기로 촉발돼요. 따돌림을 당하거나 이별을 겪거나 시험에 실패해서 촉발되기도 하죠. 그런데 그건 동기이고 내재된 병리적 요소들이 맞물려 기존 방어막이 깨져 병증이 발생한 거예요. 물론 가장 근원적인 병리 요소는 영유아기의 애착실패 흔적입니다. 아이가 사춘기가 됐는데 갑자기 성적이 떨어지고, 학교에서 일이 생긴다면 빨리 심리기관에 가는 게 좋아요. 나아지겠지 하고 미루면 안 됩니다. 서둘러 전문가의 도움을 받아야 합니다.

치유의 시기를 놓치면 회복에 많은 시간이 걸립니다. 일단 증상이 생기면 아이는 외부 세계로 나아갈 힘을 잃어요. 박탈의 후유증은 아주 다양한데, 크게 전체 박탈이 있고 부분 박탈이 있어요. 절대적 의존기는 잘 넘겼는데 상대적 의존기에서 대상관계 결손이 생겨 상처 입은 것을 부분 박탈이라고 합니다. 완전 박탈은 정신의 손상 범위가 넓어요. 박탈이 있는 우울한 엄마는 아이가 옆에 있어도 애착행위를 못 받아줘요. 자기 감정을 내보이고 살아본 적이 없기 때문에 애정 표현을 마음껏 할 수 없습니다. 아이가 귀엽지도 않고 가치도 느껴지지 않아 버겁기만 해요. 이런 엄마는 양육자가 여러 번 바뀌거나 다른 데 보내져서 살다 온 경험을 가졌을 수 있습니다.

아이가 부모와 오랫동안 헤어지는 것을 견딜 수 있을 만큼 정서적으로 충분히 발달되었다면 그러한 변화로부터 어떤 혜택을 얻을 거예요. 엄마가 일을 한다고 다 잘못되는 것은 아니에요. 엄마가 일을 하되 아이와 어떤 친밀한 관계를 맺고 있는가가 중요하죠. 아이가 엄마와 하나 되는 환경을 경험하고, 엄마와 아이가 상호작용하는 것을 경험하고, 아버지와의 관계로 또 세상과의 관계로 나아가는 발달 과정을 청소년기까지 보여주는 게 도널드 위니콧의 이론입니다. 여기에 더해 애착에 대해 자세한 정보는 존 볼비의 이론을 참고하면 도움이 됩니다.

·· 성숙한 부모가 성숙한 아이를 기른다 ··

엄마와 아이 사이에서 잘 맞춰진 정서 상태는 아이의 주의를 붙잡아주고 집중력의 폭을 확장시켜요. 바라는 것을 여러 신호로 표현하면 엄마는 알아차리고 살아 있는 반응을 해주지요. 울음의 형태에 따라 다른 욕구가 충족되는 것이죠. 아이의 욕구가 낮으면 높여주고, 높으면 낮춰주는 엄마의 유연한 의사소통능력이 좋을수록 아이는 안정감을 느껴요. 그로 인해 자신과 타인을 이해하는 의사소통 기술을 얻게 돼요.

안정애착이란 결국 아이가 '엄마-아기' 이자관계를 통해 효과적인 감정 조절을 배우는 것이에요. 아이가 엄마와의 긍정적 경험을 쌓으면 감정의 조율이 가능해지고 다른 누구와도 즐거움을 나눌 수 있게 돼요. 엄마가 아이의 긍정적인 부분을 발견하고 반응해주면, 아이 역시 다른 사람에게 긍정적 영향을 끼치는 것이죠.

초기 애착 관계로 안정감 또는 불안감이 생기면 그것이 평생 지속됩니다. 우리의 정신은 성장을 위해 평생 좋은 관계를 추구해요. 또한 관계가 아무리 좋아도 깨질 수 있는데 이럴 때 대처하는 개인의 태도가 성숙과 미성숙을 결정지어요. 관계에 대한 파괴적인 통제는 초기의 불안정 애착과 관련이 높습니다. 엄마와의 소통에 실패하면 가족이든 누구든 상호주관적 관계로 통하는 마음의 문을 닫게 돼요. 살면서 결별하거나 오해받거나 거부받을 때 해결을 위한 의사소통을 하지 못하게 돼요.

관계의 갈등은 살면서 늘 일어나기 마련입니다. 하지만 의심과 두려움을 극복하고 소통하면 변화와 성장을 하게 됩니다. 이상적인 안정애착은 양육자인 엄마가 세심하게 돌보며 아이의 불안을 덜어주되 과잉보호하지 않는 것입니다. 건강한 엄마는 아이가 자라는 동안 자연스럽게 접촉했다 떨어지기를 반복하면서 적절한 반응을 보여요. 하지만 불안하고 적대적인 엄마는 자신의 두려움과 불안을 아이에게 감추기가 어려워요. 젖을 주거나 돌보는 것에 감정이 없어 보이고, 아이와 눈을 마주치지 않는 엄마들에게서 연구자들은 철수 반응을 목격했어요. 부적절하거나 세심하지 못한 양육으로 아이가 많이 칭얼거리고, 엄마의 몸에 편히 기대지 못하거나 필사적으로 안 떨어지려거나, 엄마를 밀쳐 내는 모습으로 불만족이 표현되는 장면을 수없이 목격했어요. 또는 자신의 정서적 허기 때문에 아이를 과잉보호하는 엄마는 아이에게 과도한 영향력을 행사함으로써 건강한 인성발달에 필요한 주도성이나 자발성의 자질을 고갈시키는 것을 보았죠.

애착인물의 부재가 생기면 아이는 조숙으로 대처하고 욕망이 억제됩니다. 인간관계에서 애정 표현을 마음껏 할 수 없어 거리감을 느끼며 살 수 있어요. 심리치료를 할 때도 과거에 적어도 한 번 이상 지속적인 좋은 관계 경험이 있다면 치료 예후가 좋거든요. 모성 박탈이 큰 사람도 배우자와의 친밀한 관계를 통해 우울증에서 벗어날 수 있어요. 그러나 애착 경험을 제대로 해보지 못한 사람이 유사한 박탈자를 만나면 서로 좋은 에너지를 줄 수 없어 긴장과 스트레스를 경험하기도 합니다. 서로 지지하지 못하는 사람끼리 서로를 더 힘들게 하죠.

또한 험난한 애착 관계를 경험한 사람은 지원받고 싶은 욕구를 부정하기도 해요. 믿을 수 없다, 상처받았다, 공감받지 못한다, 이해받지 못한다 등의 반응을 보입니다. 정신 병리는 여러 가지 불안정한 것들이 연속적으로 결합된 결과물이에요.

애착손상은 아이나 어른에게서 드러나는 특성이 같은데, 첫째로, 타인을 지나치게 조정하려고 해요. 이들은 자의식이 강해서 자기식대로 통제하려는 고집이 무척 세지요. 자신이 다 알고 있어야 하고, 결정해야 하고, 자신만 옳고 좋은 사람인 것 같아요. 자신에게 좋은 엄마가 없어서 느낀 내적, 외적 혼란과 절망에 대해 다시 실망을 겪지 않으려는 자기 보호방어예요. 역할전도란 주변 사람을 통제하거나 돌봄으로써 대리만족을 느끼는 것인데, 이들의 훈육은 과잉보호, 지나친 간섭과 통제 양태를 지닙니다.

두 번째 특성으로 격노가 잦습니다. 마음을 달래주는 부모가 내재되지 않아 파괴적 반응이 일어나요. 자신의 의지대로 행동해주지 않는 아이에게 좌절감을 느끼고 떨쳐버리는 돌발적 행동을 반복합니다. 엄마가 접촉을 통해서 아이의 세계에 들어가서 아이의 사고를 봐주어야 하는데 그러지 못하면 자기중심적 논리가 강해지고, 혼돈스럽고, 부정적 생각을 전환시키지 못해요. 애착장애의 유아, 청소년은 자기중심적이고, 우울하고, 공격적이고, 무기력한 모습이 두드러집니다.

안정된 애착이 기능하는 가족에는 안정된 아이가 있습니다. 안정된 엄마는 따뜻하고, 세심하고, 양육 태도가 일관적이고, 친사회적이고, 자기와 아이에 대한 현실적 지각이 정확하고, 경계가 분명하며, 실수나 좌절에 대해 인내심이 강하고, 자기반성능력이 있어 공격적 충동을 잘 억제합니다. 안정된 아이는 좌절을 겪어도 엄마로부터 위안을 얻어요.

미네소타대학의 연구에 따르면, 안정된 애착이 형성된 아이는 자긍심, 정서적 안정감, 수행능력, 주의집중력, 인내심, 이타적 배려심, 문제 해결능력, 긍정적 정서에서 높은 점수를 받았으며, 이러한 특징이 학령기를 넘어 사춘기까지 지속되었습니다. 결국 건강한 성격이란 낮은 불안, 낮은 적개심, 스트레스를 견뎌내는 자아의 강도와 탄력성, 대인관계에서 감정 조절을 할 수 있는 능력이죠. 애착이 잘된 아이는 안정감이 있어 쉽게 접촉이 되고 문제행동에 대해서도 말로 잘 달래져요. 또한 엄마와 잘 분리되어 자율성과 주도성으로 세상을 적극적으로 탐험하고요. 그런 청소년이나 어른은 자신의 고통을 좌절감 없이 드러내보이고 도움이 필요한 상태를 잘 표현해요. 힘들 때 자신을 도울 대상을 적극적으로 찾고 사랑하는 사람과 함께 있으면 기분이 좋고, 떨어지면 그리워하고 다시 만날 때 감정과 행동이 고양되죠. 이러한 설렘의 접근성은 모든 사회적 상황에 잘 적응하도록 돕고 자신의 포부를 추구하는 힘을 지속시켜요.

이들은 학교에서의 성공, 친구 관계에서의 성공, 학업성취, 운동능력, 예술적 재능, 유머감각으로 자존감이 높아요. 어려움을 겪고 있는 친구에게 공감할 줄 알고 또래로부터 사랑을 받기도 하지요. 대부분 긍정적 사건에 대한 기억이 많고, 부정적 경험에 대해 이해하는 능력이 있어 늘 사람에게 선한 동기를 부여한다고 해요. 의존이 되며 적절히 분리도 하는 부모의 감수성은 아이가 자라서 일생 동안 사랑하고 협력하고 자기를 통합하고 가치감을 발달시키는 데 매우 중요해요. 아이가 밖으로 나가 세상을 탐색하고 배우고 문제를 해결할 수 있는 것은 부모에 대한 안정감 때문입니다.

·· 불안정 애착장애 ··

엄마가 과잉보호하다가 매섭게 거절하거나, 밀착하고 있지만 상처

주기를 반복하면 불안정 애착장애가 생길 수 있습니다. 불안하고 적대감이 큰 엄마는 자신의 부정적 특성을 아이에게 투사해놓고 아이를 비난하고 모욕을 줍니다. 아이는 무서운 엄마에게 버림받거나 거부당할지 모른다는 불안이 커서 많은 애정과 관심을 요구하게 됩니다.

엄마가 안정적이지 않고 지지능력이 없으면 아이는 짧은 시간 동안에 가능한 많은 관심을 받으려고 엄마를 자극해요. 아이는 뭐든 물어보고 감정을 과장하고 상대의 반응을 지나치게 살펴요. 아이에게 혼란스러운 환경이란 예측 불가능한 엄마죠. 엄마의 초조하고 적대적인 반응에 아이는 혼란을 겪습니다. 나중에는 아예 엄마가 달래도 소용없고 엄마가 부과한 한계 '안 돼'를 수용하지 않습니다. 그러면 엄마는 화를 내면서도 아이가 원하는 것을 경계 없이 다 해주게 됩니다.

미영이는 상담에 오기 전에 끊임없이 문자를 했습니다. 선생님 저 출발했어요. 가고 있어요. 몇 분 후에 도착해요. 지금 무슨 역이에요. 도착했어요. 올라가요. 집으로 출발하면서도 계속 엄마에게 문자와 전화를 해요. 미영이의 엄마는 아이를 종일 데리고 다니다가, 더 힘있는 사람과 애착이 되면 아이를 방치했어요. 다른 사람 집에, 은행에, 카페에 두거나 아이 옆에 있어도 몇 시간씩 통화하기 일쑤였죠. 그러다가 엄마가 아이에게 집중하면 아이의 모든 것을 무섭게 통제해서 똑똑한 아이를 멍한 상태로 만들었어요.

불안정 애착장애를 가진 아이가 사춘기가 되면 또래와 어울리기는 하지만 피상적이거나 친밀감 없는 관계를 하고, 거절에 대한 공포와 적대감이 커서 그것을 또래에게 투사해 왕따의 가해자가 되거나 피해자가 돼요. 적대적인 부모와 비슷한 친구와 파트너를 선택하고 부정적인 특징을 과장하는 잘못된 인식을 가지고 있어 잦은 마찰을 일으킵니다. 더 심각한 것은 분노와 처벌을 유발하는 행동입니다. 적대심을 직간접적으로 표현해 상대를 분노케 해요.

"우리 엄마는 다중인격이에요. 화나면 물불 안 가려요. 양의 탈을 쓴 사자죠!" 이렇게 엄마를 묘사하는 창이는 갑자기 글자를 읽을 수 없는 난독 증상으로 상담을 왔습니다. 엄마는 아이에게 진정한 관심을 주지 못했고, 아이의 전부를 통제하려 했습니다. 기가 센 엄마가 무섭고 어찌 대처해야 할지 몰라서 창이는 심리적 혼란을 겪었습니다. 새벽까지 학원과 과외공부를 해야 했고 자신의 욕구나 기대를 대우해주지 않는 엄마에게 도와달라는 신호로 증상이 생긴 것입니다.

상담을 하면서 창이의 세계에 관심을 주는 양육자가 필요하다고 보았습니다. 함께 만화를 보며 낄낄대고, 블록을 쌓고 시원하게 무너트리고, 밀가루 반죽을 주물러 던지고, 보드게임으로 힘을 겨루면서 창이는 불안과 위축에서 나오게 되었죠.

·· 회피성 애착장애 ··

회피성 애착장애는 기능이 불완전한 가정 때문에 생깁니다. 의존 또는 분리에 대한 두려움 때문에 사람과 얽히지 않는 사람들이죠. 부모가 미성숙하거나 무능력하면 아이에게 자기 통제나 자기조절을 가르칠 수 없어요. 부모가 사회에 뿌리를 내리지 못하고, 과도한 회의주의와 염세주의로 아이를 양육하면 사회화에 실패할 수 있어요.

회피 유형의 엄마는 아이의 말에 세심하게 귀 기울여서 현실적으로 의사소통하지 못하고, 자녀를 아기 다루듯이 늘 지시하고 때로는 기계적으로 사무적으로 대하는 엄마예요. 이런 엄마는 자녀가 자기를 필요로 하는 것을 매우 귀찮아해요. 아이가 빨리 커서 자유롭고 싶고, 누가 대신해서 잘 키워주기를 바라요. 이런 엄마에게 아이는 자신의 불안에 대한 고통을 보여주지 못하다가 정서적 위로를 거부하는 삶을 살게 됩니다. 엄마의 따뜻한 친밀감을 원한 아이의 마음을 거절해서 아이의 정서가 억제되고 거짓 독립성이 나타난 것입니다. 즉 애정을 주지 못하고 거부한 엄마를 자기와 동일시하게 되어 얼음공주나 얼음왕자가 됩니다.

회피성 엄마가 아이를 안았을 때 멍해지고, 딴생각과 딴짓을 하며 불편해하는 특징이 심리학자들의 눈에 관찰됐어요. 이런 엄마는 우는 아기를 볼 때도 머뭇거리고 불안하고 초조해하며 아이의 반응에 일관되지 않게 행동해요. 그래서 아이가 크면 신체나 정서의 접촉을 꺼리게 되고 친밀한 관계 자체가 자기를 옭아매는 것 같아 거부하는 행동을 보입니다. 엄마로부터 지속적인 거절을 경험하면 친밀 관계를 못 견뎌 회피하는 분열성 성격이 형성돼요. 배우고 싶고, 성공하고 싶고, 관계하고 싶기도 하지만 늘 고갈될 것 같은 공포가 밀려오는데 이것은 엄마의 정서적 허기의 영향입니다.

어린 시절이 거의 기억나지 않는 것도 엄마와의 거리감 때문이에요. 움츠리고, 입을 다물고, 감정을 차단하고 머리만 쓰고, 폐쇄적이고, 음식과 안락함을 즐기지 못하고, 삶에 즐거움이 없고, 관계에 전혀 신경을 쓰지 않게 됩니다.

회피성 애착 패턴을 가진 개인은 대부분 자기애적 특성이 두드러집니다. 부적절한 엄마에게 기대하기보다 보상적인 자기에게 기댔기 때문이죠. 엄마가 도움이 되지 않다 보니 의존 필요를 부정하게 된 것이죠. 하지만 이들의 자기충족이란 착각된 방어예요. 진정한 주체적 자율성이 아닌 거죠. 회피성 아이는 부모에게 순종하지만 불안정 애착 아이처럼 혼날 만큼 가까이 가지 않아요.

내담자 중에 경계선 인격을 가진 언니와 엄마가 늘 싸우는 모습을 보고 자란 분이 있었습니다. 엄마의 관심을 전혀 받지 못한 자신과 달리 언니가 늘 엄마의 폭력과 과잉보살핌 함께 받는 모습을 보고 부러워했어요. 이분은 부부 관계를 비롯해 모든 관계가 밋밋한데 결국은 강렬하게 자신의 딸에게 엄마와 언니의 관계를 재현하더라고요.

느슨한 애착 경험을 한 경우, 성인이 돼 적극적인 인간관계 대신 무생물 대상과 잠정적 관계를 맺습니다. 예를 들어 자기애적인 사람은 어떤 대상이 자신에게 뭔가를 줄 수 있느냐 없느냐 하는 관점에서 관계를 해요. 주는 것이 많을 때 좋은 관계가 유지되지만, 유익함이 사라지면 관계가 미련 없이 끝납니다. 자신에게 호의를 베푸는 사람의 동기를 의심하는데, 상대에게 이용당해 에너지가 고갈될까봐 두려워 자신을 주는 행위를 제한해요. 관계의 중요성을 무시하면서 손해만 주장한다든지 권위대상에 대해 의존하는 정도가 낮아요.

아이가 엄마에게 지나치게 좌절당하면 자기와 대상에게서 정서적 투자를 철수하지요. 아이의 미묘한 감정과 자극에 대해 양육자의 반응이 없으면 아이는 아무것도 느낄 수 없게 됩니다. 현실에서 아예 애정을 소망하지 않게 되고 부모에게 그랬듯이 부부 관계 부모자녀 관계에서 애정을 없애버려요. 또는 안전한 환상에 의존해서 자신이 예측 가능한 경험에만 머물려 합니다.

사춘기의 핸드폰 중독이나 오락 중독은 엄마와의 몰입되고 뒤얽힌 단계로부터 자유로워져 독립된 자신만의 세계를 발견하려는 시도예요. 즉 자신의 힘을 탐색하고 대처하는 방식을 알고 싶은 거예요. 또 다른 이유는 다른 사람과 분리되어 홀로서기를 해야 하는 상황에서 충족되지 못한 정서적 애착과 안정된 지원을 갈망하기 때문이기도 하지요.

수선화 씨의 부모님은 바쁜 유명인이었습니다. 어릴 때부터 여러 사람에게 맡겨졌고 어떨 때는 부모님을 한 달에 한 번도 접촉하지 못했어요. 반면에 교육을 위한 제반 여건이나 문화환경이 풍부해서 수선화 씨는 훌륭한 전문인이 되었지요. 자기애 장애를 가진 수선화 씨는 상담에서 자신의 동기나 느낌을 배제하면서 일상생활의 외부적 요소들만 말을 해요. 타인에 대한 충분한 고려가 일어나지 않아 자기중심적인 관심만 지루하게 나열하다가 상담 시간과 에너지를 허비했어요. 고통스러운 문제를 말하면서도 정작 자신이 그 문제의 당사자라는 지각은 늘 부인되었고요. 사회적 상황에서 사건을 피상적으로 보고, 타인의 마음을 민감하게 감지 못해 오만한 말이나 행동으로 상대방의 기분을 언짢게 만들어 관계 거부를 당하고 상담에 오게 되었습니다.

그런데 겉으로 보이는 당당함과 달리 내면에서는 자기가치를 낮게 평가했고 인정받고 싶은 욕구가 많았습니다. 스트레스를 받지 않기 위해 회피로 일관했던 것 같아요. 수선화 씨는 상담을 통해 모욕이나 거절당했다고 느껴진 사건을 자신과 타자 사이의 관계차원에서 묘사했고, 자신이 왜 그 사건을 오해했는지 감정적인 확인을 하며 자신과 다른 사람의 감정에 관심을 갖는 연습을 오랫동안 했습니다. 40년간 부모에 대한 배신감으로 자신의 정서를 보지 않고 살아왔는데 이제 얼음같이 차가운 자신을 내려놓고 아이처럼 울 수 있게 되었습니다. 수선화 씨는 사람들이 자신과 다른 행동을 할 때 상대방이 그렇게 행동하는 객관적인 이유를 이해할 수 있게 되면서 비로소 자신의 분노를 멈추게 되었지요.

·· 혼란형 애착장애 ··

혼란형 애착장애는 방치나 학대 경험이 있는 아이에게서 나타납니다. 애착욕구를 도외시하는 엄마로 인해 아이가 큰 혼란과 불안을 경험한 것입니다. 혼란형 아이는 혼자서 제멋대로 행동하고, 자발적으로 무서운 상황을 찾아가서 자신을 다치게 하고 위험에 빠지게 해요. 이 모든 게 아이의 강한 추진력으로 일어나지만 고통스러운 경험을 겪어도 아이는 아무것도 배울 수가 없어요. 부모의 분노와 적대적인 태도가 자기를 불신하거나 처벌하기 위한 것이라는 생각이 정신에 자리 잡은 결과예요.

몇 년 전에 혼란형 애착장애를 겪는 아이를 치료한 적이 있습니다. 아이는 계단 난간을 타고 내려가다가 고꾸라지고, 지하철이나 버스를 타고 정처 없이 다니다 경찰의 신고로 돌아오고, 타잔 흉내를 내며 나무에서 뛰어내려 다리가 부러지고, 연못이나 저수지에 빠지고, 고양이나 강아지의 꼬리를 빼서 주변 사람들을 놀라게 했습니다.

엄마 또한 아이를 놀라게 하고 위협하는 일을 반복해왔습니다. 그런 학대가 악화되면 반사회적 인격장애, 중독, 섭식장애, 경계선 인격장애 같은 자신의 감정에만 몰두하는 질병이 생깁니다. 성인이 되어 힘들 때 안정을 찾고자 오히려 공포를 주는 대상을 찾기도 합니다. 학대하지 않는 사람이 생소하고 학대하는 사람이 편하기 때문입니다.

이런 아이는 치료를 받지 못하면 품행장애에서 반사회적 성격장애로 나아갈 수 있습니다. 규칙, 규범을 지키지 못하고 위법한 행동을 반복하고, 이익을 위해 거짓말하고 타인을 속이기 위해 기만적인 행동을 합니다. 계획을 세우는 것이 불가능할 정도로 충동적이고, 폭력에서 과잉 흥분이나 공격성이 드러나기도 하고, 자신이나 타인의 안전을 무시하는 무모성을 보입니다. 성인이 되어서는 일정한 직업을 갖지 못하고 채무를 해결하지 못하는 등 무책임한 모습을 보이기도 합니다. 또한 타인에게 상처를 입혀도 합리화하는 양상이 큽니다.

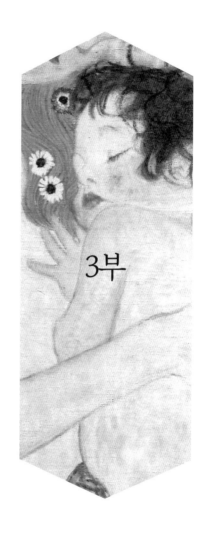

3부

· 11강 ·

대상
항상성

·· 엄마가 사라져도 늘 함께해준다는 느낌 ··

감각을 통해 감지하지 않고도 대상의 존재를 느끼는 대상 항상성은 충분한 의존 체험의 주요 결실입니다. 여기서 대상은 엄마를 의미하며 엄마가 변형되거나 상실되지 않고 아이의 정신에 내면화돼 내적 대상 으로 자리 잡으면 그때부터 아이는 엄마가 일정 기간 눈에 보이지 않아 도 엄마가 상실되지 않고 존재한다고 느끼며 살 수 있어요. 대상 항상성 이 형성되면 아이는 외부 대상과 안정된 관계를 오래 맺을 수 있어요. 불쾌한 경험을 겪어도 견뎌내면서 대상과 지속적인 신뢰를 쌓을 수 있 는 능력도 대상 항상성에서 나와요.

미국의 심리학자 하로우와 수오미는 애착이 동물의 삶에 결정적 영향을 미친다는 것을 실험으로 증명했습니다. 갓 태어난 침팬지를 어미와 격리시켜 우유를 주면서 모조 어미 침팬지가 있는 울타리에 넣었습니다. 모조 침팬지 중 하나는 철사로 만들었고, 다른 하나는 보드라운 우단 헝겊으로 만들었습니다. 새끼 침팬지는 배가 고파도 우유병이 꽂혀 있는 철사 어미에게 가지 않고, 우단 어미에게 안겼습니다. 이 연구로 포근함이 젖 못지않게 중요하다는 걸 알게 되었어요. 또한 어릴 때 어미와 격리돼 성장한 침팬지는 무리와 잘 사귀지 못하고 암놈에게 구애행동도 하지 못했습니다.

결국 어미에게 포근한 사랑을 받지 못하면 동물이나 인간이나 불행한 결과가 생긴다는 것입니다. 대상 항상성은 온전한 애착 관계의 결실이기도 합니다. 부모 자식 사이의 튼튼한 애착은 건강한 인간으로 성장하는 데 필수 자원입니다. 대상 항상성은 엄마를 향한 유아의 깨지지 않는 안정된 관계 경험을 뜻합니다.

애착에 실패한 사람은 자신의 정서를 조절하는 것이 불가능합니다. 그래서 정서를 조절해주는 대상에 과몰입하거나 이를 술이나 다른 중독으로 대체하기도 해요. 하지만 그것은 대리물에 불과해요. 유아기에 애착 관계가 온전히 형성되면 '대상'에 대한 좋은 기억이 내면에 안정되게 자리 잡아 안정된 관계 욕구와 활동이 연속해서 일어나요. 성인의 경우도 대상 항상성을 보충하려면 지속적이고 안정된 애착 경험이 필요합니다. 어릴 때 부모로부터 애착 관계를 거부당한 사람은 커서도 인간관계에 회피적일 수밖에 없어요. 갈등이 일어나는 긴장 상황에서 무시나 공격당하는 느낌을 극복하고, 타인을 따뜻한 마음으로 받아들이려면 자신의 정신에 자부심을 유지시키는 항상된 내적 대상이 있어야 해요.

그런데 애착 실패로 인해 대상 항상성이 결여되면 대상에 대한 지각과 느낌이 상황에 따라 바뀝니다. 과거에 매우 친한 관계였어도 일단 헤어졌다가 다시 만나면 과거와 같은 상태로 이어지지 않아요. 겉으로는 어쩔 수 없이 가까운 태도를 유지하는데, 속은 낯설게 느끼는 어색한 관계가 됩니다. 애착 관계에 실패한 사람은 상대가 호의를 갖고 접근할 때마다 여러 구실로 물러납니다. 즉 사랑하는 법도 사랑받는 법도 모르는 사람이 되지요.

영희는 상담자를 만나는 첫 순간부터 애정을 퍼부었어요. 매일 상담에 올 수 없냐며, 선생님을 사랑해서 보고 싶을 거라고 말예요. 자신에게 친절한 사람에게 경계를 내려놓고 맹목적 신뢰를 주는 행동은 사교적으로 느껴질 수 있지만 피상적인 거예요. 영희는 아주 작은 것에 마음이 상하면 아기처럼 잘 토라지고 오랫동안 주변인을 힘들게 했습니다.

대상 항상성이 부족한 아이는 사람을 믿지 못해서 역기능적인 주도성이 높아 상황을 주도하려는 고집이 세고, 사람을 밀어내는 행동으로 가까워지는 것에 대한 두려움을 강렬히 드러냅니다. 그렇기 때문에 의미 있는 상호작용과 더불어 시간과 공간에 대해 규칙을 부여해 안정감을 획득하도록 돕는 것이 중요합니다. 쉬운 말로 표현하자면 시간 약속이나 상담실에서 할 수 있는 것과 해서는 안 되는 행동을 잘 알려주는 것입니다. 하지만 충동 조절이 안 되는 영희는 크고 작은 한계를 지우는 상황을 거부나 공격으로 느껴 서운해했습니다.

영희는 첫 상담이 끝나자마자 상담실에서 놀았던 게임 도구를 사달라고 엄마에게 졸랐습니다. 보통의 건강한 엄마는 아이의 무리한 요구를 상담자에게 알리고 어떻게 대처해야 하는지 물어요. 그러나 애착에 문제가 있는 엄마는 아이의 환심을 사기 위해 현실적 판단 없이 사 주고 맙니다. 반대로 아이를 비난하고 거부하는 행동도 아이에게 도움이 되지 않습니다. 상담실 안과 밖의 경험에는 반드시 경계가 있어요. 규칙의 선을 지우려는 행동을 잘 관리해주어야 충동을 조절하고 현실에 적응할 수 있습니다.

상담자는 아이가 놀이를 통해 자신의 유능감과 확신감을 갖도록 지원해야 합니다. 순수한 자기 능력을 발휘하도록 침범이 아닌 개입을 해주고, 기쁨을 함께 느끼면 아이에게 결핍된 돌봄의 포근함을 줄 수 있어요. 이런 일관성 있는 양육은 결코 쉽지 않습니다. 시간이 많이 필요합니다. 대상 항상성은 생후 만 3년에 걸쳐 형성됩니다. 하지만 그것은 삶전체에 걸쳐 지속되는 존재연속성이기도 합니다. 아이에게 대상 항상성은 엄마가 모성적 자원을 유지하면서도 고립감 없이 자신을 분리시켜주고, 필요할 때 도움을 주고받는 대상을 경험하는 것입니다.

· 12강 ·

환상에 대하여

전능환상
·
중간영역
중간대상

·· 보복당하지 않으리라는 믿음 ··

엄마가 외부 자극을 완화시켜주는 좋은 돌봄을 제공하지 않으면 아이의 내면에서 파괴욕동이 치솟습니다. 그러면 자기가 깨지는 공포를 느껴요. 태어나는 순간부터 만 3세까지 아이는 내부에서 솟는 생리심리적 자극과 외부에서 침투하는 자극을 적절히 소화하고 조율하는 자아기능이 아직 발달되어 있지 않습니다. 그로인해 파괴욕동과 불안 요소를 정신 내부에 계속 간직하는 게 부담스럽습니다. 그래서 내면의 온갖 나쁜 것을 외부 대상에 자연스럽게 투사합니다.

아이가 소화하지 못한 이 투사 내용물을 양육자가 대신 처리해주지 못하면 심신에 문제가 생깁니다. 그래서 엄마는 아이가 투사하는 불안과 공격성을 품어주는 역할을 하지요. 엄마는 그렇게 품어낸 내용물을 아이가 감당할 수 있는 것으로 부드럽게 변형시켜 되돌려줍니다.

그런데 엄마가 품어주지 못하거나 외면하면, 아이의 불안 요소와 파괴성은 아이에게 되돌아와 무의식으로 들어갑니다. 그 결과로 아이는 반복되는 박해불안에 평생 시달리게 됩니다. 개인의 정신 역량은 이처럼 어릴 때 겪은 환경에 의해 상당 부분 좌우됩니다. 즉 엄마라는 환경이죠. 부정적 자극을 긍정적 경험 요소로 변환시키는 놀라운 힘은 최초 환경인 엄마가 아이의 정신적 힘듦을 대신 담아내 부드럽게 처리해주었는가, 엄마의 성숙된 정신 기능을 아이가 흡수내면화하는 데 기여했는가에 의해 이루어집니다. 타고난다고 정신능력이 현실에서 저절로 발현되지 않습니다. 좋은 환경이 매개되지 않으면 능력 발현이 안 됩니다.

박해망상이나 박해불안은 자신을 둘러싼 환경이 두렵게 지각되어 아무것도 할 수 없다고 느끼는 것입니다. 진정한 자기(true self)가 발현되기 위해서는 타고난 공격성이 자연스레 표현되고 양육자에게 수용되어야 해요. 유아는 짜증을 낸다든지, 깨물고, 버둥거리는 등 굉장히 다양한 방식으로 공격성을 표출해요. 이때 아이가 불안과 공격성을 거칠게 표현해도 엄마는 자연스런 욕구 표현으로 이해하고, 많이 보복하지 않고, 사랑으로 버텨줘야 해요. 그러면 아이는 자기로부터 나온 모든 것을 소중히 느껴 자존감이 형성됩니다.

그러면 자기 욕구를 있는 그대로 표현해도 환경에 의해 보복당하지 않는다는 신뢰감과 안전감, 나는 대단한 존재라고 느끼는 자아전능환상을 충분히 맛보게 돼요. 즉 타고난 공격성이 파괴 충동이 아닌 세상을 향한 창조적 자기표현 욕구로 전환됩니다. 어떤 이유에서든 아이는 자기의 불안을 품어주는 엄마를 경험하지 못하면 만성 불안을 지니게 됩니다. 엄마는 그런 아이를 보고 불안해지고, 엄마가 불안하면 아이가 또 불안해지는 악순환이 이어집니다.

·· 전능환상은 창조성으로 이어진다 ··

아이에게는 뭐든지 된다, 할 수 있다는 착각이 유지되어야 해요. 그게 전능환상입니다. 전능환상이 충족되어야 자신감이 자리를 잡습니다. 이것이 없으면 아이가 엄마로부터 분리될 때 아무것도 할 수 없는 자기 상태가 모욕으로 지각돼요. 자존감에 구멍이 생기면 평생 아무것도 할 수 없다는 무력감을 경험하게 됩니다.

아이가 행복감을 느낄 때 나타나는 주관적 환상과 믿음의 세계를 엄마가 어느 기간 동안은 보호해줘야 합니다. 그런데 주 양육자가 자주 바뀌거나 엄마가 부재하거나, 있어도 아이가 느낄 수 없는 형태로 존재한다면 아이는 자신이 대단한 존재이고, 세상은 자신에게 우호적이고 안전한 무엇이라는 믿음에 커다란 구멍이 납니다. 절대적 의존기의 아이는 엄마를 전능한 신으로 지각해요. 상대적 의존기에서야 아이는 엄마에 대해 조금씩 실망할 수 있어요. 처음에 엄마를 신으로 경험해야 나중에 있는 그대로의 엄마를 사랑할 수 있게 돼요.

엄마에 대해 점차 객관적으로 지각하는 것입니다. 이 과정을 생략하거나 단축해서 현실 적응을 아이에게 너무 일찍 강요하면 자존감에 상처를 입습니다. 그때 조숙한 인격이 만들어져요. 아이에게는 현실 적응을 강조하기 전에 환상 세계를 의미 있게 경험하도록 도와야 해요. 전능 환상을 건너뛰고 현실로 간 아이는, 자신의 바람과 무관하게 움직이는 거대하고 냉엄한 현실에 위축되어 거짓자기로 적응합니다.

그러면 잔머리로 공부를 잘할 수 있으나 창조성을 쓸 수가 없어요. 창조성이 없는 사람에게는 먹고사는 뻔한 현실만 있어요. 상상력이 없으면 사물이든 사람이든 피상적으로 보며 현실 세계가 고정되어 있어 변화시킬 수 없다고 생각해요. 현실은 바위처럼 움직이지 않아서 내가 거기에 맞추어야 한다고 생각하죠. 인생에서 순응과 동조만 일어날 뿐입니다. 현실이 잘못되어도 변화를 위해 아무런 노력을 하지 않게 됩니다. 환상 세계가 살아 있어야 창조성도 생깁니다.

그리고 환상은 현실과 동떨어진 게 아니고 조화롭게 연결된 주관-객관 공존 상태입니다. 창조능력을 가지면 현실 세계가 의미 있게 느껴져 적극적으로 더 좋게 바꿔볼 기대로 신이 납니다. 현실로 나오지 못하고 환상에만 머무는 경우도 있는데, 상처로 인한 공상 상태가 그렇다고 이미 설명했습니다. 공상 상태에서는 아주 기본적인 지각만 하고 현실을 살기에 대부분의 정신 기능들을 온전히 사용하지 못해요. 창조적 상상력이 죽어서 현실에서 신선한 의미를 발견할 수 없게 됩니다.

·· 엄마가 먼저 분리되어야 한다 ··

환상영역은 일차적으로 엄마와 결부되어 있어요. 예를 들어 엄마하고 접촉이 안 되면 세상은 내 것이 아닌 거예요. 엄마가 건강할 때 아이는 충만한 전능환상을 경험하는데, 엄마가 건강하지 못하면 전능환상 대신 환멸을 경험해요. 엄마 안에서 희망을 경험한 아이는 세상에서도 늘 희망 속에 있습니다. 전능환상은 살아 있는 생기로 새로운 이미지를 만들어 즐기면서 뭐든지 할 수 있는 주인공이 되는 거예요. 또한 심리적 삶은 일차적 자기애에서 벗어나면서 시작되는데요. 엄마가 아이의 자기애 욕구를 점차 좌절시키는 불가피한 실패에 의해 좌절의 고통을 감당해내려 애써가는 과정에서 자아의 발달이 이루어집니다.

엄마가 아이에게 몰입해서 전능환상을 유지시켜주는 좋은 융합 경험도 필요하지만, 상대적 의존기에는 엄마가 아이의 욕구를 채워주는 데 점진적으로 실패해야 아이의 정신이 발달합니다. 절대적 의존기의 과제가 좋은 공생이라면, 상대적 의존기에는 점진적인 분리 과정이 심리적 과제입니다. 좋은 의존과 좋은 분리를 같이 해내야 인격이 통합돼요.

상대적 의존기부터 점진적 좌절을 주면, 엄마와 분리되는 공백을 해결하기 위해 아이는 새로운 환상놀이를 통해 현실을 감당해냅니다. 그렇게 아이의 정신발달은 전능환상의 포기와 중간환상의 복구로 이루어져요. 전능환상 자리에 그것을 대체하는 새로운 환상 영역이 생겨나는 건데, 이 환상 영역은 자존감 유지와 자율성 발달에 매우 중요한 기능을 합니다. 전능환상 자리에 새로운 놀이 환상이 발달되는 건 그 자리에 엄마를 대체하는 제3의 대상을 만들어 심리적 결핍을 보충하려는 겁니다.

만약에 엄마가 유아기 분리개별화 과정에 실패한 사람이라면, 이 시기에 아이의 정서 취약성을 자극하면서 아이와 정신적, 신체적으로 분리를 좀처럼 안 해줍니다. 유아에게 전능환상 경험 기회를 주는 것은 엄마가 아이에게 거의 완벽히 맞추어주는 상태예요. 이게 엄마의 첫 번째 기능이라면, 두 번째 기능은 유아가 자기 아닌 대상에 대한 지각을 획득하기 위해 엄마로부터 점차 분리해나가도록 허용해주는 것입니다. 아이는 엄마로부터 스스로 분리하지 못하기 때문에 엄마가 먼저 시작해야 해요. 그런데 많은 분이 분리를 아이만의 문제로 착각해요. 절대적 의존기에 좋은 엄마 경험이 내면화되면 그것을 토대로 엄마로부터의 분리가 순조롭게 이루어져요.

다시 말하지만 엄마가 점진적 좌절을 주면 아이는 모성적 돌봄이 부족할 때 자아 기능을 발달시켜 엄마 결핍을 스스로 해결합니다. 그런데 엄마 자신이 분리에 문제가 있으면 과잉보호를 하면서 아이를 분리발달시키지 못하는 문제가 생기는 거예요. 아이가 젖 떼고 난 다음부터는 욕구를 얼마간 지연시킬 수 있어요. 엄마가 아이를 적절히 좌절시키며, 기다리게 하고 충족시켜주는 일은 자연스럽습니다.

점진적 실패는 아이에게 상처가 되지 않아요. 심한 좌절은 환멸을 체험하게 하지만 적절한 좌절은 엄마가 이내 복구하는 제스처를 보내기 때문에 환멸스런 좌절은 아닌 거예요. 상대적 의존기에 아이는 욕구만족을 더 오래 지연시킬 수 있는데 엄마 또한 스스로 조절하려는 아이의 능력이 닿는 데까지 좌절시켜 아이의 기다리는 능력을 발달시켜요.

·· 주도성을 뺏는 나쁜 엄마 ··

엄마의 적응해주는 행동에 의해 아이의 욕구가 충족되면, 아이 안에 창조적 힘이 생깁니다. 건강한 엄마는 자기 생각을 결코 절대화하지 않습니다. 아이와의 관계가 상호적이기 때문에 아이의 주도성이 피어날 수 있는 공간을 마련해주죠. 음식이든 장난감이든 좋은 것을 줄 때도 손에 직접 쥐어주기보다 아이가 탐구하다가 찾을 수 있는 거리에 놓아주는 거죠.

그런데 엄마의 생각이 너무 절대적이면 아이는 주체적일 수 없죠. '내 생각이 절대로 맞아' 하는 엄마의 마술을 아이가 빈번히 경험하면 두려움을 느껴요. 자신은 아무것도 할 수 없는 사람이 되고, 엄마는 마녀이고 동시에 마술사가 된다고 위니콧이 말했어요. 위험한 마녀 엄마는 아이를 영구적 융합 상태에 머물러 있게 하거나 발달을 못하게 해요. 이런 엄마는 아이를 손바닥위에 올려놓고 아이 자신보다 엄마가 월등히 잘 안다고 강조해요. 그러면 아이의 개성이나 독자성은 짓밟히고 주도성을 뺏깁니다.

위니콧은 아이의 주도성을 뺏는 엄마를 나쁜 엄마라고 했어요. 가장 나쁜 도둑질이 아이의 주도성과 자발성, 창조성을 훔치는 것임을 강조했죠. 엄마가 모든 것을 다 잘 알고 있다고 생각하면 아이가 잘해도 인정해줄 게 없잖아요. 엄마가 아이의 고유성을 인정하지 않으면 너와 나의 구분이 없는 침범이 돼요. 엄마한테 좋은 게 아이한테도 좋다는 건 굉장한 착각이에요. 그러면 개성과 창조성을 사용하지 못한 채 물러나는 '역할전도'가 일어나요. 삶에서 내가 주인공이어야 하는데 엄마가 그 자리에 들어와 있고, 도리어 엄마를 걱정하고 염려하고 돌보는 삶을 사는 게 역할전도예요. 아이의 정신이 엄마의 욕구로 가득 차 있는 거죠. 자기애적인 엄마는 아이가 보고 느끼는 걸 하찮게 여기거나 부인해요.

아이가 지각한 것을 엄마가 부인하는 일이 자주 일어나면 아이의 인지기능이 축소되고 혼란이 생깁니다. 자신의 지각을 신뢰할 수 없게 되고, 호기심을 사용하지 못하면서 상처를 입게 돼요. 너무 센 엄마를 경험하면, 자신의 지각에 대한 엄마의 반응을 전적으로 수용할 수도 없고 거부할 수도 없는 모순에 갇힙니다. 모순 속에 갇힌 사람은 안 되는 것과 되는 것을 하나로 통합하지 못한 채 동시에 생각하고 행동하는 강박구조에 갇히게 됩니다.

지수는 지능검사에서 언어성 지능은 최우수였지만 동작성 지능은 평균보다 낮은 아이였어요. 무슨 뜻이냐면 과잉학습으로 주입된 지식의 양은 많지만 자율적으로 판단하고 실질적 문제를 해결하는 보편 상식이 부족하다는 뜻입니다. 쉬운 말로 사회성이 부족하다는 뜻이죠. 지수는 관계 안에서 자기 감정을 처리하고 표현하는 것이 미성숙하고, 버릇없는 행동을 해서 주변인들을 짜증나게 했지요. 예를 들면 교실에서 떠들어 선생님이 나오라고 해도 나가지 않는다든지, 도우미 아주머니나 아파트 경비 아저씨께 무시하는 말이나 행동을 해서 혼이 났어요. 자신이 친구에게 짜증내듯 어른에게 버릇없는 행동을 하면 어떤 불이익이 오는지 알지 못했던 거죠. 잔머리를 굴릴 만큼 규범이 내면화되지 못해 협동해야 할 시간에 딴청 부리고, 산수 시간에 선생님이 사과로 예를 들어 질문하면 "저는 사과 안 좋아해요"라고 대답해서 아이들이 박장대소했죠.

지수 엄마는 모성적 공감이 많이 부족했습니다. 아이의 내면을 볼 줄 몰랐죠. 엄마와의 의사소통이나 정서소통이 단절되면 아이는 상식이 내면화되지 않아요. 엄마와의 상호작용에서 오는 누적된 경험이 동작성 지능입니다. 위니콧은 엄마의 돌봄 실패가 일정 시간 내에 교정되지 않으면 아이가 박탈 상태가 된다고 했어요. 아이가 견뎌낼 수 있는 한계를 넘어서면 인격의 손상을 일으킵니다. 자기애 인격구조가 여기에 속해요. 엄마가 좌절을 못 주거나 너무 심한 좌절을 주면, 전능환상에서 못 내려와요. 과대자기 상태가 수정되지 않으면 인격화에 실패를 합니다. 그래서 엄마가 아이에게 잘해주면서도 한계를 줘야하는 거죠. 박탈된 아이는 돌봄 실패만 겪는 게 아닙니다. 영원히 교정되지 않을 실패이기 때문에 박탈이라는 겁니다.

·· 상상과 현실을 이어주는 중간영역 ··

전능환상에 대해 설명했는데, 이제 유아의 정신발달에 중요 기능을 하는, 위니콧이 발견해낸 현대정신분석학계에서 주목받는 매력적인 환상영역에 대해 얘기해볼게요. 위니콧은 이 환상의 영역을 주관 세계에서 객관 세계로 넘어가는 중간영역(transitional stage)이라고 했습니다. 주관과 객관이 혼재된 이곳에서 심리적으로 창조되는 대상을 중간대상(transitional object)이라고 합니다. 이 영역은 폭넓은 심리적 공간이에요. 우리의 모든 잠재능력이 그 안에 있습니다. 삶의 영역이면서 창조적 놀이의 공간이고 문화의 영역이에요. 주관적 영역이 전능환상 경험이고 객관적 영역이 현실이라면, 그 사이에 주관적 환상과 객관적 현실이 혼합된 제3의 정신 세계가 있다는 거예요. 이 중간영역이 주관적 상상계와 객관적 현실을 불안하지 않게 연결해주는 역할을 해요.

비슷한 예로 우리는 현실에 살지만 꿈도 꾸잖아요. 꿈은 현실과 단절된 공상영역이 아니고, 현실을 반영하는 환상영역입니다. 엄마는 아이가 살아가면서 겪게 될 변화에 적응하도록 매개 역할을 해줘요. 따라서 환상내용, 환상영역 역시 엄마와 뗄 수 없어요. 위니콧은 중간영역이 형성되는 심리적 조건이 엄마 환경에 대한 신뢰라고 했어요. 그래야 안심하고 엄마 외 대상에 관심과 호기심 그리고 놀이와 상상력의 발휘가 일어납니다.

TV에서 보니 4세 된 아이가 음식을 거부하는데 특정 채소를 뱉어내 엄마를 곤란하게 하더라고요. 엄마가 전문가의 도움을 받아 감각놀이로 야채와 친구를 맺어주고, 아이가 먹기 좋은 모양과 맛으로 음식을 해주니 아이가 기쁘게 먹었어요. 이러한 보살핌이 없다면, 아이는 주관성의 세계에서 객관성의 세계로 넘어가지 못해요. 엄마는 아이가 여러 가지 변화에 잘 적응할 수 있도록 돕고, 아이가 전능환상에서 단계적으로 나올 수 있도록 인도해요. 엄마 외 대상에 대한 관심과 호기심 그리고 놀이와 상상력의 발휘가 중간현상이에요.

침범하지 않는 엄마는 아이가 그 세계로 나아가도록 징검다리 역할을 해줍니다. 이 중간영역은 정신건강을 위해 꼭 있어야 해요. 이 영역이 살아 있어야 시도 쓰고, 춤도 추고, 그림도 그리고, 놀고, 연애도 하고, 신에게 기도할 수 있습니다. 개인차는 있지만 중간영역은 4개월에서 12개월부터 시작돼서 평생 지속돼요. 중간영역은 현실에 뿌리를 내리고 있으면서 환상에 열려 있고, 환상에 뿌리를 두면서도 현실에 열려 있는 공간이에요. 엄마랑 아이가 융합 상태에 있다가 분리할 때 안전성이 보장되지 않는 틈이 생기죠. 그 틈을 메우기 위해 중간대상을 만들어 버티는 거예요.

아이가 좋아하며 품고 다니는 인형이 중간대상이에요. 그런 인형을 생겼다면 엄마와의 분리가 시작됐다는 신호입니다. 엄마와의 융합 상태에서 벗어나는 분리의 두려움을 다루기 위해, 엄마와 내가 하나가 아니며 다르다는, 엄마가 내 맘대로 통제 안 되는 대상이라는 현실을 감당할 수 있게 만드는 제3의 대상이 생겨난 거예요. 어렸을 때 낮잠을 자다 일어났을 때 엄마가 없으면 무서웠죠. 이럴 때 친근한 이불이나 인형이 있으면 엄마 대신 함께 있어주는 든든한 무엇이 됩니다. 중간대상이 없는 아이는 엄마가 없을 때 불안에 압도됩니다.

중간영역이 없어서 엄마랑 아예 분리가 안 되는 아이도 있어요. 나중에 현실에 지나치게 동화된 무미건조한 사람이 될 수 있습니다. 중간영역을 자신이 원하는 중간대상으로 채우는 것이 가능한 아이는, 그 안에서 다른 사람과 어울리는 능력도 기르고 동시에 혼자 있는 능력을 기르게 돼요.

절대적 의존기에 부족함 없는 지원을 받다가 상대적 의존기인 분리 개별화 시기가 되면 완벽한 만족감이 줄어들죠. 그때 불안전감을 보충해주고, 결핍된 환경을 좋은 것으로 바꾸기 위해서 중간영역이 출현합니다. 그래서 중간영역은 온전히 독립된 인격으로 성장하기 위해 출현하는 과도기 영역인 거예요. 목표는 엄마로부터의 분리 독립이자 세상 밖으로 나가는 거예요.

위니콧 이론의 중심에 창조성이 있는데 창조성은 예술가만의 것이 아니고 살아가는 행위 자체에 내재된 보편성이에요. 보이는 모든 것, 관계하는 모든 것을 신선하게 바라보는 것이 창조성이에요. 창조성은 다양한 방식으로 사람을 만나고 경험하고 많은 시도를 하는 거예요. 삶의 기술을 습득하는 과정 자체가 창조성이죠.

아이가 자전거를 배울 때 넘어져도 다시 시도하는 것을 위니콧은 창조적 충동이라고 했어요. 아이는 전능환상 경험에 기반해 창조성을 발달시켜요. '나는 할 수 있다'는 전능환상이 현실에서 실제로 일어나는 일이 반복돼야 아이의 상상력이 풍요로워집니다. 그 상상력으로 만들어내는 첫 번째가 중간대상이에요. 엄마를 대체하는 그것은 환상을 머금은 곰인형, 베개, 이불, 젖병, 손수건일 수 있어요. 아이마다 달라요. 자기 신체나 엄마 신체처럼 구체적 실체감을 주는 대상일수록 중간대상 역할로 좋아요.

엄마가 아이를 분리시킬 때 당장은 불안하고 무서우니까 중간대상이 있어야 하죠. 중간대상은 엄마랑 관계가 좋은 조건일 때 발생해요. 엄마와 자신이 신체적으로 정신적으로 분리된 존재라는 것을 깨닫고, 엄마를 놓아주기 위해 애쓰는 동안 안정감을 찾기 위해 중간대상을 만드는 거예요. 아이한테 현실은 자기가 창조하든 안 하든 존재하는 거잖아요.

자신이 없어도 현실이 잘 돌아간다는 사실은 아이에게 모욕으로 지각되기도 합니다. 그런 현실에서 자신의 존재감을 느끼게 하는 힘은 중간대상 경험에서 나옵니다.

인격의 성숙은 나 아닌 세계를 수용하는 과정에서 일어나죠. 정신은 너와 나, 둘만의 융합된 관계에서 나와 다른 수많은 타자와 관계 맺는 차원으로 발달합니다. 아이가 엄마와 지나치게 가까우면 이런 발달이 발생되지 않거나 지연됩니다.

중간영역과 중간대상은 환상과 현실의 간극을 연결하기 위해서 존재해요. 아이는 중간대상 경험을 하는 시기에 상징화 능력이 생깁니다. 이것은 소중한 발달성취능력입니다. 곰인형은 아이한테 엄마를 대리하는 상징이잖아요. 상징화 능력의 성취는 나이를 먹는다고 생기는 게 아니고 엄마와 애착이 되고 엄마와 분리가 되는 과정에서 생성되고 발달합니다. 상징은 이것과 저것을 연결시켜주는 의미와 기능을 지닙니다. 중간영역과 중간대상도 아이의 주관적 환상계를 외부 세계와 연결시켜주는 기능이 있습니다.

중간대상은 반은 엄마를 생각나게 하고, 반은 엄마 없이 잘 놀 수 있게 엄마의 중요성을 잊게 하죠. 애완인형은 항상 들고 다니는 환상의 상징 대상이에요. 곰인형은 아이한테 살아 있는 대상이에요. 그 자체의 성격과 결을 가지고 엄마 대신 대화할 수 있는 대상인 것입니다. 그리고 곰인형은 보듬어지고 보살핌받기를 원하는 자기와 엄마를 표상하는 것이고요. 곰인형에게 자신의 불안과 적대감을 투사하고 만족을 경험하면서, 편안하게 능동적인 사람으로 발달해가는 것입니다.

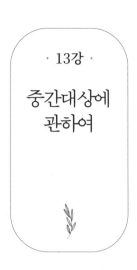

·· 건강한 아이는 상상력으로 불안을 극복한다 ··

상징적 사고는 일련의 중요한 발달 관문을 힘들게 통과해야 성취할
수 있는 대단한 능력이랍니다. 아이는 엄마를 상징하는 대리물을 만들
면서 상징화 경험을 해나가요. 상징화 활동에 의해 창조된 중간대상은
아이한테 그 대상이 겉으로 보이는 것과는 근본적으로 다른 상징물로
경험됩니다. 아이가 안고 온기로 다독이는 인형은, 엄마에 대해 좌절됐
지만 충족되길 바라는 따뜻하고 친밀한 엄마의 모습이 투사된 환상대
상인 동시에 현실대상이에요. 엄마의 피부, 체온, 응시, 품 등이 중간대
상과 아이 관계에 모두 반영되어 있어요. 곰인형은 실제 엄마를 엄마상
징물로 연결시키는 대상일 뿐만 아니라, 실제 엄마로부터 미래 남편이

나 아내에게로 가는 것을 매개하는 환상대상이에요. 세상과 연결시켜 주는 주관적인 동시에 객관성을 지닌 대상인 겁니다.

건강한 아이는 상상력으로 중간대상을 만들어 불안을 극복합니다. 그런데 만성적으로 우울하고 박탈된 아이는 상상력을 사용하는 데 어려움을 겪습니다. 상상력이 없는 아이는 놀이가 빈약하고, 흥도 없고, 놀이에 지속성이 없어요. 놀이에는 아이의 운동성과 현실감각이 투입되는데 책만 읽는 아이는 사고하고만 마주하죠.

아이는 포대기, 인형, 옷깃, 부드러운 것의 모서리, 털, 담요, 천, 보푸라기, 베개, 끈, 말이나 운율 등을 중간대상으로 사용합니다. 엄마가 전해주는 반복되는 동화도 중간대상일 수 있어요. 아이는 불안할 때 이런 특별한 물건에 애착을 보이죠. 자신의 감정을 그것에 투사했기 때문에 자신의 연장(extension)으로 지각해요.

중간대상은 갑자기 만들어지는 게 아니고 전조가 있어요. 아이가 손가락이나 주먹을 빨고, 엄마의 머리카락을 만지고, 귓불을 만지고, 엄마와 자신의 신체로부터 위안을 받는 게 먼저입니다. 중간대상 활동은 아이가 엄마와 잠깐 헤어질 때 대상을 상실하는 우울이나 불안에 대한 방어로 사용되므로 건강한 신호로 봐요. 엄마를 연상시키는 부드럽고 폭신한 대상인 거죠.

또한 이런 물건은 밀도가 있어야 해요. 아이가 흔들고 빨고 잡아당기고 던졌을 때 파괴되지 않고 원상태로 있어야 하거든요. 그래야 아이가 대상의 현실성을 경험합니다. 움직임도 가능해야 하고 뻣뻣하면 안 돼요. 심리적 생동감을 보이면서 고유성을 지녀야 하죠. 달래주고 안심시켜주는 기능이라서 촉감과 냄새도 중요해요. 그리고 중간대상은 아이가 취한 단어로 이름을 갖게 돼요. 아이가 마음껏 사용할 수 있는 최초 소유물이잖아요. 그래서 잃게 되면 상처를 받습니다. 엄마 마음대로 없애거나 변형시키면 안 돼요.

건강한 엄마는 그것이 아이한테 가치 있고 중요하니까 늘 어디든지 가지고 다닐 수 있게 허락하죠. 이런 특정 물건에 대한 필요나 행동은 나이가 들어서도 전에 받았던 사랑을 박탈당할 때 변형 또는 전치돼 다시 사용돼요. 자아가 일시적으로 해체되는 불안 경험을 할 때 중간대상이 다시 필요해집니다. 중요 대상과 사별이나 이별이나 좌절할 때 중간대상이 도움이 되어 현실을 인정하고 애도해 새로운 경험으로 나아가죠. 중간대상이나 중간영역이 없으면 고통을 못 느끼는 사람으로 살아갈 수 있어요. 고통에도 의미와 가치가 있는데 자아의 발달이 정지되면 불안조차 온전히 느낄 수 없습니다. 살다 보면 원시 불안을 비롯해 현실 불안, 도덕적 불안을 경험할 때가 있지요. 인격이 성숙하려면 이런 것들도 온전히 느끼고 견디고 승화해내는 것이 자아의 일이에요.

·· 환상 속의 친구와 놀기 ··

중간영역은 좋아하고 아껴주는 친구가 있는 곳이기도 합니다. 우리가 좋은 관계를 하려면 그 사람에 대한 긍정적 환상이 유지돼야 하거든요. 중간영역에 실패하면 사람에 대한 기대와 흥이 일어나지 않아요. 사람은 누구나 장단점이 있고 부족한 점도 있지만 좋은 지각이 보다 우세해야 합니다. 좋다고 느끼는 상당 부분이 중간영역에서 나오는 거예요. 우정은 상대를 있는 그대로 보면서 환상도 유지해야 경험할 수 있어요.

한 예로 아이들에게 학교는 새로운 관계를 경험할 수 있는 장소입니다. 가정과 달리 학교에서는 여러 대상을 선택할 가능성이 높잖아요. 운명처럼 주어진 형제자매는 선택할 수 없지만 자신한테 맞는 친구를 찾아 우정을 경험한다면 불만족스러운 엄마 관계나 형제 관계가 회복되고 극복돼요.

아이들의 건강지표로 학교생활을 주목하는 데는 이유가 있습니다. 또래 관계는 심리발달 차원에서 굉장히 중요한데, 형제 관계가 나쁜 것도 친구 관계로 극복할 수 있어요. 새끼고양이나 강아지를 돌보려는 소망은 가정에서 애정을 부족하게 받았거나, 형제한테 치여서 박탈이 생겨 '이렇게 다뤘으면 좋았을 텐데'라는 보상의 형태입니다. 인형을 좋아하는 것도 마찬가지예요. 또한 기존 관계를 좋은 관계로 유지하는 것도 마찬가지고요. 우리가 새로움을 계속해서 창출하지 않으면 기존 관계를 끌고 나갈 수 없거든요. 좋은 관계를 한다는 것은 자신이 사랑할 수 있는 사람이고, 사랑받을 수 있는 자랑스러운 사람이라는 증거입니다.

중간영역을 가지고 있다면 계속 관계하면서 새로운 친구를 만들 수 있어요. 이렇게 관계를 잘해나가는 것은 위로도 받지만 상처를 치유하는 일이기도 해요. 삶을 열심히 살다가 우울하고 불안감이 생길 때마다 중간영역은 다시 활성화됩니다. 다양한 문화적 취미나 외부 세계에 대한 관심이 있는 사람은 우울 상태가 돼도 중간대상을 통해 위안과 심리적 지원을 받아 회복할 수 있죠.

중간대상으로 엄마로부터 분리개별화에 성공하면 심리적 과도기 기능을 다한 중간대상은 자연스레 관심에서 멀어집니다. 그래서 별도의 애도 작업이 필요 없어요. 위니콧은 중간대상이 없는 아이는 건강하지 못하다고 봤어요. 엄마와 다른 최초 상징물이 엄마 역할을 하는데, 전능환상을 충분히 경험하지 못하면 중간대상을 만들지 못하고, 자아의 힘이 부족해서 분리 독립을 할 수 없습니다. 이런 아이는 전형적으로 분리불안 증세를 겪게 돼요. 엄마와 분리할 준비가 온전히 되지 않았기에 분리 과정을 거부하는 부적응 증상에 처하는 거죠.

환상 속에서 현실을 차단하고 상상의 친구와만 노는 경우도 있습니다. 심하면 자폐 상태가 되기도 해요. 위니콧은 현실을 못 받아들이고 환상 속에서 사는 아이는 그래도 조숙한 아이보다는 낫다고 했습니다. 이런 아이는 그래도 상상력이 살아 있어 속마음과 감정을 놀이로 표현하는데, 조숙한 아이는 아예 상상력이 죽어 있어 중간영역에 진입하지 못하고 놀이를 못합니다.

박탈당한 아이는 불안해서 놀이를 못하는데요. 그 상태가 변화되지 않으면 평생 문화영역에 대한 경험이 빈약할 수밖에 없어요. 환경에 대한 신뢰를 성취하는 과정에서 감당할 수 없는 상처를 경험하면 환경 일반과의 접속이 차단되거나 막히죠. 막히는 것에서 끝나는 게 아니고 잠재공간인 중간영역이 변질되어 누군가에 의해 주입되는 것으로 채워져요. 그런 개인은 늘 환경에 대해 박해불안을 경험하고 살게 됩니다.

중간영역은 일이나 놀이, 미술관 방문이나 연극 감상처럼 우리에게 즐거운 감성을 불러일으키는 심리적 공간이에요. 그래서 중간영역이 협소하면 외부 현실을 접촉하거나 탐색하는 게 어려워져요. 중간영역이 닫히면 창조적으로 놀지 못하니까 만사가 귀찮고 삶이 지루하기만 합니다. 즐거움이 뭔지 알 수 없어 혼자만 있거나 남들과 전혀 어울리지 못해요.

중간영역은 삶이 꽃피는 영역이에요. 건강한 사람들은 이 영역에서 현실과 환상이 함께 만나 교류하고 그로 인해 현실이 더 현실 같고, 환상은 기운 나게 합니다. 누구를 만날 때마다 기쁨으로 설레고, 가족과 함께 영화를 보러 가거나 장을 보러 가도 즐겁죠. 하지만 중간영역이 없으면 의무나 지겨운 것이 되겠죠. 엄마와의 전능환상을 잃어버리면 이 모든 걸 통째로 잃는 것입니다.

환상과 현실은 절대 반대되지 않습니다. 환상이 없고 현실만 있다면 무미건조하고 살벌할 것입니다. 삶을 살면서 환상이 있기에 희망을 느낄 수 있어요. 희망은 현실에도 있지만 환상에서도 나와요. 현실에 없는 걸 환상에서 만들어내지요. 환상능력은 무거운 현실에서도 어린이처럼 새로운 가치를 발견하고 놀라워하고 삶의 진정한 의미를 찾게 합니다. 중간영역에서는 누구나 지적이고, 관계적이고, 정서적이고, 예술적인 능력을 기르게 됩니다. 이런 좋은 잠재공간은 엄마에 대한 신뢰가 없거나 의존에 대한 확신 없이는 발생되지 않아요.

· 14강 ·

주물대상

· · 상상하지 못하면 물질에 집착한다 · ·

"이 대상이 내 곁에 있는 한, 누구도 날 헤칠 수 없어!"

초기 돌봄 박탈이 심해 엄마에 대한 의존과 분리 과제를 해결하기 힘든 사람의 경우, 중간대상이 변질되어 맹신과 중독을 일으키는 주물대상(fetish object)이 됩니다. 보통 중간영역에 진입하거나 중간대상을 만들고 나면 중간대상이 엄마가 아니라는 것을 알게 돼요. 그런데 주물애착이 있는 아이는 중간대상이 자신이 갈망하던 그 대상이라고 계속 믿습니다. 엄마로부터 분리가 실패해 공상에 집착하는 그 지점에서 형성되는 대상이 주물대상인 것입니다.

중간대상은 점진적으로 아이의 관심을 잃게 되면서 방치되고 잊히는 게 본래의 운명이에요. 중간대상은 넓은 의미로 문화의 영역으로 발달해가지만 주물대상은 맹목적인 숭배의 대상이 됩니다. 엄마로부터 분리가 안 된 유아의 심리상태를 반영하죠. 중간대상은 유아가 분리의 틈을 견뎌내고 결국 엄마로부터 분리되면 이내 잊히는데, 아이가 여전히 엄마 옆에 붙어 있을 경우 그 엄마는 절대적인 주술적 물질 대상으로 지각되죠. 아이한테 중간대상이긴 한데 도저히 떼어놓지 못하는 주물이 된다는 뜻이에요.

젖가슴, 속옷, 구두 등등 부분대상에 집착하는 페티시즘(fetishism)도 여기에 해당해요. 전체 대상 지각으로 발달하지 못한 유아의 부분 지각 상태인 것입니다. 주물애착은 아이가 준비되기 전에 환상 세계에서 현실 세계로 나가라고 요구받는 과정에서 침범이 일어나 생깁니다. 엄마 대신 붙잡고 그것에 만족하는 것입니다. 마술적 소망이 충족되는 전능 영역에서 만들어진 주물대상에 집착하는 아이는 비현실적 기대를 가지고 사는 것과 같아요.

동일한 인형이 어떤 아이에게는 중간대상으로 활용되고, 어떤 아이에게는 없어지면 경악하는 주물대상이 됩니다. 청소년의 게임, 성인 성도착자가 집착하는 페티시 대상, 중독증자가 집착하는 마약이나 알코올 등의 중독물질, 광신도가 집착하는 주술적 물건이나 대상 등을 떠올리면 됩니다. 아이는 자신이 얻을 수 없었던 위안과 융합의 느낌을 주물대상에서 발견한 것입니다. 그래서 주물대상은 거대자기(grandioze-self)의 성장에 필요한 잃어버린 찬사나 인정의 대체물입니다. 그런데 문제는 살아 있는 인간에 대한 필요성이 완전히 무시되고 물질만 있다는 것이죠. 더구나 그것이 인간적 접촉을 회피하는 데 사용된다면 인격 발달에 도움이 되지 않죠.

상징은 이것과 저것을 연결해주는 기능을 합니다. 그런데 주물대상은 상징에까지 도달하지 못하기 때문에 사물 간의 차이를 온전히 분간하는 데 도움이 안 됩니다. 예를 들면 소리 지르는 엄마와 자신을 기다려주고 미소 짓는 엄마의 차이를 구분하지 못하는 것과 같아요. 주물대상은 굉장한 맹목성, 강박성, 무시간성의 특징이 있지만 그 안에 상징적 의미가 담기지는 않습니다. 주물대상을 찾는 아이는 끊임없이 새 장난감을 사 줘도 지루해하고 공허해합니다. 상상력이 모자라서 금세 싫증이 납니다. 또는 같은 것만 계속 사서 쌓아두죠.

안타깝게도 장난감을 중간대상으로 활용하지 못해, 엄마와 내가 하나 되고 분리되는 환상놀이를 할 수 없게 된 것입니다. 중간대상을 갖지 못하면 정신적 독립능력을 가질 수 없고 엄청난 불안이 수반됩니다. 그래서 그 틈을 메우기 위해 계속 주물대상에 집착합니다. 주물대상은 마술처럼 아이를 사로잡아요. 삶을 풍요롭게 해주는 놀이기구가 아니고 오직 그것만 있는 거예요. 중간대상 경험능력이 결여된 아이는 마음이 허전하고 불안합니다. 상품들을 지나치게 많이 사고 막상 사면 가지고 놀지 않아요. 주물대상은 애착의 자리에 형성되지만 자발적 상상력이 죽어 있고, 상징이 결여되어 있습니다. 그로인해 현실 대상과 다양하게 연결되지 못해 공허와 외로움이 충족되지 않아요.

·· 중간대상은 충격에서 자아를 보호한다 ··

주물애착을 가진 사람은 타인과의 진정한 친밀 관계나 애정 관계 형성이 어려워지고, 피상적 욕구를 충족시키는 삶을 살게 되죠. 강박적 행동도 그러한데요. 통제할 수 없는 것을 지나치게 통제하려는 강박 행동은 자기가 세상의 중심이고, 자기에게 일어나는 일은 현실과 무관한 자기의지의 결과라고 생각하는 것입니다.

또한 그릇된 종교는 지각능력까지 왜곡시킵니다. 사이비 교주와 추종자들로 인해서 재산헌납이나 집단자살이나 테러가 일어나는 것도 여기에 속해요. 건강한 중간대상은 아이가 자유로운 놀이를 할 수 있도록 불안을 완화해주는 역할을 하는데, 주물대상은 불안을 막는 부적이 되어버립니다. 미신을 과도하게 맹신하는 사람도 중간영역 경험의 실패와 무관하지 않습니다.

중간대상을 만들어내지 못하는 아이는 대상을 유용하게 사용하지 못하고, 물건을 너무 많이 사고, 쉽게 잊고 망가뜨리고 파괴하죠. 놀이치료실에 와서 자기도 모르게 파괴하는 아이들이 있어요. 환상을 불러일으키지 못하니까 놀이가 재미없는 거예요. 중간대상을 만든 아이는 계속 변형해서 놀기 때문에 신이 나요. 현실과 어느 정도 연결돼야 중간대상이에요. 비디오를 즐기는 건 중간대상이지만 그것만 반복하면 중독적 주물대상이에요. 어떤 강박증자는 좋아하는 한 장면을 보기 위해 같은 영화를 처음부터 수십 번 다시 봅니다. 그게 주물대상입니다. 자기가 가지고 있는 불안과 공포 때문에 새로운 것을 받아들이지 않아요.

신이라는 존재가 어떤 사람에게는 중간대상입니다. 위니콧은 유아적 의존을 극복하지 못해 자기중심성만 강하면, 하느님이 펫 갓(pet god)이 된다고 해요. 자기가 필요할 때만 사용하는 자기중심적 신이 되죠. 신의 이미지가 주관적 대상에서 객관적 대상으로 발달해나갈 때 비로소 영성생활을 건강히 해나갈 수 있어요. 위니콧은 어떤 인간도 종교만으로 성숙될 수 없다고 말했어요.

나래는 수십 개의 강아지 인형을 시간과 장소에 따라 다르게 가지고 다니는 아이였지요. 유독 강아지 사진, 그림, 인형에 집착했어요. 상담실에서도 수십 개의 강아지 인형으로 강아지가 주인공이 되는 세상을 모래상자에 꾸미곤 했어요. "선생님 강아지가 너무 좋아서 저는 강아지가 되고 싶어요." 하지만 두세 번의 상담으로 강아지 인형에 대한 집착이 사라졌어요. 상담자와 상호작용하면서 지지와 관심을 받는 게 즐거워 강아지를 잊었죠. 일로 바빴던 엄마가 애정을 대신해 물질로 채워주었던 게 원인이었죠.

상담을 시작한 지 한 달 정도 되었을 때 나래 엄마는 상담실에 있던 대부분의 장난감을 나래에게 사 주었습니다. 이것은 아이에게 안 좋은 행동이지요. 환상과 현실은 구분돼야 해요. 아이는 놀이치료실의 치료적 상황이 끝나면 다시 현실의 일상으로 돌아갑니다. 상담실 안과 밖의 구분이 없어지면 현실감이 약해져 바람직하지 않은 감정과 행동을 해결하지 못하게 돼요. 아이의 감정은 수용해주는 게 좋지만 의존성을 증대시키는 과도한 요구에는 경계를 세워줘야 해요. 그래야 아이가 지닌 충동이 스스로 조절됩니다.

중간대상과 중간현상은 아이로 하여금 좌절이나 박탈로 비롯된 힘든 상황을 견딜 수 있게 도와요. 상실에 대한 반응인 것이죠. 이것이 없으면 새로운 것에 대한 경험이 막힙니다.

중간현상이나 중간대상을 경험하는 데 방해를 받으면 아이는 살기 위해서 성격을 분열시키고, 주관적 세계에 반응하지 않고 현실적 세계에만 순응해 살게 됩니다. 반대로는 주관적 전능감에서 내려오지 못하면 자폐적으로 자기 세계에만 몰입하는 사람이 돼요. 중간대상은 대상을 마음대로 움직이는 전능한 주관적 세계로부터 타인에게 적응하고 협조해야 하는 냉엄한 현실 세계로 추락하는 충격에서 자아를 보호하는 완충작용을 합니다.

현실부적응 범주에 속하는 아이는 중간대상을 갖지 못하거나 상실한 것입니다. 엄마랑 강제로 분리돼 여기저기로 옮겨 다니게 되어 상처를 입은 아이는 중간 세계를 창조할 수 없게 됩니다. 중간대상과 중간현상은 아이로 하여금 어느 정도의 좌절과 박탈 등 새로운 발달 상황의 변화를 견딜 수 있게 해줍니다.

· 15강 ·

놀이

·· 놀이는 혼자가 아니라는 신뢰
안에서 혼자 있을 수 있는 능력 ··

놀이를 통해 중간대상의 소중함을 더 잘 이해할 수 있어요. 놀이는 엄마와의 연결과 의존 그리고 힘들었던 분리 내용을 함께 담고 있고 표현하고 있어요. 아이는 엄마로부터의 분리를 받아들여야 하는 시기에 중간대상을 만들고 놀이를 통해 정신발달을 해나가요. 위니콧은 놀이는 인격의 기초라고 했어요. 어린아이가 엄지손가락을 빨면서 네 손가락으로 장난칠 때, 엄지는 리비도 만족에 봉사하지만 네 손가락은 놀이를 한다고 해요. 그 활동에 진정한 창조적 표현이 담겨 있다고 했어요.

심지어 놀이는 개성과 참자기 요소라고 했어요. 어른이 새로운 일을 기획하거나 예술을 감상하듯, 아이는 놀이로 개성과 창조성을 표현합니다. 때때로 엄마는 아이한테 익살꾼이고 광대입니다. 익살과 과장을 통해서 아이를 생생한 생명활동으로 초대하지요. 위니콧은 엄마가 아이와 어떻게 상호작용하는지 관찰했는데, 엄마가 아이랑 잘 논다면 아이나 엄마 둘 다 건강하다고 봤어요.

프로이트도 놀이가 상처와 불안을 극복하는 데 필요한 활동으로 봤습니다. 까꿍놀이나 숨바꼭질을 통해 엄마를 잃어버렸다 되찾는 상태를 재연하면서 갑작스런 엄마 부재 상태의 불안과 상처를 감당하여 숙달(master)해내는 데 주목했어요. 엄마가 사라지는 불안 상황을 상징놀이에 옮겨 표현하면 수동적으로 당하는 상태에서 능동적으로 대처하는 상태로 변형시키는 작용이 아이의 정신을 발달시킵니다. 클라인도 병증을 지닌 아이와 상징놀이를 하면서, 무의식의 부정적 환상과 불안을 해소하는 치료 작업에 몰두했어요. 말로 표현하기 힘든 불안하고 무서운 환상을 놀이로 승화시키는 것이죠.

놀이치료에서는 놀이 주제나 내용을 통해 자아발달 수준과 현재 아이가 처한 환경 문제와 지능 등을 측정할 수 있습니다. 놀이의 종류나 질, 형태 그리고 놀잇감의 개수를 보고 아이의 병리 유형을 진단하기도 하죠. 아이들은 놀면서 자신이 어떻게 상처받았고 그래서 마음이 어떠한지 표현합니다. 어떤 아이가 놀이에서 기차가 전복돼서 사람들이 잔인하게 죽은 모습을 모래상자에서 표현했습니다. 아이는 상처받았던 것을 재현하지만, 상처받기 전으로 되돌아가 존중받고 싶은 것입니다.

아이가 놀이에서 악역이나 가학적 역할을 보여주는 것은 두려움을 극복하려는 노력입니다. 상담자가 그걸 안전하게 수용해줘야 해요. 상처가 깊어서 방어 시간이 긴 경우도 있지만, 대부분은 놀이로 무의식적 환상을 펼치고 신나는 놀이 체험을 하며 두려움을 극복해나갑니다.

놀이에는 고유의 경계와 규칙이 있어요. 예를 들면 모래상자 안에서 모래로 억압된 감정을 표현할 수 있지만 상자 밖으로 모래나 장난감이 나오면 안 됩니다. 하늘을 땅으로 뒤바꾸는 식의 왜곡된 표현도 허용하지 않습니다. 반드시 현실의 경계를 제시하고 그 틀 안에서 놀게 합니다. 충동 조절이 되지 않는 아이는 끊임없이 경계를 넘거나 흐트러뜨리려고 해요. 그리고 엄마 중에는 놀이치료사를 흉내내는 분도 있습니다. 놀이치료 서적을 보고 따라 하기도 합니다. 하지만 머리로만 이해한 놀이는 아이를 혼란스럽게 합니다. 엄마는 해석을 하는 게 아니고, 아이와 같은 수준에서 신나게 재미나게 놀아야 합니다. 위니콧은 아이가 혼자 혹은 누군가와 잘 논다면 그게 치료라고 했습니다.

놀이치료는 놀 수 있는 능력을 상실한 아이에게도 큰 도움이 됩니다. 놀이 자체가 엄마의 홀딩, 미러링, 모니터링 기능이 됩니다. 그리고 창조성을 쓰는 것과 연결되고 더 중요한 부분은 엄마가 완벽하지 않아서 아이가 불가피하게 받은 상처에서 회복하는 계기가 된다는 것입니다. 아이는 내면의 불안한 것을 극화하고 놀이를 통해 보여주는데요. 자기가 겪은 상처를 놀이를 통해 반드시 드러내게 돼요. 마음속에 떠오르는 것을 가지고 아이가 자유롭게 놀이를 할 때 상담자만큼은 아이가 호소하는 고통에 압도당하지 않고 사로잡히지 않습니다.

사실 아이들은 장난감이 좋아서 놀이치료실에 오는 게 아닙니다. 선생님하고 관계가 신나기 때문입니다. 그래서 아이가 상담실에 있는 장난감을 사 달라고 했을 때 사 주면 상담에 방해가 됩니다. 관계를 배우기 위해서 놀이치료에 왔는데 그 자리에 놀이도구를 넣어주면 안 되겠지요. 놀이도 꿈과 같아서 반은 무의식이고 반은 의식적인 부분이 있어요. 놀면서 상상력이 교환되고, 창조적인 정신 과정이 활성화됩니다. 아이가 창조한 대상은 그 아이에게 좋은대상이 됩니다. 특히 놀이를 통해 막혀 있던 의사소통이 발현되는데, 아이랑 직접적 의사소통도 하고 직감으로 서로 알아차리기도 합니다.

때로는 아이들이 놀이 중에 하는 얘기를 어른이 다 알아듣지 못하는데 괜찮습니다. 놀이 속, 대상이 주관적일 때는 그 대상과의 의사소통이 명백할 필요가 없어요. 놀이에서 비논리나 모순, 역설이 허용되는 게 아이한테는 행복한 경험이 되죠. 의사소통을 100퍼센트로 하려는 것은 비정상인 거예요. 다 알려고 할 때 침범이 된다는 거죠. 우리는 의사소통을 잘하려고 하지만 나름대로 한계가 있어요. 그 누구도 전적으로 완벽하게 의사소통하기는 불가능하죠. 인간의 가장 깊은 곳에서는 의사소통할 수 없는 인격 부분이 있어요. 그리고 의사소통을 안 할 권리도 있어요. 그래서 아이와 논리적으로 의사소통하려다가 놀이를 망치기도 합니다.

무언의 비언어적인 약속으로 놀이극을 할 때도 즉흥으로 여러 창조적인 충동이 자연스럽게 나와요. 아이들은 의사소통을 하지 않으면서도 동시에 의사소통을 하고 싶어 하기도 해요. 다른 말로 하면 발견되길 원하면서 발견되기를 원치 않는 것이죠. 그래서 아이들이 제일 좋아하는 놀이가 숨바꼭질이죠.

위니콧은 아이가 오줌을 싸고 말을 더듬고 짜증을 부리고 거짓말을 하고 공격적이라고 해도, 놀 수 있다면 인격 안에서 심각하게 진행되는 문제는 없다고 보았습니다. 실제로 놀이를 망치고 싸우는 아이들은 상처가 있어 못 노는 거예요. 잘 논다면 놀이 과정을 통해 스스로 치유가 일어나고, 자기가 누구인지 타자가 누구인지 배우게 돼요.

놀이의 또 다른 유익은 몰입입니다. 아이는 놀이에 몰입하는데, 엄마랑 친밀 관계가 연결되지 않은 아이는 놀이에 흥이 나지 않아 생동감을 끌어올리는 데 시간이 걸려요. 이것은 엄마의 모성 몰두, 함께 놀아본 경험이 모자라서 그러합니다.

엄마랑 못 놀아본 아이는 놀이를 할 수가 없어요. 놀이는 환경에 대한 신뢰를 의미하며, 혼자 만족하며 지낼 수 있는 능력이에요. 놀이터가 없으면 놀 수가 없습니다. 그 놀이터는 엄마와 아이 사이의 신뢰 공간이며, 엄마의 품입니다. 엄마 품이 좋지 않으면 놀이를 할 수 있는 안전한 토대가 없게 됩니다. 중간현상에서 놀이로, 놀이에서 공동의 놀이로, 그리고 예술활동과 문화 경험으로 발달합니다.

· 16강 ·

중간대상
경험 실패로
인한
병리적
이별과 상실

· · 아이는 잊히기 전에 스스로 먼저 잊는다 · ·

위니콧에게 있어 '상대적 의존'이란 절대적 의존기에 형성된 전능환
상에서 내려와 현실을 수용하고 전체 대상을 향한 양가감정을 받아들
이는 발달 과정을 뜻해요. 이 시기의 유아는 현실감을 얻게 되면서 비로
소 자기와 타자를 구별할 수 있게 됩니다. 그때 지각된 대상들은 그 자
체의 고유성을 가진 것으로 경험하게 됩니다. 전능환상 안에서는 외부
세계나 자기에 대한 명확한 구별이 없어 현실감이 없습니다. 그러다가
충족된 자신의 욕망이 자신의 바람이나 전능한 몸짓에 의해 생겨난 것
이 아니라, 엄마의 욕망과 반응 때문이었다는 자각을 하게 됩니다.

상대적 의존기부터는 엄마를 비롯해 외부 세계의 많은 사람들과 함께

살고, 다른 욕망을 가지고 있는 사람들과 조율해야 함을 알게 됩니다.

유아는 엄마와 자신이 분리된 존재임을 인식하면 불안을 느낍니다. 그러면 현실원리를 감당하고 받아들이기 위해 중간대상 경험을 이용하죠. 중간대상은 엄마의 부재나 상실에 대한 반응이며, 엄마로부터 분리될 때 야기되는 불안을 완화시킵니다. 이런 중간대상 경험은 엄마 부재와 연관된 고통스런 기억을 담고 있지만 정신을 성장시키는 과도기 매개 기능을 합니다.

양육자 관계에서 의존과 분리의 주제는 유아, 아동, 청소년 정신치료의 핵심 주제입니다. 물론 인간에게는 완벽한 의존이나 분리가 가능하지 않아요. 주목해야 할 점은 최초의 분리 체험 양태가 어떠했느냐에 따라, 상처의 수준과 정신발달 상태가 달라진다는 겁니다. 아이가 의존하고 있는 대상이 부재할 때, 엄마에 대한 기억을 정신에 얼마 동안 간직하고 있는 덕택에 심리적 변화가 바로 크게 일어나지 않을 수 있어요. 그러나 엄마와 일정 시간 이상, 아이가 참을 수 있는 한계 이상 떨어져 있게 되면 엄마에 대한 기억표상이 끊어집니다. 시간 감각이 덜 발달된 아이는, 엄마와의 분리가 영원히 지속되는 느낌에 함몰될 수 있어요.

여기서 아이는 자기와 외부 환경을 명료히 분별하지 못하고 분리 불안이 영속적 상처가 될 수 있어요. 고통스러운 감정은 소화되기보다 억압되어 무의식에 저장되고, 분리 상황에 처할 때마다 활성화되다가 분리 상황을 회피하는 반응을 일으키게 됩니다. 정서적 마비는 망각된 과거의 고통과 불안을 방어하기 위해 발생하죠. 예를 들면 한 아이가 몇 개월 또는 몇 년 동안 다른 곳에 맡겨져 있다가 엄마에게 돌아왔다고 생각해보세요. 아이는 집으로 돌아왔지만, 집을 갑자기 떠날 때 생겼던 불안과 충격, 그에 연관된 기억들을 되살리고 싶지 않을 겁니다. 그래서 과거 기억을 분열시켜 망각하는 강한 방어가 내부에서 작동합니다.

아이는 집에 돌아왔지만 달라진 부분이 있습니다. 엄마와 아이는 서로가 없이도 지낼 수 있게 심리적으로 적응했습니다. 그 심리적 거리감 때문에 부모와 자식과 형제가 다시 만나도 곧바로 소통하지 못하며, 서로를 알고 익숙해지기 위해 정신 내면에 형성된 상처인 고통감정 덩어리를 주고받게 됩니다. 그래서 아이가 부모에 대한 과거 기억을 회복하는 과정에는 많은 시간이 필요합니다. 엄마 또한 역할을 대리한 사람보다 더 많이 노력해야 합니다. 아이는 아직 집을 낯설게 느끼고 가족의 과거 모습을 구체적으로 기억하지 못할 것입니다. 물론 섬세하고 따뜻한 엄마는 시간을 두고 아이의 감정이 자연스럽게 우러나오도록 기다릴 것입니다. 아이가 다시 분위기와 관계에 친숙해지면 안정된 행동을 보일 것입니다.

부모를 떠나 있다가 돌아오면 아이는 심리적 회복을 시도합니다. 본능 욕구를 표출하고 수용받기를 원하면서 엄마와의 관계를 회복하려 하죠. 이런 경험으로 엄마와의 연합을 다시 만들어냅니다. 아이가 너무 이른 시기에 맡겨지거나, 어린 시절에 주양육자가 자주 바뀌거나 엄마와 오랫동안 떨어져 있다가 돌아오면, 특히 집에 돌아와서 잘 대우받지 못했을 때, 예를 들면 관계가 느슨해지거나 다른 형제자매에게 지나친 편애가 있으면, 아이에게 엄마는 심리적으로 없는 듯 느껴집니다.

이럴 때 엄마의 대리역할을 해주며 분리 불안을 덜어주던 '중간대상'

도 무의미해집니다. 그러다 엄마와의 연결과 독립을 편안하게 받아들일 수 없게 되면, 중간대상이 강력한 주물대상으로 고착됩니다.

·· 혼자만 있다가 자라지 못한 아이 ··

소라는 엄마와 오랫동안 떨어졌던 경험으로 무력감에 빠졌습니다. "선생님 어젯밤 꿈에 새벽에 철도를 지나가고 있는데 주변에 아무도 없었어요. 춥고 깜깜하고 무서웠는데 사방에서 바퀴벌레들이 나와요. 급기야 제 입 속으로 들어가서 제 몸이 불어나 나중에는 몸이 터져버렸어요. 그리고 두 번째 꿈은 엄마가 저를 새벽에 깨워 차를 태우고 분식집으로 데려가요. 그 옆에는 쓰레기가 있고 음산해요. 나는 엄마에게 어디로 가냐고 묻지 않아요. 엄마는 나를 그 분식집에 버리고 떠나요. 사실 집과 분식집은 가까운데 찾아 나설수록 집이 점점 멀어져 너무 무서웠어요. 세 번째 꿈에서는 귀신이 아이들을 잡아가요. 귀신은 아이들의 발바닥을 칼로 도려내 먹는데 퀴즈를 맞히면 살려줘요. 제 차례였는데 문제를 맞히지 못해서 발을 도려내야 했어요. 무서웠지만 다행히 아프지 않았고 피도 나지 않았어요."

소라는 사춘기인데도 엄마에게 매달려 떨어지기를 힘들어했습니다. 꿈을 통해 느껴지는 소라의 유기불안 감정은 현실에서도 감당하기 어려울 만큼 컸습니다. 어릴 적 여러 사람에게 맡겨졌던 경험 때문에 꿈에서 다시 적응하려고 애를 썼어요. 엄마가 필요할 때 곁에 있어주는 것만큼이나 필요하지 않을 때 물러나주는 것이 사춘기에 중요해요. 하지만 소라 엄마는 둘 다 실패했어요.

발은 특히 이동능력을 상징하며 넓은 세상을 향해 분리 독립하는 기능을 지녀요. 그런데 소라는 엄마로부터 너무 일찍 분리된 충격을 겪었고 외부 세계와 접촉하는 기능이 마비되었죠. 청소년기는 어린아이처럼 엄마에게 전적으로 의지하는 시기가 아니잖아요. 자신의 운동능력과 인지능력, 세상을 탐색하고 도전하는 능력이 확장되면서, 가족 밖의 세상에서 새로운 대상의 발견과 기존 대상의 상실이 같은 선에서 진행되죠. 하지만 소라는 유년기에 엄마와 관계하는 방식으로 퇴행했고 마치 유아처럼 뭐든 시도하다가 그만두고 아무것도 안 하기 일쑤였어요.

소풍이나 학교 행사로 외출하면 짝 없이 지낼까봐 두려워 학교를 가지 않기도 했어요. 친구들 사이에서도 작은 좌절에 뾰로통해져 심술을 내다가 자주 싸움이 일어났지요. 유기불안은 의기소침으로 나타나기도 해요. 소라에게는 과잉보호와 통제, 간섭, 침범뿐 아니라 일상생활에서 자기 탐색을 주도적으로 못할 정도로 엄마가 차지하는 공간이 너무 컸어요. 또 다른 면에서 튼튼한 애착으로 만들어지는 대상 항상성이 형성되지 않아, 부모에 대한 신뢰감뿐 아니라 성격적 측면에서 많이 불안정했어요.

소라는 어릴 적 자신의 정서와 신체가 비인간적으로 다루어지고, 지나치게 혼자 있게 되면서 고통이 컸던 것 같아요. 사랑받지 못한 정서가 신체와 동일시돼 온몸이 조각나는 꿈은 소라의 멸절불안을 보여줍니다. 세상과의 연계성을 못 느끼는 방향 상실의 꿈처럼 현실에서 누군가에게 끊임없이 버림받고 소외받는 공포로 소라는 괴로워했습니다. 사춘기 소녀 속에 있는 아이의 멸절불안이 치료되지 않으면, 지속적으로 현실감을 잃고 산산이 부서지는 공포에 휘말립니다. 때로는 살기 위해 거짓자기로 참자기를 숨겨 삶에 순종할 수 있으나 고통받는 내면은 그대로입니다.

·· 끈은 연결하기도 하지만 끊어지기도 한다 ··

이별과 상실과 관련해 위니콧에게 유명한 사례가 있습니다. 주물대상인 끈에 집착하며 노는 아이가 있었어요. 이 아이는 접촉 없는 우울한 엄마를 경험하다가 엄마의 입원으로 긴 시간 동안 이모에게 맡겨졌지요. 또한 세 살 때 여동생이 태어났고요. 이모는 아이가 과격한 행동을 해서 돌보는 스트레스가 컸다고 해요. 뭐든 망가트리고, 던지고, 찢고, 부수고, 떨어트리고, 진노 표현 수위가 높았다고 해요.

아이는 위니콧과 그림을 그리면서 올가미 밧줄, 채찍, 요요줄, 매듭이 있는 끈을 그렸고 현실에서도 끈에 강박적 집착을 했어요. 의자와 탁자를 함께 묶고, 방석을 난로에 매는 등 심지어 여동생 목에도 끈을 묶어서 상담에 오게 된 것이었습니다. 상담 중기에 아빠가 외출에서 돌아왔을 때 아이가 줄에 거꾸로 매달려 있는 것을 발견했는데 거의 축 늘어져 죽은 것처럼 보였죠. 하지만 아빠는 모른 척해버렸고 아이는 지루해서 그만두었어요. 그런데 엄마는 심한 충격을 받고 아이가 자살을 시도했다고 확신했어요.

이러한 아이의 실험은 부모님의 불안 유무를 알려는 시도였겠지요. 끈에 대한 집착은 안 떨어지겠다는 의미가 있어요. 엄마와의 접촉을 잃은 것에 대한 공포에서 비롯되고요. 나중에 아이는 곰 인형을 자녀로 두는 놀이에 몰두했고 엄청난 애정을 쏟으면서 안정감을 찾아갔어요. 위니콧은 아이의 엄마가 빈번히 떠났다 오는 문제도 있었지만, 아이가 엄마와 친밀한 관계를 맺지 못했던 것을 더 중요하게 생각했습니다. 아이에 대한 이해 부족으로 상담이 조기 종결되었는데 시간이 지나 도벽, 거짓말, 중독, 낭비의 문제로 기숙학교에서 집으로 돌려보내진 일이 있었음을 알게 되었고, 결국 엄마로부터 아이를 분리 독립시키려 한 모든 노력이 실패로 돌아갔다고 보고받았습니다.

위니콧에 따르면 끈은 의사소통 기술의 확장을 의미해요. 끈은 연결시켜주고, 물건을 싸매고, 흩어진 물질을 모으는 기능을 합니다. 참으로 상징적인 의미죠. 끈의 과장된 사용은 분리 불안이 과다하거나 의사소통이 결핍된 상태를 반영합니다. 임상에서 애착장애를 지닌 아동과 성인을 상담할 때 이들도 역시 리본, 끈, 전화로 이별과 분리를 부정하는 모습을 보였습니다. 불안정 애착을 경험한 아동은 목도리나 끈으로 상담자와 자신을 묶어 함께 움직이거나 끈으로 경계를 만들고 안정감 있게 놀기도 합니다.

분리개별화 과정에서 중간대상 경험이 부재하거나 실패하면 이별과 상실 같은 삶의 변화를 받아들이지 못하게 되기도 합니다. 영란 씨는 강박증 증상이 유독 심합니다. 생각하기에 앞서 행동해버려 실수하거나,

뭐든 지나치게 미루곤 해요. 머리가 길어 불편할 때조차 미장원에 가기까지 반년이 걸려요. 뭐든 시작이 너무 이르다고 생각해서 준비를 하지 않고, 끝은 끔찍해서 뭐든 떠나보내질 못하죠. 물건을 만지고 같은 위치에 정확히 놓기 위해 몇 시간이나 공을 들여요.

그녀에게 시작과 끝은 너무나 잔인합니다. 그래서 아무것도 편히 놓아줄 수 없고, 새로운 것은 기존의 것을 바꾸기에 받아들이지 못합니다. 외출해서 수십 장의 사진을 찍었지만 집에 들어가기 전에 모두 삭제해 버립니다. 시간과 공간 안에 그리고 자신의 정서 안에 가치 있는 무엇을 담아두질 못하는 것이지요.

좋아하는 사람이 다른 일에 관심을 두면 자신을 버렸다고 생각하고, 자신이 기분 좋지 않으면 누구도 좋은 사람으로 느껴지지 않아요. 그래서 관심이나 사랑을 받지 못한다고 느끼면 우발적으로 행동해서 주변인을 당혹스럽게 만듭니다. 자기 확신이 약한 상태에서 미숙한 충동이 일어나 옷, 졸업사진, 전공책 등 중요한 것을 마구 버리기도 했고요. 상담을 하다 보면 그 사람의 병리증상을 통해 그 가족이 어떻게 지내왔는지 알 수 있기도 해요. 사람이 살다 보면 다소 화 날 때도 있고 무언가를 잘못할 때도 있지요. 하지만 보통 자신은 좋은 사람이라는 느낌을 유지하면서 스트레스를 경험하고 해결을 모색하죠.

그런데 영란 씨 가족은 애정 어린 적절한 관여를 하지 않고 살아왔던 것 같아요. 영란 씨는 특히 엄마에게 강한 애착을 가졌지만 버림받는 공포가 매우 컸어요. 또래와 해야 하는 활동을 엄마와 했고, 엄마는 병리적 외로움과 미성숙으로 아이의 분리 독립을 막았어요. 엄마가 지나치게 오랫동안 만족을 준다면 아이는 장애를 입게 되겠지요.

·· 의존과 분리의 갈등 ··

의존은 과거이면서 현재의 이야기입니다. 이 주제는 지금 여기에서 인간관계가 어려운 이유를 발견하도록 도움을 줍니다. 가족관계에서 가족구성원은 이성적 의지와 무관한 비합리적 감정 반응에 휘둘려 지내게 돼요. 자연스럽게 감정의 반사행동이 일어나는 것이지요. 그래서 부부 문제, 부모자녀 문제는 개인의 문제에 앞서 서로 맞물려 일어나는 상호작용 맥락에서 이해해야 합니다. 외부 대상은 원래 거리가 있어 감정 시스템이 덜 작동되어 덜 기대하고 덜 서운할 수 있겠죠.

감정의 반사반응으로 가족끼리 생채기를 내며 싸우고 나면 자신이 나쁘고 한심하게 느껴지는데 아마도 머리로 생각한 것과 달리 원치 않는 표현이나 행동이 나와서일 것입니다. 물론 인간관계에서는 싸우지 않고 지낼 수는 없어요. 오히려 싸우지 않는 사람은 자신의 감정을 편집하고 접으면서 관계를 회피하거나 포기하고 사는 외로운 분일 수 있겠어요. 화나 외로운 감정을 나누지 않으면 거리가 멀어져요. 체념이 크면 피상적인 관계로 일관하게 됩니다.

모든 인간관계에는 갈등이 내재돼 있어서 서로 조절하며 살아야 합니다. 너무 가까이 다가가는 경계 없는 침범 또는 거리가 멀어져 외로운 상태가 되지 않도록 조절하는 유연성이 필요합니다. 갈등이 있다고 감정적 보복으로 외면하고 비난하고 듣지 않는 태도는 자기와 대상이 분화되지 않을 때 일어나요. 일방적인 관계 패턴이라는 뜻입니다.

분화되지 않은 사람은, 신뢰하고 기대하는 의존대상에게 좌절할 때마다 그가 자신을 존중하지 않는 오만한 사람이라고 지각합니다. 이런 부정적 감정이 지속적으로 활성화되면 개인은 상당한 불안을 경험하죠. 성격장애를 지닌 사람은 유아기에 자신의 투사를 담아줄 수 있는 든든한 엄마를 갖지 못했던 사람입니다. 아이의 정신을 소화해주고 품어주는 엄마의 정신적 능력이 부족했던 것입니다. 그래서 좌절을 견딜 수 없고 해결할 채널을 만들 수도 없었어요. 그 결과 사소한 부정적 경험조차 상황과 사람에게 일반화되어, 나와 타인을 다르게 또는 긍정적으로 보지 못하는 거예요.

갈등은 극적인 변화로 해결되는 게 아니라, 다른 생각과 관점이 정신에 들어와 기존 의미가 달라져야 균형 있게 해소할 수 있습니다. 이것이 바로 나와 타자의 다름을 자각하고 긍정적으로 수용하는 '분화된 태도'입니다. 고통을 겪지 않겠다는 것이 아니라, 좌절을 견뎌내면서 곰곰이 생각을 하는 거예요. 사건이나 사실을 있는 그대로 보는 힘은 자아에서 나와요. 갈등이나 고통 뒤에는 얼마든지 삶에 대한 다른 선택이 열려있어요. 그 약간의 힘듦을 견디며 소화해가는 과정을 분노로 한순간에 날리면 안 되지요. 저는 이런 분화 상태가 과거 고통들에 대한 용서이고 치유라고 생각해요.

오랫동안 상담하면서 느낀 것은 인간은 진실을 추구하는 존재라는 것입니다. 상담은 분리개별화 능력을 고무시켜 자신이 평생 누적시킨

선입견과 다른 경험을 하도록 인도합니다. 사람을 선입견 없이 볼 때 생기는 감정을 친밀감이라고 합니다. 예를 들어볼까요. 부부 관계가 평등한 상호 관계가 아닌 부모 관계의 연장선에서 이루어질 때 관계가 힘들어지죠. 이런 분들의 공통된 특성을 많은 심리학자들이 이야기하고 있습니다.

부부 관계가 애정 관계가 아닌 애착 관계인 경우, 예를 들어 배우자가 부모처럼 지원해주고 보호해주는 관계 기대를 충족해주면 좋은 대상으로 느껴지고, 그 기대가 좌절되면 나쁜 부모처럼 지각된다는 거예요. 이러한 실망을 해결하기 위해 배우자에게 자기식의 생활습관이나 가치관을 강요하고 불쾌한 자극을 주면서 바꾸려 할 때, 부부 관계가 걷잡을 수 없이 심각해져요. 긍정적인 애정 표현이 사라지고, 일방적인 통보를 하고, 냉소적이고, 큰 소리로 모욕을 주고, 날카롭게 비난하며 자신의 행동만 합리화하면 갈등은 결국 해결되지 않고 소외감과 고립감이 커집니다.

이런 부부는 상담을 와도 관계 개선을 위한 작은 노력조차 하지 않아요. 부정적 감정을 느끼는 인지구조는 새로운 시도를 강렬히 거부하기 때문이죠. 관계를 회복할 가능성을 못 찾으면 애초에 잘못된 결혼이었다는 결론이 생깁니다. 그러면 이상적인 가족을 부러워하며 다른 파트너를 상상하거나 여러 파괴적 행동을 하게 됩니다. 여러 학자에 따르면 부부 관계는 서로에 대한 만족도, 관계를 좋게 하기 위해 헌신하는 정도만큼 지속된다고 해요. 처음 관계를 시작할 때는 긍정적인 설렘이 있지만, 꾸준히 노력해야 관계가 발전하고 유지될 수 있습니다.

자기 본위적인 사람은 자기반성 대신 상대가 싫어하는 짓을 하지 않으면 문제나 갈등이 없다고 주장해요. 하지만 인간관계에서 일방적인 피해자는 없습니다. 두 사람이 만나면 평생 가까워지고 멀어지는 갈등이 자연스레 생겨납니다. 사랑은 시간을 두고 천천히 발전해나가는 겁니다. 사랑을 너무 이상화하면 사랑 안에는 안 좋은 것이 전혀 없다는 착각을 하게 되죠. 또한 의식 차원에서는 현실을 고려해 무난한 배우자를 선택하려고 하지만, 무의식 차원에서는 어린 시절의 내면 갈등을 해결하려는 목적으로 배우자를 선택합니다.

·· 불편하면 불편한 대로 자유로울 수 있다 ··

사람은 가까워지는 것 못지않게 멀어지는 것을 두려워합니다. 영곤 씨의 사례를 보겠습니다. 영곤 씨는 여덟 살 연상녀와 결혼했어요. 어릴 적 엄마를 잃은 모성애를 다시 경험하고 싶기 때문이었겠죠. 그런데 문제는 결혼 전과 달리 섹스리스가 된 거예요. 그렇다고 아내에게 다정하지 않은 건 아니었죠. 그는 아내에게 이중성을 보였습니다. 겉과 속이 다르다는 뜻이 아니라 살아오면서 많은 상실로 만들어진 이중성이죠. 아내를 많이 배려하고 친절하게 헌신하면서도 내면에서는 자신이 얼마나 외롭고 힘든지 알아주길 기대하며 화를 냈습니다. 그것을 몰라주면 곁을 주지 않을 정도로 차가워졌지요.

결손가정에서 자란 열등감 때문에 의식에서는 완벽주의 성향으로 까탈을 부려 아내를 힘들게 했어요. 아내의 욕구에 지나치게 신경쓰고 서비스해서 에너지가 소모되었고, 아내가 고마워하지 않거나 기대에 부흥하는 행동을 하지 않으면 거부당했다는 생각에 독단적인 행동을 해버렸지요. 부모교육을 접하며 배우자에 대한 잘못된 기대가 자신의 개인사에서 비롯된 것을 감지하면서 그는 안정된 관계에 대해 배우기 시작했어요.

영곤 씨는 불편하면 불편한 대로 자유로울 수 있다는 것에 감격했지요. 예를 들면 싸우고 먼저 다가가서 화해를 청하고, 애정을 마음껏 표현하고, 아내에게 실망해도 보복하지 않고, 필요로 하는 것을 존중해주면서 관계를 망치지 않았어요. 아내의 쌀쌀한 말이나 행동에도 예전만큼 두려워하지 않고 말을 건다든지, 마음이 상하면 각자 회복 시간을 가지며 견디는 등 감정에 대한 분화 수준이 높아졌죠.

가족치료의 대가인 보웬은 인간관계에서 일어나는 감정의 분화 수준을 이야기했어요. 분화 수준이 낮은 융합형의 성격구조를 가진 경우 성격의 경계가 얕습니다. 그래서 만나는 사람들의 상황과 특성을 무차별적으로 받아들여 너와 나의 구분이 명확치 않게 됩니다. 주체는 타자에게 적절한 경계를 그을 수 있어야 합니다. 건강한 사람은 감정적으로, 지적으로, 영적으로 자신이 어디에 어떻게 있는지 일관되게 보여줄 수 있어요. 자신을 방어하는 경계선이 없거나 약하면 내 것과 남의 것이 구분되지 않습니다. 그러면 타인의 부정적 말에 쉽게 전염되어 우울하고 몹시 불안해집니다.

경계가 느슨한 사람일수록 어릴 적에 부모의 부정적 언행에 대해 자기방어를 못할 정도로, 부모에게 전적으로 종속돼 산 사람이에요. 감정 조절이 어려운 부모에게 침범당하면서 순응했던 결과지요. 부모의 문제를 아이가 해결할 수 없는 것은 당연하잖아요. 부모의 병리가 클수록 자녀는 그 부모의 연장 또는 분신 역할로 살아간다는 통계학적 자료가 있어요.

맹목적인 행동을 하는 엄마는 모순을 강요합니다. 예를 들면 "빨리 씻어. 더러워. 너 때문에 못 살겠다" 하다가도 바로 "그렇게 하기 싫으면 내일 씻어"라고 하죠. 아이는 하라는 말을 들었으나 결국 하지 말라고 하니 어리둥절하지 않을까요.

모순을 강요하는 엄마는 아이가 친구 관계나 공부가 힘들다고 하면 근거 없이 '넌 문제없어 똑똑하니까 열심히 잘할 거야'라며 내용을 부정하고, 감정을 이해한다면서 엉뚱하게 해석하고, 적대적인 말을 하면서 사랑을 운운해요. 앞뒤가 맞지 않는 이런 엄마의 메시지는 아이를 옴짝달싹 못하게 합니다. 또한 자신의 개인적 불행을 거르지 않고 표현하고, 가족 개인의 약점이나 비밀을 노출시켜 아이 마음을 버겁게 합니다.

·· 넓은 바다는 작은 시냇물도 버리지 않는다 ··

밀착 관계에서 동전의 양면처럼 융합과 매우 다른 반응을 보이는 사람이 있어요. 그 분들은 타자에 대해 거리감과 단절감으로 일관합니다. 관계 패턴이 느슨하거나 가까워지지 않는 태도를 유지해요. 사람들 사이에 일어나는 복잡한 신호와 요구가 압박감으로 느껴져, 아예 관계를 안 하고 사는 분들이 있어요. 이들은 최소한의 적응 차원에서 관계를 띄엄띄엄하다 보니 뭐든 혼자 하는 게 편하다고 합리화를 하지요.

친한 사람을 많게는 한 달에 한 번 또는 1년에 한두 번 만나면 그리 쾌적할 수가 없죠. 혼자 공부하고 일하고, 혼자 밥 먹고 영화 보러 가는 행동에 자유를 느껴요. 물론 외롭지만 함께하는 것 자체가 더 부담스러워서 감수하는 행동이죠. 겉으로 보면 높은 수준의 분리 행동처럼 보이나 누군가를 믿고 자신을 개방하면 심각한 상처를 받을지 모른다는 두려움에서 나온 관계 회피 행위입니다. 그러니 이런 반응 패턴도 정신의 분화가 낮은 수준의 모습입니다.

이런 사람은 누군가로부터 침범당할까봐 관계를 유지하다가도 확 철수해버리는 것으로 자신의 내면 불안을 표현해요. 융합하는 사람과 달리 타인과 거리를 두는 사람의 건강한 분화 방법은 상대에 대한 긍정일 것입니다. 좋아한다고, 보고 싶다고, 함께하고 싶다고, 칭찬받고 싶다고, 무엇을 원한다는 긍정이죠. 남편이 아내에게 불편한 점이 있을 때 '그것 해줄 수 있어?'라고 요구하지 못하고 '어디 두고 보자'라는 고약한 마음만 크다면 어떻게 욕구 충족이나 관계 개선이 되겠어요.

"넓은 바다는 작은 시냇물도 버리지 않았기에 그토록 넉넉해졌다"라는 춘추전국시대 한비자의 명언이 있어요. 제가 인간관계에서 어려운 고민이 생길 때마다 되새기는 말입니다. 칼처럼 단호하기보다 수그려 겸손한 것도 성숙한 모습이 될 수 있더라고요. 가족치료전문가 보웬은 정신의 분화 수준이 적절한 사람들에 대한 이야기를 했어요. 갈등 속에서 문제를 일으키는 사람이 있지만, 타인의 생각이나 행동에 영향받으면서 갈등을 해결하기 위해 고심하는 사람이 있다는 거예요.

자신의 불충분한 요소를 발달시키기 위해 다른 이의 가르침을 받아들이고, 자신의 방식으로 소화해서 삶의 목표와 규칙을 만들며 노력한다는 거예요. 대화로 뭐든 조정이 가능하고, 상처받아도 쉽게 회복하며, 친밀한 관계도 잘하지만 상대방이 자신과 다를 때도 자신을 잘 유지하는 데 문제가 없는 사람들입니다.

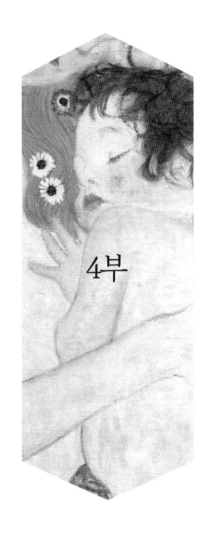

4부

· 17강 ·

경계선
인격장애

지난 강의에서는 병리적 이별과 상실에 대해 공부를 했지요. 대상과 가까워지고 멀어지는 관계 조율에 실패한 경계선 인격장애를 이해해보는 것으로 이 주제를 마무리할까 해요. 경계선 병리의 정도는 자기와 타인의 차이를 분별하는 능력, 복잡한 사회학습을 수행하는 능력, 타인에게 헌신할 수 있는 능력으로 판별합니다. 즉 자신의 욕구를 충족하기 위해서만 남을 대하는지 아니면 대상을 존중하면서 대하는지에 따라 경계선 병리의 정도를 가늠해볼 수 있어요.

경계선 장애가 높은 사람(Boderline Personality Disorder)은 정신증 성격구조에 가까워서 치료가 쉽지 않아요. 좀 더 나은 수준의 경계선 경향을 가진 사람(Boderline Personality Organization)은 파괴적 행동으로 주변인과 반목하다가 가족이나 지인으로부터 상담을 권유받아 옵니다. 또한 진단 범주에 들어가지 않지만 자신의 정체성 발달을 위해, 상담이나 정신분석 수업을 통해 성장하고자 하는 경계선 성향의 사람(Boderline States, Boderline Tendency, Boderline Neuroses)들도 있어요. 사실 경계선 인격장애로 진단되는 사람은 꽤 있는데 치료를 돕는 체계가 많지 않습니다. 그래서 개선될 기회가 부족한 것 같아요.

경계선 인격은 질병으로 인식되지 않는 경우가 많아서 치료로 잘 연결되지 않죠. 약물치료가 중심인 정신과에서 증상 완화를 돕기도 하지만, 경계선자는 의사와 거리를 두고 신뢰하지 않다 보니 효과도 개인별로 차이가 큽니다. 또한 정신과에서는 파괴적으로 행동하는 성격 문제를 깊게 다루지 않다 보니 그들의 대인관계 문제를 구체적으로 돕지 못해요. 상담을 병행하지 않고 약물치료만 한다면 경계선자는 자신의 정신 세계를 이해할 기회가 없게 되고 그 결과 치료가 실패할 수 있습니다.

경계선 성향의 사람에게는 약물치료뿐 아니라 상실과 이별에 대한 성찰을 돕는 상담과 교육이 오래 병행되어야 합니다. 그래야 사회 적응에서 효율성이 생겨나요. 이들의 강렬한 정서적 혼란과 충동 조절 문제, 대인관계에서 보이는 적대감이 치료를 수포로 만들기 일쑤거든요. 병원과 상담실을 옮겨 다니며 변죽만 울리고 도우려는 시도를 거부하고, 자신의 부정적 이미지에 갇혀 치료자를 불신으로 평가절하하고 번아웃시켜 분노케 하므로 전문가들도 그들을 부담스러워합니다.

미국에서는 경계선자들의 품행장애를 돕기 위한 행동치료(DBT: Dialectical Behavior Therapy)를 우선합니다. 또한 친밀 관계에 실패하는 대인관계의 취약점을 애착과 더불어 자기성찰을 유도하는 상담, 교육으로 돕고 있어요. 경계선 인격장애로 진단받은 사람이 이러한 안정된 치료 시스템에서 타인에게 해를 끼치는 위험을 조절하면서 사회적 지지를 받는 등 여러 도움을 장기적으로 받을 때 증상이 75퍼센트 경감되거나 완화되었다는 보고가 있습니다. 하지만 대인관계의 질보다는, 중독이나 자살 등 충동을 조절하는 면에서 유의미하게 변화되었다고 합니다.

경계선 인격구조를 지닌 사람은 문제 완화를 위해 상담이 필요하며, 무엇보다 치료사와의 신뢰 관계 형성이 중요해요. 또한 정신분석 공부를 통해 병의 메커니즘을 잘 이해하는 것도 중요합니다. 약물치료와 상담치료, 자신의 성격 병리를 이해해나가는 교육, 사회성 프로그램, 자아 지원을 해주는 미술치료나 기타 치료 등이 있고, 개인에 따라 한두 가지 방법을 쓰고 모든 방법을 병행하는 사람도 있습니다.

·· 경계선 인격의 엄마 ··

자신과 타인을 각자 다른 욕구와 특성을 지닌 분리된 존재로 인식하고, 그것을 토대로 타인과 상호 존중하는 관계를 해나가는 것이 정신의 성숙입니다. 특히 감정의 발달이 사회화에 중요한 역할을 해요. 타인의 감정을 읽으면서 자신의 정서 상태를 상대방에게 위압적이지 않게 적절히 표현해야 좋은 인간관계를 유지할 수 있지요.

경계선 인격을 이해하는 데 마가렛 말러(1897~1985)의 유아의 심리

발달 연구 자료가 도움이 됩니다. 말러는 정상적인 공생 단계에서 분리 개별화 심리발달 과정에 실패한 사례를 연구했어요. 정신분석 연구자가 22명의 엄마, 38명의 정상 유아를 대상으로, 아이가 만 3세가 될 때까지 혼자 있을 때와 엄마와 상호작용하는 모습을 10년간 관찰연구했습니다.

말러가 분류한 생후 첫 0~2개월은 자폐기예요. 이 시기의 유아는 엄마에 대해 특별한 관심을 보이지 않는다고 해요. 이 기간에 대상과 관계 맺을 수 있는 심리기능 발달이 이루어지기 위해 먹여주고 안아주는 보살핌이 축적되어야겠지요. 그다음은 2~6개월 공생기로, 이때 아이는 자신의 욕구를 만족시켜주는 대상이 있음을 감지해요. 공생 단계에서 엄마가 유아와 충분히 심리적으로 함께하면 유아는 마치 자신의 소망과 실제 성취가 하나인 것인 양, 자신의 배고픔이나 바람이 저절로 충족되는 전능환상을 경험하죠. 유아에게는 엄마와 자신이 하나처럼 느껴진다는 뜻이에요.

하지만 자신의 요구를 알리는 몸짓에 엄마가 적절히 반응하지 않으면, 아이의 자아 기능은 제대로 발달하지 않겠죠. 엄마가 아이의 욕구에 맞춰주고 공감하는 행동은 아이의 정신이 분화되는 시기에 생산적 정신 기능을 형성하는 토대가 됩니다. 공생은 기분 좋은 사랑을 주고받는 따뜻한 감정이기도 해요. 엄마 입장에서도 공생 경험은 행복한 겁니다. 자신의 유아기를 회상되면서 아이와 친밀감을 통해 공생의 즐거움을 만끽하죠. 하지만 평범한 공생을 경험하지 못한 엄마는 아이의 수유나 아이를 돌보는 상황에 지나치게 번아웃되면서 자신의 자율성이 위협당한다고 느껴요. 이런 엄마는 아이에게서 심리적으로 물러나 거리를 두기 위해 수유와 수면을 지나치게 고정된 일정에 맞추려고 애쓰게 됩니다.

간혹 엄마가 어릴 적에 박탈을 경험했다면 산후우울증까지 가중될 수 있습니다. 그러다 아이가 너무 버겁게 느껴져 누군가에게 맡겨버리기도 합니다. 자신의 엄마로부터 불안이 밀려왔던 경험 흔적이 크면, 자신의 아기를 마주하는 지금 이 순간에 정신이 혼미해져 아기가 짐스럽게 느껴져요. 엄마 자신이 돌봄이 필요한 상황이 되어버리는 격이죠. 공생 경험이 결핍된 채로 성장하면 누구에게든 맞추는 것이 버겁게 느껴져요. 아울러 충족되지 못한 의존 욕구로 인해 아이에게 두려움이나 혐오감을 나타내기도 해요.

또 다른 종류의 실패는 자녀를 영원히 자라지 않는 아기처럼 돌보는 거예요. 이러한 돌봄은 친밀한 반응과 다르게 일어납니다. 자신의 결핍이 커서 아이에게 지나친 애정을 쏟아붓게 되는 거죠. 공생 시기라 할지라도 아기는 엄마에게 완벽한 것을 경험할 수가 없어요. 어느 정도의 차가움이나 배고픔 등 다양한 고통을 피할 수 없죠. 때로는 불쾌한 좌절이 유쾌한 경험과 대조를 이루면서 분리개별화에 도움을 주지요.

·· 분리-개별화 단계 ··

분리-개별화 시기는 6개월부터 24개월까지입니다. 이 시기는 부화 단계(6~10개월), 연습 단계(10~16개월), 재접근 단계(16~24개월)로 나눠 설명해요. 분리는 심리 내적 힘이 생기는 분화된 모습이고요. 개별화는 자율성, 인지, 현실검증 등의 발달이 이루어지는 과정이에요. 자기표상과 구분되는 대상표상을 형성하는 시기입니다.

말러는 유아가 엄마와의 공생 관계로 시작해서 안정된 자기 개별성과 대상 항상성을 만들어가는 엄마로부터의 분리개별화 과정을 '심리적 탄생'이라고 했어요. 우선 부화 단계에서는 아기가 엄마에게 온전히 몸을 맡기던 모습과 다르게 주의력 발달로 목표지향적인 행동을 해요. 엄마의 눈, 코, 귀, 머리카락 등 신체 부분을 탐색하고, 낯가림으로 엄마와 다른 사람을 구별해요. 배로 밀면서 기어 다니며 구르고, 세상을 탐색하고 아빠와 재미나게 놀기 시작해요. 엄마는 아기의 분화된 모습이 섭섭하면서도 홀가분해요.

엄마는 이 작은 발달을 기뻐하면서 아기와 함께 분화 과정을 밟아갑니다. 아이는 날아다니듯 기어 다니고 손에 잡히는 것마다 잡아당기고 흐트러뜨리며 다녀요. 기저귀를 갈 때도 요리조리 발을 빼서 쉽지가 않죠.

연습 단계에는 유아의 자율적인 자아 기능이 늘어나죠. 세상을 탐험하다가 정서적 재충전이 필요하면 엄마에게 돌아와요. 똑바로 서는 연습을 하다가 보행을 해요. 또한 세상에 있는 것들에 호기심이 일어나면서 엄마와의 융합으로부터 의기양양한 탈출을 시도해요. 이때 까꿍놀이는 엄마와 멀어졌다 가까워졌다 하는 것을 조율하는 놀이예요. 아이는 앞서 나가며 엄마가 자신을 잡기를 원하지만 또한 놓아주길 바라죠. 건강한 엄마는 아이가 세상과 사랑에 빠져 탐색하는 것을 함께 기뻐해주고 즐거워해요. 말러는 엄마로부터 떨어져 나가도록 아이를 밀어내는 듯하면서도 감정적으로 접촉을 유지해주는 게 걸음마하는 아이를 다루는 좋은 방법이라고 했어요.

재접근 단계는 16개월에서 24개월이에요. 이때 아이의 분리 불안이 증대되어서 엄마가 어디에 있는지 늘 확인하고 찾아요. 자신이 엄마로부터 떨어져 나갔다가도 엄마가 쫓아와 붙잡아주길 원해요. 이 시기의 유아는 공생기와 달리 의사소통을 통해 엄마와의 거리를 조절해요. 불러도 바로 가지 않고 '싫어'라고 자기주장을 하면서 엄마와의 분리를 유지하기도 하죠. 아이는 엄마에게 많은 것을 조르게 되는데 엄마가 원하는 것을 다 해주지 않는다는 것을 점차적으로 알게 되고, 자신이 전능하지 않다는 현실적 좌절도 경험하면서 공격성을 사용해요. 엄마와의 분리를 부정하려는 듯 엄마의 손을 끌어다 원하는 것을 이루려 하고 고집이 장난 아니죠.

이 시기에는 엄마가 따스하지만 멀게 느껴지고, 마음대로 통제가 되지 않는 현실적 대상인 걸 자각하게 돼요. 아이의 투정은 아빠와 있을 때보다 엄마와 있을 때 크게 일어납니다. 공생 파트너와의 분리나 거부가 아이에게 더 큰 좌절이 되기에 그렇죠. 이 시기의 부모는 동화책을 읽어주고, 함께 노래를 부르고, 운동을 하는 등 아이의 마음을 달래는 적극적인 상호작용과 여러 활동을 통해 분리에 대한 불안을 덜어주어야 합니다.

이런 상호작용은 아이가 제시간에 해야 하는 많은 활동을 정확하게 가르치는 것까지 포함해요. 아이가 엄마와 분리가 잘되면 투정의 강도가 줄고, 감정이 조절되어 부모의 기분을 알아차리고 공감하게 됩니다.

때로는 엄마가 주는 한계도 잘 수용하고요. 이 시기에 중간대상을 갖게 되면서 드디어 분리능력이 생깁니다. 아이는 자율성 유지가 엄마에 대한 친밀감을 버리는 것이 아님을 알게 됩니다.

마지막으로 대상 항상성의 발달 시기는 24개월에서 36개월입니다. 대상 항상성은 사라진 대상을 다시 찾을 것이라는 확신으로 대상을 찾는 능력이기도 하고, 엄마와 떨어지거나 좌절할 때 여전히 엄마가 좋은 사람이라는 감정적 기억을 불러오는 능력이에요. 살아서 존재하는 외부 대상만큼 내면에 존재하는 엄마표상에서도 위안을 얻게 된 것은 굉장한 심리적 발달의 성취입니다. 대상 항상성이 형성된 아이는 엄마가 있건 없건 자신의 긍정적 이미지가 잘 유지되어 혼자 심취해서 잘 놀아요. 물론 이 정도가 발달의 끝은 아닙니다.

이 내면 이미지를 투사해 살면서 더 많은 현실적 대상과 접촉하고 사랑과 지원을 받아 성숙해가죠. 대상 항상성이 잘 성취되면 불쾌하고 유쾌한 경험을 통합해내는 능력을 갖게 됩니다. 사소한 분리나 상실 경험에도 잘 대처하고, 좌절을 해도 과제를 지속할 수 있고, 누군가에게 실망해도 좋은 경험을 기억해두었다가 회복할 수 있어요.

·· 대상을 분열하여 나를 지키기 ··

컨버그는 경계선 인격의 주요 특성과 증상의 원인을 분열이라는 원시 방어기제로 설명했어요. '분열'은 좋음과 나쁨이 섞이지 않게 철저히 분리시키는 작용입니다. 좋고 나쁨은 어디서 나올까요? 좋은 사람인지 아닌지에 대한 것은 자신을 바람직하다고 느끼는 감정과 연결되어 있어요. 같은 사람에게 상반된 감정을 가질 수 있는 것은 성격의 안정성 때문입니다. 어릴 적에 엄마가 좋은 대상이라도 항상 좋을 수만 없잖아요. 최적의 환경에 있다 해도 엄마에게 실망할 수 있죠. 그래서 좌절을 경험할 때 분열은 자연스러운 겁니다. 하지만 비정상적 분열도 생길 수 있습니다. 좋고 나쁜 엄마의 이미지가 균형 있게 통합되지 않으면 과도한 분열이 생겨 자신이든 남이든 항상 전적으로 나쁜 사람이거나 전적으로 좋은 사람으로만 느낍니다.

나쁜 엄마 경험이 만성적인 좌절을 일으키고, 그러한 거절이 박탈에 가까울수록 비정상적 분열이 발생해요. 엄마를 좋은 대상과 나쁜 대상으로 철저히 분열시켜야 아이는 위협받는 감정 없이 좋은 엄마에게 의존의 끈을 유지할 수 있으니까요. 문제는 성인이 되어서도 과도한 분열이 작동한다는 것입니다. 쉬운 말로 표현하면 분열은 대상의 가치를 주관적 감정 상태에 따라 전적으로 좋게 또는 나쁘게 보는 것이에요, 어떤 것이 나빠도 자신의 마음에 들면 좋게 지각하고, 상식적으로 좋은 것도 내 마음에 들지 않으면 나쁜 것이 돼버려요.

경계선 인격자는 자신이 원하는 대로 세상이 움직여주는 도움을 제대로 받은 경험이 부족한 사람들이죠. 대상 항상성 발달에 실패해서 스스로 안정감이나 기분 좋은 상태를 유지하기가 어렵습니다. 만족을 주고 지지하는 사람과 있을 때 비로소 자신이 온전하게 느껴져요. 대부분의 사람은 홀로 즐길 줄 알거나 자신의 생각으로 뭔가를 이룰 수 있지만 경계선 인격은 공생적 파트너가 필요해요. 안정된 대상 이미지를 유지하지 못해서 좌절하면 갑자기 모두 나쁜(all bad) 상태가 되고, 함께했던 좋은 기억이나 긍정적 이미지가 떠오르지 않아요.

일단 불쾌한 경험을 하면 상대가 오랫동안 좋아한 사람이며, 현재 기분이 나쁠지라도 얼마 전까지 즐거움을 주고받던 좋은 사람이라는 생각을 못하고 분노하며 매도하게 돼요. 이 모든 행동 이면에는 분리개별화 실패 문제가 있어요. 자신 안에 안정된 대상 이미지가 없기 때문에 그래요. 예를 들어 경계선 인격자는 남편과 싸우면 아이들과 남편이 산책만 나가도 버림받는 느낌에 시달려요. 또 자신이 기분이 좋지 않은데 다른 사람이 웃으면 역시 소외감을 느끼죠. 뭐든 전적으로 좋게 보거나 전적으로 나쁘게 보며, 대상과 거리 조절에 실패해서 누군가와 가까워지고 멀어지는 것이 두렵고 고통을 받아요. 대상 항상성이 성격 안에 온전히 자리 잡히면 어떨까요? 때로는 싸우고 넘어가기도 하고, 대상에 대해 의심도 덜 하게 되고, 관계의 적절한 거리를 유지해서 쾌적한 관계를 할 수 있습니다.

그런데 경계선자는 안정감을 위해 자신이 의지하는 사람에게 과잉의존하려는 생존전략이 유일한 행동방식이에요. 거기에 영유아기 박탈 경험이 있으면 유기불안을 활성화시켜 어떤 상황에서든 혼자라는 사실에 겁을 먹어요. 잘 지내다가도 주변에 있는 친밀한 사람들이, 가족조차 언젠가는 떠날 것 같은 공포를 느껴요. 그래서 버림받는 느낌을 유발할 일이 생기면 분노를 터트립니다.

문제는 부정적인 자기표상에서 비롯된 증오로 주변인에게 상처를 주는데, 분노를 쏟은 후에는 지극히 평범하고 다정한 사람이 되어 주변 사람을 당혹스럽게 하죠. 왜 그럴까요? 엄마로부터 분리개별화된 독립된 개체로 성장하지 못해 늘 버림받는 공포를 느끼고 친밀한 사람에게 매달리고 집착하는 방식으로 안정감을 찾기 때문에 그래요. 경계선 인격 구조를 가진 이들은 부부, 부모자녀, 인간관계에서 의존 경향이 매우 강렬해요. 그 결과 종종 자신이 기분 나쁜 상태에 있을 때 무의식적으로 상호 혐오 상태를 도발해요.

특히 유기불안을 자기 내면이 아닌 타인을 통해 지각하곤 하는데요. 자기 내면에 있는 증오를 투사해서 대상을 노골적으로 미워하면서 대상으로부터 버림받을 행동을 유발해요. 하지만 이런 자신의 행동이 대인관계에 미치는 파괴적 영향을 잘 몰라요. 오랫동안 상담치료를 받아야 비로소 확실한 이유 없이 느꼈던 미움이나 거부의 실체가 자신의 것이었음을 알게 되지요.

은교 씨의 사례를 보겠습니다. 그녀는 이런 꿈을 꾸었습니다.

"딸이 입원을 했어요. 병실로 옮겨진 아이가 잠을 자고 있는데 병원에 행사가 있어 모든 직원이 참가해요. 나는 아이가 제때 치료를 못 받을까봐 노심초사해요. 간호사가 아이에게 링거를 꽂아주길 기다리면서 방치된 것 같아 화가 치밀어요. 조바심이 나서 간호사를 찾아 나서는데 인턴이 담배를 피우고 있는 거예요. 나(은교)는 복도에서 담배를 피워도 되냐고 고래고래 소리를 질렀어요. 마침 방송에서 병원 행사를 중계하고 있었는데 병원장의 인사말이 하찮게 느껴졌어요. 아이가 아픈데, 죽어갈지도 모르는데 저런 하찮은 행사로 힘들게 한다고 생각하니 화가 머리끝까지 났어요."

경계선 인격자의 꿈 내용은 본인이 현실에서 겪는 갈등 내용과 거의 차이가 없어요. 증상의 원인에 대한 변장이 일어나지 않아요. 자신의 부정적인 이미지를 타인에게 투사해서 인정이나 존중을 받지 못한다고 지속적으로 지각하는 것이 경계선자가 가진 정서의 핵심이에요. 어릴 적에 엄마에게 홀대받았던 그대로 타인을 대하기 때문에 싸움이 일어나죠. 은교 씨는 우울하고 화가 나면 옆의 대상이 누구든 도움을 주지 않는 나쁜 사람으로 느껴져요. 이때의 정서는 분노입니다. 사실보다는 부정적인 감정에 근거해서 대상을 보는 거예요. 온 세상이 'all bad' 상태가 되면 누구든 자신을 거부한다고 느껴요. 그 대상이 가족이면 "가족이지만 사랑하고 싶지 않아요. 남편이 늦게 들어와도 밉고, 일찍 들어와도 미워요"라고 푸념합니다.

분리개별화 실패의 또 다른 양상은 거리두기입니다. 친밀 관계가 타인의 침범이나 통제로 지각되어 누구든 회피해요. 이런 유형의 경계선 인격자는 주 1회 또는 격주에 한 번 상담을 시작합니다. 서서히 신뢰 관계를 맺으며 횟수를 늘려갑니다. 상담 관계에서도 지각과 결석이 잦습니다. 자신의 부정적 이미지를 상담자에게 투사하다가 작은 좌절로 기분이 언짢으면 오지 않기도 합니다. 상담에서 할 법한 중요한 이야기를 아무에게나 성토하고, 정작 상담에서는 할 이야기가 없다고 하기도 해요.

·· 경계선 경향의 특징 ··

경계선 경향의 특징을 하나씩 알아보겠습니다.

첫 번째, 경계선자는 자신의 소원이나 욕구를 명확하고 균형 있게 표현하지 못해요. 자기 욕구의 실체를 모르기도 하고, 자신에게 중요한 대상의 욕구가 자기 것이 되어서 그렇기도 합니다. 늘 자기와 상대의 욕구를 분간하지 못하고, 배척되거나 소외되었다고 느끼게 되면 말수가 줄고 움츠러듭니다. 분노나 불안을 내보이지 못해 욕구불만 상태가 되지요. 또한 융합 욕구가 커서 소통이 없어도 누구든 자신의 욕구를 즉각 알아차려 주기를 바랍니다. 상담에서는 "모르겠어요" "생각하기 싫어요"로 일관합니다. 그래서 실망한 감정을 편집하지 않고 표현하는 연습을 많이 하게 합니다.

두 번째, 사람을 순간적인 감정적 판단에 근거해보는 경향이 커요. 사실 확인 없이 추측을 일반화하는 거예요. 잘못된 확신을 갖고 상대방을 비난하거나 흠을 잡아 관계를 단절해버리죠. 역시 자신의 부정적 이미지가 옮겨져서 그래요. 상담 시간 동안 지지받아 기분이 좋았다가도 마칠 시간이 되었다는 말을 듣거나 상담자가 시계를 바라보는 행동을 보이면 거부당했다는 사인으로 느껴 인사도 없이 가버리기도 해요. 표현하지 못한 상담자에 대한 서운함이나 적대감을 누르다가 집에 돌아가 그 분노를 만만한 대상에게 행동화(acting out)하는 경우가 많아요. 그래서 다음 상담 때 혹시라도 무엇이 어떻게 불편했는가에 초점을 맞추어 상담을 해나가요. 정해진 시간에 상담을 하고 마치는 것조차 부당하다고 느껴서 상담을 깨는 경계선 인격자도 많아요.

경계선 경향이 높은 사람은 감정이 상향된 각성 상태에 들어가면, 즉 관계가 가까워지면 더욱 타인의 상황과 마음을 헤아리는 것이 어려워져요. 한 경계선 인격자의 남편이 우연히 지하철에서 편지를 주워왔는데 아마 여고생의 연애편지였던 모양이에요. 이 부인은 확인도 하지 않고 남편이 직장 동료와 바람을 핀다고 확신했어요. 남편을 모질게 대하고 버림받는 공포로 일상을 지옥으로 만들었죠. 상담을 통해 별일 아닌 사실로 받아들이기까지 한 달이 걸렸지요. 지각과 행동 사이의 완충기능이 손상돼 자기 본위적인 설명과 성찰 없는 행동화로 문제를 일으키기 일쑤였어요. "남편 잘못이에요. 남의 것을 왜 주워와요. 평소에 저를 배려하지 않는 행동의 일부라고 생각해요." 대상에 대한 안정감은 타인이 없는 자리에서도 안정된 균형 잡힌 시각으로 그들을 생각하는 것입니다.

세 번째, 경계선 인격자는 대화의 내용과 질이 보통 사람과 달라요. 자신의 동기나 느낌, 생각을 배제하고, 어떤 부차적인 내용을 지루하게 나열해서 듣는 사람을 멍하게 만들어요. 의미를 연결시키는 상징을 사용하는 역량이 부족해서 감각적 내용에 대해 지나친 묘사를 하는 것 같아요. 어떨 때는 자신이 어디에서 들은 내용만을 여과 없이 통째로 전달하죠.

네 번째, 공허감과 불안을 없애기 위해 경제력에 맞지 않는 과잉 소비와 무모한 행동, 무절제한 식습관, 중독 성향을 보여요. 대부분의 사람은 본능만족을 지연시키는 다양한 능력을 가졌고, 자기 행동의 장기적 결과를 예측해서 충동을 조절할 수 있잖아요. 하지만 이들은 충동을 물리치거나 조절하는 일이 어려워요. 또한 열려 있는 기회를 평균도 못 미치게 이용해서 늘 권태와 불안에 빠져요.

습관적으로 경험하는 불안에 다른 불안이 추가되면 퇴행이 더 심하게 일어나 뭐든 중도 포기하거나 망쳐버리는 게 다반사예요. 계획성 없이 닥치는 대로 무분별하게 일을 처리하고 또 그러한 방법으로 사람을 대하기 때문에 신뢰를 바탕으로 한 관계가 형성되지 않아요. 일과 삶을 즐기는 것, 재능을 발휘하기 위해 배우는 것에도 지체 현상이 커요. 경계선 경향이 클수록 문화환경이나 사회환경에 들어가지 못하고 낙제나 직업적 실패, 관계 실패를 반복합니다.

다섯 번째, 자신의 신체에 과도하게 집착해요. 질병에 걸릴까봐 겁을 먹고 과다한 공포에 시달려요. 끊임없이 아프다는 핑계로 주변인을 조정하면서 짜증을 유발해요. 자신이 아픈데 누구 하나 존중하고 돌봐주지 않는다고 합니다. 아픈 상태가 자신의 부정적 이미지와 동일시되어 힘들어 죽겠다고 느끼는 거예요. 건강염려증은 성격병리와 관련이 높아요. 때로는 건강에 집중하기 위해 사회생활에서 철수하기도 해요.

여섯 번째, 경계선자는 의존 욕구를 충족하지 못하면 불안이 극대화되고 적대감이 올라와요. 인내할 수 있는 한계를 넘어 대상과 분리되면 좋았던 기억을 축적하지 못해요. 급성적인 정서 불안으로 돌발적 분노가 일어납니다. 친밀하거나 의존하는 친구의 연락이 드물거나, 문자에 답이 없거나, 자신이 생각한 것보다 조금 긴 시간 동안 접촉이 되지 않으면 '나에게 관심이 없나. 나를 싫어하나. 나를 떼어버리려고 그러나' 하며 긴장곡선이 마구 올라가요. 누군가 보고 싶고, 그리우면 먼저 연락하고 찾아가는 완충 행동을 못하기 때문입니다. 먼저 다가가는 행동이 왜 치사하고 억울할까요? 대인관계에 관한 두려움이 커서 그래요.

경계선 인격자는 유대감이 좌절되면 늘 대상에 대한 권리를 주장하는 것으로 적대감을 합리화해요. "남편은 자기밖에 몰라요. 나에게 당연히 공감해줘야죠." 상실한 엄마와의 유대를 되찾기 위해 사람이나 물건을 자신만의 소유물인 중간대상으로 사용하는 격이에요. 어떤 대상이든 그가 자신의 필요에 의해서만 존재하는 것이 아니잖아요. 인간관계에서 상호작용을 안전하게 하려면 대상이 자신과 다르고 분리되어 있다는 공평 감각이 필요해요.

일곱 번째, 경계선 성향을 지닌 사람은 증오 감정이 큽니다. 그래서 실망할 때 적개심이 조절되지 않아요. 타인이 완전무결하기를 바라며 자신이 생각한 방식으로 행동하지 않으면 쓸모없는 사람으로 취급해요. 폭력이나 폭언으로 타인은 공포와 모욕을 느껴요. 하지만 안타깝게도 이는 자신의 좌절된 힘든 내적 상태를 알아달라는 신호입니다. 아주 사소한 것에서 시작된 분노는 늘 걷잡을 수 없는 상태로 치닫습니다. 대상과 가까워지고 멀어지는 것에 대한 조율에 실패해서 스트레스가 느껴지면, 부정적인 이미지들이 강한 돌풍처럼 다가와 극단적인 분노 상태가 순식간에 되어버려요.

사소한 실수에 마음이 상했는데 처음의 원인을 표현 못해서, 그것을 아무도 알아주지 않는다고 생각해서 화를 냅니다. 그때 책장을 넘어트리고 냉장고를 쓰러트리는 괴력이 나와요. 하지만 자신의 뿔난 마음을 알아주는 신호가 느껴지면 바로 반성과 용서를 구하는 행동이 나와요.

미미 씨의 사례를 볼까요. 그녀가 꾼 첫 번째 꿈입니다.

"가스 폭발이 일어나기 전에 내가 가스 밸브를 잠그면 사람들을 구할 수 있어요. 그런데 늦장을 부리다가 '펑' 하고 터졌어요. 그 순간 '이제 다 죽었네' 하는 절망적 두려움이 엄습해요. 다행히 터진 것은 가스가 아니라 물이었고 사람들이 물 위에 둥둥 떠 있어요. 사람들이 한 명씩 구조되고, 저는 살았다는 안도감에 그저 행복해요. 그리고 이어진 꿈에서는 배와 가슴에 칼자국이 선명한 피맺힌 상처가 가득해요. 얇은 유리가 상처마다 박혀 있어요. 너무나 당혹스럽고 무서웠지만 유리 파편을 말끔히 빼냈어요."

그녀의 두 번째 꿈입니다.

"다섯 살 남자 아이가 서리 내린 초가을 새벽, 허허벌판에 허수아비처럼 옷도 제대로 입지 않고 서 있어요. 얼마나 처량하고 구슬프게 우는지 가여워요. 도움을 주려고 달려오는 사람도 없고, 아이는 어느 누구에게도 도움을 청하지도 못해 서럽게 울기만 해요. 고통으로 일그러진 아이의 얼굴이 어른인 나의 얼굴과 교차돼요. 또 연달아 꾼 꿈에서 사내아이가 부모를 잃고 우리 집에 오게 되었어요. 누군가 그 아이를 돌봐야 하는데 아무도 관심이 없어요. 아이가 나처럼 느껴졌고 연민과 슬픔 때문에 제정신이 아니에요. 하지만 아무리 애를 써도 아이를 도와줄 수가 없어요."

누군가와 가까워지고 싶다가도 친밀함 자체가 두려워 상대를 밀어내거나 아니면 상대가 달아나도록 하는 경계선 인격장애를 가진 미미 씨가 있어요. 그녀는 다정다감하게 행동하다가도 사소한 일에 통제 불능한 분노 폭발을 쏟아내어 가족과 주변사람을 당혹스럽게 만들어요. 화가 치밀어 오르면 남편이든 아이든 사소한 잘못을 찾아내어 가슴에 대못을 박죠. 또 화를 내는 자기의 주장을 정당화하기 위해 사실을 과장하는 거짓말까지 서슴없이 해요. 하지만 기분이 좋으면 남편에게 사랑하고, 평생 함께 행복하고 싶다고 해요. 또 이내 상대방의 부정적인 제스처나 말 한마디에 곧바로 사는 게 지옥이고, 자기의 기분을 이해하지 못하는 남편이 한심한데, 제대로 잘해준 적이 없다며 살아주는 것을 고맙게 여기라며 폭언을 일삼죠.

어떨 때는 아무 일도 아닌 것으로 시작된 불만이 밤을 지새우며 자신에게 얼마나 상처를 주었는지 남편의 방대한 과거사를 일목요연하게 성토하는 시간이 돼버려요. 남편은 아내가 말하는 것과 자신의 현실이 다르다는 것에 억울해하면서 서로 죽일 것처럼 싸울 수밖에 없다고 해요. 사실 남편은 이런 수모를 당할 만큼 자신이 아내에게 어떤 잘못을 했을까라는 의구심이 일어나죠. 하지만 정말 어떻게 반응해야 할지 모르겠다고 고심도 하지만 끊임없이 자신을 조정하고 통제하려는 아내의 언어폭력에 무기력할 수밖에 없을 것입니다. 사소한 혐오로 이삼 일 죽일 듯 싸우고 한 열흘은 평온하고 천사 같은 행동을 하는 아내가 이해되지 않습니다.

사실 남편은 평소 아내의 친절한 품성에 행복해지다가도 금세 미미 씨의 기분이 어떤 상황에 어떻게 바뀔지 모르기 때문에 불안해하죠. 더구나 옳은 소리를 할 수가 없어요. 미미 씨가 감정적 육감을 동원해서 좋다 나쁘다로만 판단하기에 아내가 그저 무서운 거예요. 주기적으로 미미 씨가 분개하면서 우울할 때는 남편과 아이들은 아내에게 동참해서 큰 슬픔을 당한 것처럼 침울해해야 그 위기에서 벗어날 수 있다 해요. 아내의 분위기와 다르게 TV를 보거나 아이들과 웃으며 수다를 떨고 있으면 그 분노의 압력은 높아지죠. 밥을 먹을 수도 없어요. 그 순간 남편은 짐승이 되죠. 그런 순간 아이들도 서로 싸우거나 숙제를 안 하면 엄마에게 반쯤 죽죠. 이렇게 강한 정서를 조절하고 여과하는 방법을 모르는 성격장애를 가진 사람과 함께 사는 것은 혼란스러운 일일 것입니다.

미미 씨의 엄마 역시 경계선 인격장애를 지녔던 것 같아요. 미미 씨가 어린 시절에 엄마의 언어폭력인 비난과 경멸로 수치심으로 점철되었던 하루가 얼마나 억울했는지 쉽게 떠올릴 수 있는 것을 보면 말예요. 어느 날 엄마를 행복하게 해드리려고 설거지를 돕다가 접시를 깬 적이 있었다고 해요. 엄마는 "누가 너에게 설거지하라고 했어? 이 하찮은 것 하나 똑바로 못하니? 왜 그랬어?"라며 자신을 밀쳐냈던 경험과 또 한 번은 친구 집에 놀러갔다가 친구 부모님이 엄마와 함께 먹으라고 귤을 한 봉지 싸주셨는데, 엄마를 기쁘게 해드릴 마음에 달려가 자랑을 하려는 자신에게 "지금 몇 시야. 너 미쳤어? 그리고 너 거지야?"라고 진노를 하는 엄마의 매서운 눈빛과 말에 뭐라고 대답해야 할지 몰랐어요. 그 자리에 얼어붙어 있던 강렬한 기억에 미미 씨는 서럽게 울었어요.

사소한 실수, 때로는 자연스러운 행동조차도 엄마의 기분에 따라 나쁜 것이 되었기에, 의도하지 않았지만 엄마에게 모욕을 줬다는 부정된 비난들이 지금까지도 온몸에 각인되어 무력감이 느껴진다고 해요. 엄마는 돌아가셨지만 이제는 자신이 엄마가 되어 아이에게 이자를 붙여 더 무섭게 군림하는 것 같아 무섭다고요. 미미 씨는 엄마의 판단 기준이 너무 무서웠는데 예를 들면 어떤 일이든 너무 일찍 했거나 늦게 행동해서, 표정을 잘못 지어서, 눈치가 없어서, 무엇인가를 물어보지 않아서, 실패를 미리 생각하지 않아서 혼이 났던 거예요. 거기에 언제나 엄마 편이 되어주지 않으면 적이 되었기에 억지로 엄마의 요구에 맞추느라 힘이 들었는데 아무리 애를 써도 엄마 마음에 들 수 없었어요. 그리고 오랜 시간에 걸쳐 터득한 엄마의 바람은 자신 외에 그 누구와도 친밀감을 나누지 말라는 것이었죠.

아빠와 잠깐 슈퍼를 다녀오려 해도 얼굴이 새파랗게 질리는 엄마의 마음을 어릴 적부터 간파했어요. 미미 씨는 공부와 일, 친구까지 자신과 관련된 모든 것에 대해 비난을 듣고 자라왔는데 그 이면의 메시지는 모두 엄마보다 중요하지 않다는 거였어요. 엄마는 자신 외에 그게 누구이든 물질과 시간, 에너지를 쓰는 것을 못마땅하게 여겼지요. 친구들도 가끔씩 집에 전화를 하면 엄마 목소리가 무섭다고 불편해했고 엄마의 조건에 맞지 않는 친구는 만날 수도 없었어요. 엄마의 관여가 없는 것만 미미 씨에게 남아 있어요.

무엇인가 잘못되어 엄마 기분이 나빠지면 아버지 탓이거나 자신 탓이 되었지만 엄마가 기분이 나아지면 너희밖에 없다며 앞으로는 더 잘하겠다고 맛있는 음식을 해주는 등 엄마의 서비스로 집은 바로 지옥에서 천국으로 변했다고 해요. "엄마는 사소한 불만에 주위를 혼비백산시키고 언제 그랬냐는 듯이 늘 안정감을 되찾는데 도대체 어느 쪽이 진짜 엄마 모습인지 알 수가 없는 거예요." 미미 씨는 엄마와 함께 있으면 긴장되고 안절부절못하게 되니 엄마의 기분에 장단을 맞추기보다 차라리 냉정한 관점과 거리에서 말과 행동을 하는 게 속편함을 터득했지요. 아마도 미미 씨가 엄마의 감정 하나하나에 공감해가며 도움을 주면 탈진해버리기 때문일 거예요.

경계선 인격은 두 번째 꿈처럼 언제나 혼자라는 느낌 때문에 겁에 질려 있어요. 어린 시절 주변에 그를 아끼고 지지해주는 신뢰할 수 있는 사람이 없었기에 버림받은 아이처럼 서럽고 억울한 거예요. 어릴 적 양육자에게 일관성 있는 보호와 관심을 받지 못했거나, 문제가 있는 가정에서 자라면 버림받을지 모른다는 느낌에 함입됩니다. 전적으로 의지하고 싶으면서도 늘 관계를 끝내고 싶은 바람은 현실적인 판단이 아닌 애정결핍 상태를 보여줍니다. 양극단을 어지럽게 오가는 상태는 기분과 대인관계에서 확연히 드러나요. 그래서 소외감이나 사소한 거부, 버림받는 공포를 유발할 일이 이들에게는 분노를 터트리는 원인이 돼요.

아침부터 밤까지. 하루 종일 데이트를 즐기고 헤어지는 순간에 상대방이 피곤해한다든지, 다음 약속을 알 수 없는 애매한 인사라든지, 강렬하게 융합하고 싶은 마음을 알아채주지 못해서 성의 없이 헤어지면 거부당하거나 버림받을지 모른다는 강렬한 불안감에 휩싸입니다. 그래서 이들은 항상 끝을 생각하죠. 철저히 혼자라는 느낌이 들 때마다 기분 나빠 격노하는 것은 이와 같은 유사한 환경 안에서 자신이 위태롭다고 느껴져 신뢰할 만한 환경을 찾는 방법일 거예요. 자신이 나쁜 사람이 아니라는 것을 어떻게든 증명하기 위해 분노를 터트리거나 사랑한다고 애원하는 거예요. 첫 번째 꿈에서 미미 씨의 경우처럼 주변을 통제할 수 없다고 느낄 때 긴장과 불안이 증폭되는데 이를 완화시키기 위해 주기적으로 분노를 폭발할 수밖에 없어요.

아무리 사소해도 부정적인 일들로 인해 감정이 압도당하면 평온한 일상이 극단적 분노로 가스 폭발처럼 터지게 돼요. 하지만 상상한 나쁜 일과 달리 자신을 괴롭히는 사람과 상황이 별일 아니었다는 평정심을 찾게 되면 상처받은 마음이 순간 회복되는 거예요. 이때 평상시 지닌 심성으로 천사 모습이 나오는 거죠.

일상의 사소한 것으로 시작되는 걱정은 돌연 이들에게 공포가 되고 두려움이 됩니다. 경계선자들은 공포를 느끼는 것보다 화를 내는 일이 더 쉬워요. 왜냐하면 화를 내면 모든 상황을 잘 통제하고 다시 제자리로 돌아올 수 있는 힘이 느껴지지 때문에 그래요. 또한 이들의 불안과 긴장은 보통 사람의 수준과 다르기 때문에 한 번 화를 내고 나면 잠시 동안이지만 평온한 안정감이 생겨나요. 물론 이 리듬 또한 주 양육자와의 환경에서 만들어진 리듬이겠죠. 이틀 지옥이고 삼사 일 평화로운 천국 말예요. 신뢰 관계와 불신 사이에 균형을 찾는 것은 매우 중요해요. 우리는 이것을 부모 관계 경험으로 훈련을 받아요. 이 경험에서 실패한 경계선자는 인간관계와 사회생활에서 유기공포를 느껴요.

엄마로부터 분리개별화되어 독립된 개체로 성장하지 못하면 버림 받을지 모른다는 무의식적 불안이 가깝고 친밀한 사람에게 활성화되어 매달리고 집착하는 방식으로 나오게 되죠. 이들은 과도하게 누군가에게 친절을 기대하기에 좌절될 때 그 대상을 성의 없고, 능력 없고, 나쁜 사람이라 평가절하를 쉽게 해요. 관계에서 애정과 관심도 중요하지만 친절함에도 한계가 있다는 것을 알지 못하는 거죠. 이들은 그 어떤 실망도 감당하기 힘들어서 타인이 자신에게 가학적인 나쁜 동기를 지니고 자신을 대한다고 생각해 일방적으로 맞추며 눈치보고 있다가 폭발하는 대상관계를 반복해요. 경계선자는 세상이든 사람이든 나쁜 면도 있겠지만 근본적으로 나쁘지 않다는 안정된 이미지를 형성하는 게 큰 발달 목표입니다.

여덟 번째, 경계선자는 책임이나 의무가 부담스러워 회피하며, 변덕스러운 기분, 분노, 충동이 조절되지 않아 사회생활을 하는 데 어려움이 커요. 시간약속, 관습적인 매너, 어른으로서 해야 하는 의무, 여러 규칙과 제한을 잘 따르지 못해요. 장황한 내용을 담은 이메일과 전화통화로 상담을 의뢰하면서도 막상 상담약속을 잡는 것은 부담스러워하죠. 겨우 상담 날짜를 정해놓고도 갑자기 시간이, 요일이 맞지 않는다 하고 바쁘다며, 돈이 없다며 회피하면서 몇 주에서 한 달씩 상담자를 괴롭히다 사라져요. 이러한 돌발적인 적대적 행동은 엄마와 뒤얽힌 부정적 관계가 아무에게나 재현되고 있는 거예요. 누군가를 믿고 가까워지면 통제당할까봐 두렵고, 멀어졌다고 느끼면 버림받는 고통이 커서 도무지 처리가 안 되는 겁니다.

아홉 번째, 성 일탈 문제 양상이 있어요. 융합 욕구 정도에 따라 그리고 어릴 때 성적 과잉자극 경험이 무의식에 자리 잡아, 문란한 성행위나 기괴한 성도착 행위를 반복합니다. 친족의 성추행 자극은 건강한 초자아 형성을 방해해서 성에 대한 건강한 가치를 파괴시켜요.

간혹 경계선 인격자가 애인을 두면 같은 사람에게서 만족스러운 보상적 존재와 자신을 좌절시키는 실망스러운 존재가 동시에 지각돼요. 애인이기 때문에 결점이 두드러지지는 않지만 버림받는 공포는 일어나죠. 애인이 다른 사람과 사랑에 빠질까봐 두려워 열정적으로 사랑하게 됩니다. 강렬한 성으로만 이루어진 친밀감은 상대방에게 몰입해 자기가 사라지는 듯 느껴지고, 거리를 두면 버림받는 공포가 올라와요. 만나자마자 맺는 성관계에는 평범한 상호작용뿐 아니라 상대방을 진지하게 알아가는 과정도 생략됩니다. 그래서 얼마 지나지 않아 관계가 깨지죠. 성과 사랑이 분열되면 성행위는 친밀감과 상관없어져요. 극단적인 무관심 속에 자란 사람은 자신이 대우받은 대로 자신의 성적 파트너를 선택하고 대하게 됩니다.

열 번째, 경계선 인격은 거리감과 고립감 문제로 힘들어합니다. 융합욕구가 좌절되는 순간에 고통과 불안이 일어나면 자신의 욕구나 마땅히 표현해야 하는 불편 감정을 누르고 편집해서 관계가 멀어져요. 그리고 정서적 결속이 미약한 상태에선 소외감이 일어나요. 다른 사람의 상황이나 이야기가 자신과 상관없는 것으로 느껴집니다. 상대방에 대한 파악이 어려우니 늘 경계하는 마음이 일어나는 것도 고립감에서 옵니다. 그래서 누가 뭐라 해서라기보다 혼자 기죽고 열등감에 시달려요.

고립감은 다른 사람과의 대화를 앞지르고, 다른 이야기로 건너뛰고, 비약된 엉뚱한 반응으로 드러나요. 온전한 대상관계를 해본 적이 없어서 사람들과 있어도 근원적 연결감이 없죠. 상담자와 신뢰 관계 속에 있는 경계선자는 상담 도중 어떤 불편한 생각 때문에 갑자기 혼자 있는 듯

한 느낌이 들고, 상담자와 연결이 끊어져 말이 들리지 않는다고 표현해요. 그러면 상담자는 표현하고 싶은 게 있는데 불편해서 그냥 넘어간 이야기를 들려달라고 하지요. 편집되었던 본래 생각과 그것에 따라오는 수치 감정을 표현하고 이해받는 과정에서 반복되는 고립감에서 나오게 됩니다.

열한 번째, 경계선 인격은 다른 사람의 미묘한 메시지나 사회적 뉘앙스를 못 알아차립니다. 자신의 부적절한 외모나 행동을 다른 사람의 현실과 비교해서 분별하지 못하기도 하고요. 친한 친구를 대할 때와 적절한 거리가 있는 사회적 관계 모습이 어떻게 달라야 하는지도 몰라요. 보통의 경우 처음 만난 사람을 집에 데려와 밥을 차려주거나 일로 관계를 맺은 사람과 여행을 가지는 않죠. 단지 친해지기 위해 거하게 밥을 사고, 선물을 사 주는 행동이 다반사예요.

늘 자신의 내면에서 일어나는 일과 외부에서 일어나는 일을 구별하지 못해 쉽게 자괴 감정에 빠집니다. 자신이 불친절한 행동이나 말을 하고 나서 상대가 화를 내면 그것 때문에 다시 분노가 상승합니다.

열두 번째, 투사와 투사동일시라는 원시 방어기제가 있습니다. 경계선 인격장애를 지닌 사람에게 매우 두드러진 정신기제입니다. 자신이 마음먹은 대로 남을 조정하는 능력이지요. 우선 자신 안에 있는 견딜 수 없는 부정적 감정을 다른 사람에게 투사해놓으면, 투사를 받은 사람이 그 특성대로 느끼고 행동하도록 유도하는 에너지가 일어나요. 투사나 투사동일시 기제가 크다는 것은, 자기 내면의 열등감이나 부정적 기운을 외재화시켜서 자신은 그 상태가 아니라고 부정하는 것입니다.

때로는 투사동일시로 대상을 악마화시켜서 끊임없이 보복하고 상처 주므로 끔찍한 일이죠. 투사동일시는 개인의 박해망상, 피해망상, 애정 망상뿐 아니라 사회에서 일어나는 성 스캔들부터 정치 스캔들까지 다양한 사건 속에 숨어 있습니다. 그로 인해 대인관계에서 뜻밖의 섬뜩한 모습을 보이는 사람이 많아요. 그런데 그 실체는 현실적 이유보다 유아기에 처리되지 못한 불안과 공포입니다. 경계선 인격은 시시때때로 타인에게 박해받는 느낌으로 의기소침해져요. 이 슬픔이 매우 커서 상대방의 잘못된 흠을 캐고, 결점을 모으며 평가절하해야 살 것 같죠. 분노가 힘이 되는 것입니다. 남에게 투사한 그것은 자신을 괴롭히는 내면의 어떤 무엇을 조절하려고 애쓰는 부분이에요. 내면의 자기상이 매우 부정적이라서 누군가에게 부정적인 말을 들으면 그것이 부정적인 자기와 부합되어 파국적인 행동을 하고 말아요. 경계선 인격자의 주변 사람들은 미워하는 자와 미움 받는 자의 무의식 역동 때문에 엄청난 분노와 불안을 경험해요.

열세 번째, 정체감 혼란입니다. 경계선 인격구조를 지닌 사람은 누군가로부터 부정당하면 자신의 가치감이 손상되어 정체감 혼미 상태가 돼버려요. 정신의 불연속적 급변 상태가 발생하지요. 평화롭다가도 순식간에 불안과 짜증으로 바뀌고, 짜증에서 강렬한 분노가 일어나요. 이런 상태를 지켜보는 누군가는 맑은 하늘에 친 날벼락으로 느껴지겠죠.

열네 번째, 경계선 인격은 독점적 관계를 원합니다. 관계하는 대상이 자신 외에 누구에게든 시간과 에너지를 쓰는 게 못마땅해요. 배우자가 시부모나 친구 관계에 관심을 더 보이는 모습을 보면 스트레스를 받습니다. 꿈에 배우자가 바람을 피운다든지 자신을 버리고 새로 결혼하는 모습이 나와요. 한 고등학생이 자신이 음악 듣는 것조차 엄마가 질투한다고 했던 말이 생각납니다.

열다섯 번째, 경계선자는 시기심이 깊어요. 시기심은 질투와 달리 게걸스러운 심리적 허기 상태예요. 신체적 허기는 음식을 먹으면 해소되지만 심리적 허기는 한계가 없어요. 그것은 유아기 박탈로 인해 형성된 탐욕과 연결되어 있어요. 시기심은 자신이 최고라는 느낌이 온전히 채워지지 못한 박탈감과 공격충동에서 나오는 파괴 에너지예요. 누군가 좋은 것을 갖고 있다면 좋음의 가치를 모두 파괴하고 싶습니다. 다른 사람이 행복하면 자신은 불행해집니다. 시기심은 좋은 것에서 유익을 얻는 것을 망치게 해요. 그런데 질투는 건강한 감정이에요. 사랑하는 감정이 없다면 질투는 일어나지 않죠. 건강한 사람은 실제로 자신이 무엇을 어떻게 질투한다고 말할 수 있고 그로 인해 지원도 받습니다.

열여섯 번째, 경계선증후군 중에 편집증 성향이 있는 경우가 있습니다. 편집증적인 경계선 인격자는 다른 사람을 끝없이 불신합니다. 근거 없는 평범한 행동도 자신을 나쁘게 하려는 의도가 있다고 해석하죠. 전화 연락을 빠뜨리거나 생일을 잊는 작은 실수에도 적의가 일어나요. 편집 성향의 부모는 아이의 순수한 의도나 자연스러운 본능적 태도를 부당하게 왜곡해 봅니다. 자신에게 불편하고 불리하다는 이유로 아이의 행동을 경멸이나 위협의 의미로 해석해요.

어릴 적부터 엄마에게 편집망상으로 공격을 당하면 살아가면서 작은 무례나 상처를 대면할 때 용서하지 못하게 돼요. 정확히는 매사 소소한 좌절이나 갈등을 보고도 무슨 일이 일어났는지 객관적인 이해를 못 합니다. 다른 사람의 모습이나 다른 사람이 보여주는 자신에 대한 정보를 공격으로 받아들이고 반격할 뿐이에요. 편집증성 망상은 인지기능과 아무 관련이 없습니다. 근심, 분노, 무관심, 법적 단죄는 자신에게 벌써 해를 끼쳤다고 믿기에 발생합니다. 이런 망상으로 다른 사람과 친밀하고 행복한 관계를 할 수가 없게 되죠. 그래서 상대방은 끊임없이 충실성과 신뢰를 증명하며 살아야 해요.

열일곱 번째, 경계선 인격은 보통 사람과 달리 시간 감각이 없거나 무딥니다. 무의식의 무시간성이 의식의 현실에서 그대로 작동되는 거지요. 예를 들어 자식에 대한 집착이 강한 경계선 엄마는 자식을 위해 보통 사람은 감히 운전하지 못하는 거리를 피로감 없이 반복해서 다니기도 해요. 그녀가 누군가를 만나고 싶을 때 시간 계산을 못하는 유아처럼, 그를 만나러 가는 데 소비되는 많은 시간을 지각하지 않아 전혀 피곤한 줄 몰라요. 시간의식이 없고 시간계산에 둔감하기에 현실적, 객관적 피로 정도를 계산하거나 지각하지 못해요.

경계선 징후를 가진 사람들은 의존 경험에 따라 양상이 다른데, 누군가에게 보살핌을 안전하게 받는다고 느낄 때 좋아집니다. 친밀한 애착을 원하면서도 대상이 사라질까봐 두려워 수동-의존적인 모습을 보입니다. 또한 대상이 상실될 가능성이 있다고 생각되는 상황에서는 제대로 보살핌 받지 못한다는 분노가 일어나 신랄한 비난을 하고 적대감을 투사해서 피해망상 상태에서 살지요. 보살핌 받는 지지환경이 부재한 상황에서는 그게 누구든 강제로 자신 옆에 있도록 붙잡지만 쉽지가 않

아요. 그래서 여러 가지 중독에 빠져 고통스러운 현실과 정서적 어려움
에서 도망칩니다.

18강

거울반응 (Mirroring)하는 엄마

·· 아이는 엄마의 눈에서 자신을 본다 ··

"아, 이 분은 나를 있는 그대로 바라봐주는구나!"

이런 경험을 종종 한 분과 한 번도 해보지 못한 사람의 정신은 어떻게 달라지게 될까요? 자기 자신과 대상을 왜곡해 지각하며 격노하는 성격장애자들을 분석하며 위니콧은 이 물음을 곱씹었습니다.

"저 분이 저렇게 된 근본원인은 어디로부터 오는가?"

아기는 타고난 본능에서 나온 표정, 손짓, 발짓, 미소, 옹알이로 자신을 표현해요. 드라마틱한 이런 표현들에는 창조적 자발성이 담겨 있습니다. 아이의 타고난 모든 걸 반겨주는 엄마의 눈은 아이의 움직임이나 소리를 따라 반짝여요. 아이를 향한 엄마의 눈이 빛날 때 아이의 눈도 반짝거리죠. 서로 애정을 느낄 때 교감신경계가 자극되고, 엔도르핀도 촉진되면서 엄마의 모성 행동이 더 크게 일어나요.

눈맞춤은 사람 사이에서 일어나는 친밀감을 나누는 의사소통 방식이에요. 눈을 통해 상대의 욕망과 사랑을 느끼고 교감해요. 엄마가 따스한 눈길로 아이의 욕구를 정확히 반영해줄 때, 아이는 자존감이 그득한 자기를 발달시키게 됩니다. 하지만 엄마의 부적절한 반응이나 무반응은 수치감을 일으키고, 아이의 기분과 삶의 태도에 평생 영향을 미칩니다. 엄마가 반복해서 무표정하면 아기는 엄마를 바라보며 반응을 얻어내는 행동을 포기하게 돼요. 우울한 표정을 짓다가 고개를 돌리거나, 더 힘들면 불안으로 소리 내 울어요.

정상적인 엄마는 이런 상태를 단 몇 분도 견디지 못하지만, 우울한 엄마에게는 아무 일도 없다고 느껴져요. 엄마의 이런 무반응이 아이가 성장해나가는 동안 지속되면 무슨 일이 일어날까요. '거울반응(Mirroring)'이란 엄마가 아기의 몸과 마음에 공명하며 '아기를 위한 거울'이 되어주는 거예요. 무엇보다 엄마는 아이가 타고난 누구도 흉내 낼 수 없는 고유 특성인 참자기(true self)를 반영해줍니다.

아이는 엄마 눈에 반사된 자기를 발견해요. 사랑받고 관심 받는 멋진 자신을 발견할 수 있고, 못마땅하고 우울하고 하찮은 자신을 볼 수도 있어요. 엄마의 눈이 아이의 고통을 피하거나 품어주지 않는 양태로 반응하면, 아이 눈에는 아무것도 보이지 않게 돼요. 그러면 아이는 대상에게서 자신의 마음 상태를 지각할 수 있는 귀한 자료를 찾아낼 수 없어요. 그런 아이는 감정 표현 신호를 주고받는 의사소통을 할 수 없게 됩니다.

아이의 타고난 소통 잠재력이 박탈되는 격이지요. 엄마의 무반응으로 인해 자기의 감정 상태를 인지할 수 있는 이미지 자료를 돌려받지 못한 아이는, 자신의 주관적 공상과 객관적 현실을 구분하는 데 문제가 생깁니다.

현실에서 자기 존재의 가치감을 느낄 자원을 얻는 통로가 막히면 아이는 생존을 위해, 참자기의 표현이 아닌 거짓자기의 과장들로 왜곡된 공상 세계에 빠져 살게 됩니다. 엄마가 아이의 여러 감정 상태를 정확히 읽고 반응해줄 때, 아이는 엄마에게서 자신에 대한 정보를 얻고, 일관성 있는 자기 이미지를 형성하게 되죠. 이것은 자기감지능력, 공감능력 형성에 기여하므로, 타인 관계에서 의미 있는 경험을 찾아내 분류하는 자아 기능 발달에 도움을 줍니다. 아기에 대한 엄마의 감지 내용을 아기 정신에 유익한 양태로 전해주려면, 아기의 본능 표현들을 기꺼이 수용하고 거울반응하는 엄마의 정신 기능과 역할이 중요해요.

하지만 엄마가 아이의 상태에 대해 과민 반응하거나, 아이의 고통을 읽어내는 데 실패하면, 아이는 자신에게 지각된 고통 자극과 감정을 전혀 처리하지 못해요. 아이가 응집된 자기감(sense of self)을 형성하는 것은, 엄마가 아이의 감정을 왜곡 없이 볼 때입니다. 엄마의 참자기가 아이의 참자기에 긴밀한 반응을 보일 때, 아이에게는 풍부한 감정이 일어나요. 엄마가 아이 상태를 온전히 반영해줄 때만 아이는 자신을 생생하게 느낄 수 있죠. 서로 친밀한 눈맞춤을 통해서 말예요.

·· 엄마가 자신을 보여주지 않으면
아이는 아무것도 보지 못한다 ··

결정적으로 중요한 시기에 엄마의 거울반응이 없다면 아이는 극도로 불쾌한 감정을 조절하는 경로가 정상적으로 발달하지 못해요. 부모는 아이의 뇌가 적절히 감당할 수 없는 것, 즉 자신에게 타격을 준 수치심을 달래주고 완화시켜주는 역할을 해야 해요. 아기가 방실방실 웃는 것은 그냥 웃는 게 아니라 엄마가 웃으면 아기도 따라 웃는 거예요. 엄마의 미소를 통해 아이는 자기의 미소를 발견해요.

그것은 '이게 나야'라는 자신에 대한 생생한 느낌입니다. 이런 과정이 생략되거나 좋지 않으면 '나는 누굴까? 나는 왜 태어났을까? 사는 의미는 무엇이지?'라는 갈등 속에 놓입니다. 인생에 대해 생각할 때 어떻게 살아야 한다는 사변적인 이유가 아닌, 체험에서 형성된 흔들리지 않는 믿음이 커야 더 살맛나지 않을까요. 과대망상만큼이나 염세주의도 그 근원은 유아기 엄마 관계 박탈과 부정적 거울반응에 기인합니다.

행복한 감정을 담아 아기를 바라보는 엄마의 모습에서, 아이는 엄마의 표정을 보는 게 아니라 자신을 보는 거예요. 위니콧은 아기의 바라봄을 '성취'로 표현해요. '엄마를 보니 내가 보인다. 나는 볼 수 있다. 나는 창조적으로 볼 수 있다.' 엄마가 자신을 보여주지 않으면 아이는 아무것도 보이지 않는다는 것입니다. 거울반응은 엄마와 아이 사이의 진정한 교감이며, 응집된 자기감각을 형성하는 데 매우 중요합니다.

놀이치료학회에서 들었던 이야기가 있습니다. 미국의 어떤 주에는 제시카라는 아이를 기념하는 날이 있다 해요. 두세 돌 된 아이가 나비를 쫓다 하수구 맨홀에 빠졌는데 그 깊이가 상당했던 모양이에요. 수직으로 내려갈 수 없어서 땅을 파며 들어갔고 결국 며칠이 걸렸죠. 그런데 놀랍게도 아이가 캄캄한 그곳에서 엄마가 자신에게 미러링(거울반응)해주었던 노래(자장가)를 부르며 연명하고 있었던 거예요. 스스로에게 미러링을 해주었던 거죠. "주는 미러링과 받는 미러링은 같다"는 위니콧의 말이 공감되는 사례입니다.

다른 종류의 거울반응이 있습니다. 엄마가 아기를 바라보기는 하는데 아이의 감정 그대로 반영해주지 않고 엄마가 의도한 대로만 보는 거예요. 아이 또한 엄마의 눈치를 살피게 되는데, 그러다 보면 엄마를 통해 자신을 보지 못하고 엄마의 표정만 보게 됩니다. 미러링을 하는 엄마는 무릎을 꿇고 아이와 얼굴을 마주한 채 지칠 줄 모르는 관심과 공감을 주며, 젖을 주던 때보다 훨씬 더 많이 아기에게 자신의 얼굴을 보여주고 목소리를 들려줘요.

하지만 피상적인 바라봄은 엄마의 필요를 위해 거짓으로 기분을 북돋우고 안심시키는 것으로 아이를 속이는 거죠. 자신의 참자기로 미러링을 하는 엄마는 항시 아기보다 먼저 움직이고, 아기와 의사소통을 하면서 즐거움을 느껴요. 심리학자들은 엄마의 무표정한 얼굴이 아이의 기분에 미치는 결과를 연구했습니다. 아이가 처음에는 당혹스러워 시선을 피하다 극도로 불안해했습니다. 이러한 영향이 아이의 정서 및 인지발달에 심각한 영향을 미친다고 합니다.

·· 주인공이 되어보지 못한 아이 ··

엄마와 거울 관계가 제대로 되지 않으면 거울의 역할전도가 일어납니다. 엄마가 아기를 봐주는 거울이 되어야 하는데, 아기가 엄마를 위한 거울이 되어주는 거예요. 이런 엄마의 무의식에는 태어나 한 번도 주인공이 되어보지 못한 좌절이 있습니다. 그래서 아이 대신 자신이 어떤 상황에서든 주인공이 되어야 하는 거예요. 매순간 아이 대신 자신을 먼저 보호하게 되죠. 거울 경험을 통해 참자기가 인격의 중심에 자리 잡는 데 실패하면 아이의 참자기는 충격을 받게 됩니다.

원래 참자기는 자신이 세상의 주인공이라 생각해서, 환영받고 기쁘게 받아들여질 기대를 가져요. 그런데 아무도 맞아주지 않으면 충격과 분노를 경험합니다. 아이의 전능환상을 살려주지 못하는 엄마는 아기의 참자기 제스처를 놓쳐요. 엄마가 아기에게 거울반응을 해주는 대신에 아이의 마음을 무시하고 자신에게 순종하게 만들면, 아이는 생생하게 지각되는 자신의 본능 욕구를 숨겨야 하겠죠. 그때 참자기가 모욕 받고 격노와 함께 무의식으로 후퇴하면, 그 자리에 거짓자기가 자리 잡아요.

적어도 아이는 태어난 후 첫 1년 동안 환경을 염려하면 안 돼요. 자신의 욕구에 충실하도록 보호받아야 합니다. 성수 씨는 엄마의 주의와 감정 반응 실패를 심하게 경험했어요. 이 청년은 외부 자극에 지나친 흥분이 일어나서 중요한 것을 필요한 만큼 응시하기보다 항시 두리번거리고, 산만한 행동으로 실수를 남발하면서 좌충우돌하며 살아가요. 지나치게 많은 일에 관여하며, 과잉행동을 하지만 마무리를 못 지어서 사람들 사이에서 신뢰를 잃고 실수를 연발했어요. 하루에도 여러 약속을 잡아 피상적인 만남을 하고, 모든 사람의 요구에 예스하지만 약속을 이행하지 못해 실없는 사람이 돼버렸죠.

문제는 내면의 반응 없이 외부 세계만 보며 일처리를 하다 보니 자신의 능력을 향상시키는 것과 거리가 먼 행동만 하게 된다는 거예요. 친구들과 의미 있는 상호교환이 일어나지 않고, 일방적으로 자신을 좋아하게 감명을 주려 하니 앞뒤가 다른 말과 행동을 하게 되었어요. 이 청년은 늘 자신은 주인공이 되고 싶은데 엑스트라로 사는 것 같은 자괴감이 일어나 상담에 오게 되었지요. 위니콧은 엄마가 아이를 사랑하지 않는 것은 부자연스러운 일이라고 했습니다. 엄마가 자신의 아이를 사랑하지 않는다면 아이가 고통을 당합니다. 사랑은 관계 경험을 말하는 것입니다.

위니콧은 어떤 엄마들이 자신의 아이에게 상처를 줄까봐 걱정하는 것을 목격했는데요. 인간의 본성 안에 숨겨진 게 많은데 항시 명료하고 반듯하고 옳은 것을 내세우는 엄마보다 존재의 내면 갈등을 알아차리고 고민하는 엄마가 아이에게 더 좋다고 했어요. 아이와 함께 여러 경험을 할 수 없는 엄마는 아이가 겪는 문제 상황에서 어떻게 해야 할지 잘 모릅니다. 아이의 혼란이나 죄책감, 공격성과 관련된 문제는 엄마에게 온전히 이해받는 과정이 중요합니다. 아이에게는 성인이 되기 위해 거쳐야 하는 감정발달 단계가 있어요.

자신의 아이와 꼭 닮은 아이는 이 세상에 단 한명도 없다 해요. 그래서 엄마가 아이의 고유한 필요에 적응해주어야 하죠. 엄마는 아이에 대해 알아야 하고, 연구하며 기계적으로 적용된 것이 아닌 그 아이의 개인적 생활 관계를 토대로 양육해나가요. 거울의 초기 형태는 엄마의 얼굴과 목소리가 주는 즐거움으로 아이의 잠재능력을 이끌고 활기를 불러내는 것이에요. '엄마의 얼굴에 비치는 나는 사랑하고 미워하는 나예요.'

다시 설명하면 아이는 엄마의 얼굴을 볼 때 자신을 바라봅니다. 아기를 바라보는 엄마가 아기를 보지 못하고 자신의 우울함을 투사해 아이를 보면, 아이는 자기를 보지 못하고 우울한 엄마를 보게 돼요. 엄마가 아기에게 반응하지 못하면 아기들은 자신이 표현한 것을 되돌려 받지 못하는 경험에 갇힐 수밖에 없어요. 그러면 자발적 창조력은 시들기 시작하고, 어떻게든 되돌려 받을 뭔가를 얻기 위해 환경을 살피는 데 그것이 거짓자기예요.

사실 우울한 엄마도 아이가 곤경에 처하거나 아플 때는 반응을 해주지만, 대체로 아이가 주인공이어야 할 때 도움을 주지 못해요. 이럴 때 아이는 모성 실패에 좌절되어, 날씨를 연구하는 것처럼 엄마의 얼굴을 봐요. 이런 아이는 자발적일 수 있겠지만, 엄마의 얼굴이 굳어지고, 엄마의 기분이 지배적이게 되면 아이 자신의 욕구가 또다시 후퇴당하는 모욕을 받게 돼요.

·· "엄마, 엄마, 나 정말 예뻐요?" ··

침울한 엄마는 늘 눈빛과 말 그리고 행동으로 아이를 저지해요. 아이는 그 이유를 몰라서 함께 가라앉을 수밖에 없죠. 이러한 엄마는 아이가 유치원이나 학교에 가면 자신의 외로움이나 공허감을 느껴요. 엄마를 걱정해서 학교에서 되돌아오는 아이도 있었어요. 또는 엄마가 자신의 외로움을 상쇄하기 위해 다른 일에 열중하다 보니 아이가 엄마의 중심을 차지하지 못해 노심초사하기도 하고요.

백설 공주에 나오는 사악한 왕비는 거울반응을 해주지 못하는 분열된 정신 속의 나쁜 엄마 이미지를 상징해요. 자존감 결핍이 심한 그 못된 자기애 인격 엄마는 아이가 아닌 자신을 주인공으로 느끼고 싶어 합니다. 그래서 마법의 거울에게 '누가 더 예쁘냐'고 계속 묻는 거예요.

위니콧은 거울 속에 비친 자신의 얼굴이 늙은 마녀로 느껴지는 매우 우울한 여자를 상담했습니다. 위니콧은 그녀의 내면에 있는 우울하고 불안한 엄마 상을 바꾸기 위해 많은 노력을 했어요. 거울은 나를 바라보는 사람의 상이기도 합니다. 그 사람이 밝고 건강하지 않으면 그대로 자신의 감정 속에 자리를 잡아요. 그녀가 자신을 양육했던 유모의 초상화를 위니콧에게 가져왔는데, 이미 건네받은 엄마의 초상화와 비교해보니 둘 다 무표정하고 우울한 얼굴이었습니다. 위니콧은 우울한 엄마가 우울한 유모를 선택한 이유는, 생기 있는 유모가 자신의 아이를 훔쳐갈까봐 그랬을 거라고 짐작했어요.

엄마가 일상생활에서 자연스럽게 제공하는 유쾌하고 행복한 거울반응은 아이로 하여금 학습에 더 많은 관심을 갖게 해요. 아이가 다양한 관심사에 초점을 맞출 수 있는 기능은, 엄마가 먼저 아이에게 이러한 면을 경험하게 해줄 때 일어나죠. 엄마의 미러링은 아이에게 주의를 기울여줄 것을 요구하고, 아이를 자신과의 관계로 불러내요.

아이가 처져 있을 때 엄마는 어떤가요? 목소리가 높은 음조가 되고, 필요한 경우 속도도 빨라지고 엄마의 눈빛은 아이의 상태에 따라 밝아졌다 어두워졌다 해요. 이 모든 것이 아이의 주의를 엄마의 얼굴 표정과 엄마와의 상호작용에 집중시키고, 초점을 맞추게 하는 데 사용돼요. 반응을 보이지 않는 아이와 얼굴을 마주할 때, 엄마는 아무 일도 일어나지 않았는데도 마치 중요한 상호작용이 일어난 것처럼 반응해요.

실제로 상담 장면에서도 미러링을 통해 아이에게 일관성 있게 관심과 주의를 주면 아이는 자신이 하고 있는 일에 주의를 기울여 관심을 갖기 시작해요. 사실 미러링하는 엄마를 다르게 표현해보자면 학습을 고무시키는 엄마예요. 아이의 시선에 맞추고, 아이의 정서에 관심을 두며 지속적인 애정을 주잖아요.

놀이치료에서 관찰해보면 화려하지만 살아 있지 않은 물건 즉 장난감보다 선생님의 자극에 훨씬 더 많은 관심을 갖고 반응합니다. 엄마가 아이를 하나의 물체나 타인처럼 볼 때 수치감이 발생한다고 했습니다. 멸절불안만큼은 아니지만 수치감은 열등감이 자극될 때 그 위력이 매우 큽니다. 수치감이 남에게 투사되면 수모를 당했다는 모멸감에 복수로 경멸이나 질시, 평가절하가 타인에게로 향하겠죠.

위니콧은 부모와 유아 연구를 많이 했습니다. 우울한 엄마가 활기 넘치는 아기에 의해 우울증에서 나오기도 하고, 우울한 엄마가 반응이 부족한 아기에 의해 더 우울해지기도 했습니다. 보통의 건강한 엄마는 위험한 순간이나 악순환 리듬을 바꾸기 위해, 우울증으로부터 회복된다고 해요. 아이의 살아 있음이 엄마를 더욱 살아 있게 하니까요. 이것이 선순환이겠죠.

미란 양은 예쁜 외모를 지녔음에도 얼굴 모습이 시시각각 추하게 변한다고 느껴져 누가 자신을 응시하거나 사진 찍히는 것을 무서워했어요. 거울을 보면 자기 얼굴이 일그러져 보일 때도 있고, 무서운 표정을 한 노파 모습이 나타나기도 하고, 사나운 엄마, 우는 아기, 멍한 여자, 귀신으로 보여 집 안의 거울을 며칠 동안 신문으로 가려놓기도 했어요. 그리고 상담에 와선 어떤 게 자신인지 헷갈린다고 알려달라고 했지요. 생후 3년 동안 동네 여러 분들에게 맡겨져 양육되어서인지 그녀에겐 대상과 자기 자신에 대한 안정된 긍정적 상이 없어요. 엄마의 거울반응을 지속적으로 체험하지 못했기에, 외부 자극들이 낯선 침범으로 지각되어, 누군가의 시선이 불편하게 느껴져요. 아이의 욕구와 정서에 둔감했던 양육자들의 무능으로 인해 대상과 자기에 대한 긍정적인 상이 미란 양 인격에 안정되게 자리 잡지 못하고 있는 것입니다.

거짓자기와
참자기

· · 엄마에게서 아빠에게로 가는 이유 · ·

"나는 과연 나다운 삶을 살고 있는 건가?"

'거짓자기'란 원초불안 때문에 자신이 원하는 삶이 아닌 타인이 원하는 삶을 사는 인격을 뜻합니다. 위니콧의 거짓자기 이론은 도덕적 문제를 지닌 인격 이야기가 아니라, 인격발달의 실패에 관한 내용입니다. 거짓자기는 엄마의 보살핌이 충분히 좋지 않았던 데서 생겨나요. 누구나 완벽하지 않은 엄마로 인해 어느 정도 좌절을 경험하죠. 거짓자기 경우는 정도가 지나치게 엄마가 아이의 감정과 욕구를 감지하지 못해서, 아이가 엄마와의 친밀감을 유지할 유일한 방법으로 자신의 욕구가 아닌 부모의 기대에 맞추어 살게 된 인성 상태를 뜻합니다. 거짓자기는 자기 자신에 대한 기본 감각을 확립할 시기에, 자신의 욕구를 희생한 채 지나치게 부모의 기대에 순응했던 결과로 나타납니다.

거짓자기가 형성되면 자신에 대해서나 실재하는 모든 것에서 생동감을 느낄 수 없게 되고, 친밀한 관계에서조차 자신의 참자기를 관여시키는 경험을 하지 못하게 돼요. 거짓자기의 사람은 실제로 자신의 내면 욕구를 잘 감지하지 못해서 피상적 삶을 살며, 도전과 실험을 회피하고, 때로는 희망 없이 지내다가 실현 불가능한 것을 꿈꾸기도 해요.

위니콧은 거짓자기 인격을 삶에 대한 내적 숙고 없이 조건반사로만 행동하는 사람이라 보았어요. 이들은 지능을 이용해 순응의 기초 위에 거짓 상황을 세웁니다. 바라는 것을 가진 듯 보이나 실제로는 '그런 척'일 뿐 허약한 인격이에요. 주체성을 갖지 못하고 힘있는 대상이 원하는 상태로만 반응하는 것입니다.

삶에서 우리의 행동 일부가 어느 정도 기계적일 수 있지만 자발성을 해칠 정도는 아니어야 해요. 하지만 거짓자기는 환경에 자신을 맞추는 정도가 과도하게 일어납니다. 엄마는 유아의 전능감정을 충족시켜줌으로써 유아의 약한 자아에게 힘을 제공해주잖아요. 하지만 충분히 좋지 않은 엄마는 아이의 전능성을 충족시켜주지 못하고, 대신 아이의 순응에만 의미를 두죠. 유아 편에서 이런 순응은 거짓자기의 초기 단계이며, 이는 유아의 욕구를 감지하지 못하는 엄마의 무능력에서 기인한다고 봐요. 유아의 자기감 발달은 엄마에게 안전하게 의존하는 틀 안에서 이루어지며, 엄마의 정서와 양육방식이 결정적인 영향을 줄 수밖에 없지요.

아이와 분리될 수 없는 엄마는 아이의 행동에 빠짐없이 간섭하면서 그것을 모성애로 간주해요. 일종의 착각이지요. 하지만 아이도 참자기가 있기에 나이가 들수록 엄마가 외적으로 잘해주는 것과 진정한 사랑에 차이가 있음을 불현듯 알죠.

그래서 사춘기에 아이들은 자신의 거짓자기를 해결하려고 엄마의 부당한 요구에 대항해요. 무엇보다 사춘기는 유년기에 알게 모르게 받았던 상처를 교정할 수 있는 중요한 시기예요. 그래서 심리적으로 예민해지는데, 모든 것에 고마움을 느껴야 한다는 엄마의 간섭과 통제에 저항할 수 없게 되면, 그런 자녀의 정신은 철저한 거짓자기로 구조화돼 진정한 자신으로부터 고립됩니다. 사춘기는 억압해온 자기 자신을 되찾으려는 노력의 일환으로 말썽을 피우면서 순응을 거부하는 시기예요. 인격의 기본 전제인 안전뿐만 아니라 자유와 개성을 발현하기 위해 여러 가지 실험을 합니다.

사춘기 무렵에 진로 적성 등의 성격검사를 받으러 오는데요. 타고난 성격에서 비롯된 잠재능력이나 자신이 관심 있어 하는 진로 분야에 상담자가 목적의식을 심어줄 때, 건강한 아이들은 대체로 긍정적인 정서 반응과 인지 반응을 해요. 객관적 성찰의 눈으로 자신을 이해해본 것만으로 자존감이 고양되죠. 하지만 거짓자기의 방어가 센 아이들은, 자신에 대해 알고 싶어 하는 자기탐색 욕구가 없고, 현실 과제를 숙달하려거나 노력하려는 동기가 부족해요. 참자기가 있어야 자신의 소중한 욕망을 현실에서 성취할 방법을 진지한 마음으로 찾게 돼요.

정신의 중요한 발달 시기에 아이가 자기주장을 하고, 자신의 본질을 찾으려 세상을 탐색하려고 할 때, 거짓자기 엄마는 인정과 승인을 해주지 않아요. 자신의 정서적 안정을 위해 아이의 의존을 부추기면서 융합 관계를 고수할 뿐이죠. 아이의 개성 발현은 참자기가 결여된 엄마에게 위협으로 느껴져요. 아이가 자신을 떠나간다고 생각돼 분리를 허락하지 않는 거예요. 아이 또한 엄마와의 관계처럼 안전하고 기분 좋은 것에만 머무르게 되죠.

그래서 이 시기의 아이는 아버지를 이용하여 자신의 독립된 자기를 시험할 기회를 찾아요. 다행히 아버지가 아이를 보다 넓은 세계로 이끌어서 엄마에게 매달리는 것에서 벗어나도록 나름 도움을 줘요. 그러면 아이는 아버지의 도움으로 자신의 개별성을 체험해나가요.

·· 거짓자기는 두려워서 시도 못하는 삶을 산다 ··

거짓자기는 환경의 요구에 순응함으로써 자신의 욕구, 참자기를 숨겨요. 참자기가 숨어 있으면 현실에서 활력 있게 살 수 없어요. 작은 것에 늘 염려하는 상태를 극복 못하고 방어적인 태도로 회피와 철수를 일삼겠죠. 또한 아이가 발달을 도모하며 느끼는 취약성과 외로움을 엄마가 공감해주지 못하면, 아이는 환경의 요구에 마지못해 순응하겠지만 자발적 행위는 할 수 없게 돼요.

참자기의 삶을 살지 못하고 거짓자기의 삶을 산다는 것은 어떤 것일까요. 자신의 인생을 사는 게 아니라 다른 사람의 요구와 기대에 맞추어 살기에 진정한 개성을 성취하지 못하게 되죠. 참자기는 환경이 살벌하면 속으로 숨어버리지만 완전히 파괴되진 않는다고 해요. 좋은 환경이 주어지면 다시 나타나요.

거짓자기 아이는 부모의 무리한 요구와 기대를 충족시키려고 안간힘을 쓰지만 삶의 만족을 향해 노력하기보다 안전을 더 중요하게 생각해요. 그래서 이런 아이는 엄마의 찬사에 목말라 있고 남의 이목을 끄는 머리가 발달하죠. 심리학자들은 거짓자기 엄마가 아이에게 일찍부터 어른처럼 행동하게 하고, 따뜻한 정서보다 똑똑한 언어를 더 중요하게 여기는 모습을 관찰했어요.

참자기는 현실 과제를 숙달해서 정신의 안정을 유지하게 돕습니다. 실험과 연습의 형태로 자신의 표현이나 주장을 활성화시킵니다. 참자기는 세 살과 네 살 사이에 정신 내적으로 안정되지만 그 여정은 끝나는 게 아니에요. 어린 시절은 참자기가 외부 환경에서 제대로 기능하는지 시험하는 기간입니다. 한 번 잘 형성된 참자기는 향후 살아가면서 어려운 문제와 상황에 잘 대처하도록 하는 안내자 역할을 합니다. 참자기는 삶을 살아가는 다양한 방법과 조화로운 관계를 배우고 자신의 다양한 관심사를 만족스러운 행동으로 승화시키는 것을 가르쳐줍니다.

거짓자기는 자기 활성화와 자기표현을 통한 성장의 기회를 피하고 수동적인 태도를 취할 때 삶이 쉽다는 것을 터득해서 상처와 거부에 대한 공포로부터 안전하다는 느낌을 위해서라면, 세상을 탐색하는 노력을 쉽게 포기해요. 예를 들면 혼자만의 여행, 새로운 관계, 자기계발의 여러 시도, 새로운 일에 대한 도전 등이 매우 두렵고 힘겹게 느껴져요.

혼자 무엇인가 탐색하고 도전하고 끊임없이 새로운 선택을 해야 하는 상황은 엄청난 자기 활성화와 자기표현을 요구하기 때문에 특히 더 힘들죠. 그래서 계획적인 스케줄 없이 사는 것은 분리 스트레스를 야기하기도 해요. 자신의 충동적 불안정성 때문에 고정화된 스케줄이나 규칙을 깨고 싶어 하기도 하지만, 유기불안이 큰 사람은 대체로 익숙하고 변화가 드문 구조화된 환경 안에서 자신을 잘 유지합니다.

거짓자기 사람은 학교생활이나 직장생활에 마지못해 적응하면서 자기 능력이나 관심에 못 미치는 최소한의 행동만 하는데요. 삶에 적극적으로 참여해야 하는 자신의 상태를 마치 도살장에 끌려가는 소처럼 표현하기도 해요. 자신이 유능할 수 있는 노력을 매우 두려워하고, 가끔 효율적인 일을 해서 작은 성공이라도 이루면 요행 같고, 그것이 가짜처럼 느껴져서 무엇에서든 진가를 알아차리질 못해요.

나이가 들수록 사회적 환경에 변화와 상실이 찾아오고 그것에 대처할 정서능력의 유연성이 요구되잖아요. 하지만 거짓자기 사람은 변화와 상실에 효과적으로 대처해본 적이 없어 그 자체가 공포가 돼요. 질병이든 경제적 곤란이든 공포에 크게 휘둘려요. 사람은 고통받는 것을 피할 수 없는 존재예요. 오히려 고통을 견뎌내면 기쁨이 생기는데 그것이 성숙입니다.

·· 쉽고 안전하게 살기 위해 흉내만 내는 삶 ··

거짓자기의 정도에 대해 살펴보겠습니다. 거짓자기가 인격의 중심에 자리를 잡으면 어떤 모습으로 살아갈까요. 가장 높은 단계의 거짓자기를 가진 사람은 겉으로는 가족이나 체제, 기관, 공동체에 잘 순응하며 문제를 전혀 일으키지 않고 살아가요. 어디에서든 매끄럽게 잘 적응하는 예스맨입니다.

이들은 어릴 때부터 자기를 숨기고 남이 좋아하는 모습을 만들어 살아왔기 때문에 참자기가 묻혀 있어요. 생동감이란 자발적 사고와 감정을 갖고 행동을 주도할 수 있을 때 일어나잖아요. 이러한 경험의 채널이 막혀 자신의 진정한 감정과 단절되어 있습니다. 자신이 느끼는 것에 대한 해답을 외부에서만 찾고, 이익을 주는 대상의 말만 전적으로 수용합니다.

참자기가 있는 사람은 주위 환경과 조화를 이루기 위해 협조도 하지만, 갈등을 하며 문제해결을 도모해요. 하지만 거짓자기 사람은 문제를 일으키지 않기 위해 항상 대세를 따르죠. 결코 자신의 목소리를 내지 않는 줏대 없는 사람이에요. 그래서 매사 조심하는 행동으로 인해 어떤 곤경도 일어나지 않아요. 주변인들은 거짓자기의 방어가 강해 소통되지 않는 이들을 양파 같다, 갑옷을 둘렀다, 빗물이 스며들지 않는 우비 같다고 느끼죠.

그다음으로 거짓자기가 극단적인 경우는 'as if(모방)' 인격으로, 타인의 모습을 흉내 내면서 마치 누구인 것처럼 살아가는 사람입니다. 이들은 잘 훈련된 배우가 연기를 하는 것처럼 삽니다. 순응적인 태도로 삶에 유연하게 대처하고 적응하는 듯 보이나 자신이 뼛속까지 가짜로 느껴진다고 호소해요. 특히 무엇을 경험하든 아무런 감흥이 일어나지 않고,

의무로만 느껴져 괴로워해요. 사회생활에서도 튀지 않게 행동해서 일어날 불이익을 피해가고, 힘 있는 대상에게 무조건 맞추지요.

해야 할 말을 하지 못하는 것도 건강하지 못한 거짓자기 모습이에요. 할 말을 해야 감정이 표출됩니다. 그래야 자신이 누구인지, 어떤 사람인지를 발견할 수 있습니다. 말은 적대감이나 수치감 그리고 불안을 처리할 수 있는 좋은 수단입니다.

표현하지 않고 모든 것을 혼자 처리하면서 도움 받지 않는 사람은 자신의 힘든 처지를 알리지 못하니 이해나 수용을 받을 수 없게 되겠죠. 불편하거나 화를 표현하지 못하면 힘들 때마다 자신이 싫어지거나 타인이 미워지는 부정적 상태에 갇히게 돼요. 또한 인간관계에서 문제가 발생했을 때 권리를 주장한다든지, 자신이 바라는 것을 표현할 때 상대가 미묘하게라도 반대를 표명하면 모욕을 받아 후퇴해요.

무엇보다도 원하는 것을 말하지 않으면 삶의 의욕이 사라져요. 'as if' 인격에게 소원을 물으면 혐오하는 누구를 안 보는 거라고 답하기도 해요. 나쁜 감정을 막는 자체가 인생의 목적이 된다면 그 자체가 자기 파괴적인 거예요. 결국 남이 원하는 방식으로만 사는 거니까요. 또 이들은 불가피하게 일어나는 삶의 위기상황을 통해 성숙해지는 것을 피해요. 예를 들면 인생의 큰 목적이나 목표를 이루기 위해 가족이나 직장을 떠나지 못하고, 모험을 감행하지 못하고, 가족을 돌본다는 핑계로 친구 관계나 사회활동을 기피하고, 돈 버는 일로 자신의 취미나 오락, 문화생활이나 종교생활을 등한시해요.

새로운 관계를 맺고, 이사를 간다든지, 새로운 일이나 공부에 도전한

다든지, 자기계발에 돈을 사용하는 게 아깝다고 생각해요. 물론 그런 것을 해서 뭐하냐는 비난의 목소리가 내면에서 들리기도 하고요.

이들은 쉽고 안전하다는 느낌을 위해 매사 하향지원을 해요. "아직 때가 아니에요. 다음에 하지요. 돈을 좀 번 다음에요. 더 알아보고요. 나이 들어서요." 이들은 조금이라도 의미 있는 일을 하고 나면 에너지가 고갈되어 '멍'한 시간을 보내야 하고, 약간의 손해나 불이익을 경험하면 바로 철수해버려요. 하지만 'as if' 인격은 가끔씩 참자기와 접촉이 되기도 해요. 심리학 공부나 상담 등을 접하면서 매사 소극적이고 불평불만으로, 괜찮지 않으면서 괜찮다고 살아온 자신의 모습을 알아차리면 바꾸고 싶어 하기도 합니다. 자신의 참자기를 희생시켜서 생존만 위해 사는 것 또한 병이라고 위니콧은 말했습니다.

유아기에 거짓자기가 인격 중심에 자리를 잡으면 생각할 겨를도 없이 힘 있는 대상에게 무의식적으로 맞추는 행동을 하게 됩니다. 누구에게나 어느 정도 생존전략으로 거짓자기가 필요하지만, 생존방어가 너무 일찍 아이 때부터 작용하면 참자기의 자리에 거짓자기가 우뚝 서게 돼요.

또한 거짓자기가 자리 잡으면 진정성 없이 늘 거짓말을 순간적으로 해냅니다. 그 뿌리는 아기 때 자신이 원하는 것을 이루어지게 해주는 엄마의 역할이 부족해서, 결핍을 채우기 위해 스스로 엄마 대신 생각을 과도하게 한 것입니다. 거짓자기는 진정성 없이 단지 시선을 끄는 게 중요해서, 현란한 언어와 문체를 사용해서 내면에서 나오는 걸 덮어버려요.

·· 참자기가 가진 능력 ··

거짓자기를 벗어버리도록 돕는 환경이 안아주기(holding)입니다. 보통의 안아주기로 그 상태에서 벗어나게 해줄 수 있는 건 아닙니다. 거짓자기에 눌려 있던 참자기가 나올 때 종종 자기중심적인 '떼'도 함께 나와요. 그때 그 참자기를 받아주는 사람이 넉넉하고 튼튼한 울타리를 경험시켜주어야 발달이 시작됩니다.

참자기는 태어나서 대상과 관계를 경험하기 전에 타고난 정신의 잠재력입니다. 참자기는 정신구조의 중심에 있는 자기(self)입니다. 그리고 아이는 부모가 행했던 참자기의 기능을 내면화하기도 합니다. 이렇게 내면화된 참자기는 아동기보다 학령기, 사춘기, 청년기가 되면서 독립심을 요구받을 때마다 활성화되겠지요. 참자기는 존재하고 놀이하고 관계를 맺는 자발적 몸짓입니다. 자기 욕망에 대한 자율적인 표현이죠. 이제 참자기의 특성을 알아보겠습니다.

첫 번째, 참자기는 활력과 함께 다양한 감정을 체험하며, 통제되거나 버림받는 불안 없이 자신을 표현하는 능력입니다. 참자기는 상대방의 말을 검토하며 차이를 견뎌내고, 자신의 것을 유지합니다. 상황에 맞게 거절하면서도 상대방의 감정이 상해서 돌아올 거부를 두려워하지 않아요. 또한 일이 잘못되어 상처를 받아도 참자기는 자신의 고통 감정을 스스로 달래는 방법을 알아요. 살면서 기운을 차릴 수 있는 여러 방법을 알고 있는 거죠.

때로는 우울해도 지나가는 감정이라 생각하며 인내해야 할 때도 있고, 공감을 받아 극복되는 경우도 있잖아요. 인간다운 다양한 감정을 교류하면 불행한 감정에 휘둘리지 않게 되죠. 그리고 특별하게 만나는 사람이 없을 때도 감정을 조절할 수 있게 됩니다. 센티멘털한 감정을 넘어서 진정한 감정을 느끼는 것은 정서적으로 살아 있을 때 가능한 일이죠.

두 번째, 참자기는 적절한 권리를 누리고 기대하는 능력입니다. 참자기가 생겨날 때 엄마에게 받은 찬사와 지지는 주위 사람들로부터 긍정적인 반응을 기대하는 자신감이 됩니다. 상실이나 좌절에도 그것을 극복해가는 힘입니다. 자존감이 높은 사람은 남이 안 하는 어려운 일을 인내심을 발휘해 적극적으로 처리하기도 하지요. 또한 참자기가 강할수록 자신의 거짓이나 한계를 인정하기에 남의 단점을 잘 인내해줄 수 있어요. 입장 바꿔 생각하기가 가능한 것이죠. 참자기를 가진 사람은 불안을 통제해서 자신이 계획한 일을 대체로 잘 완수해요. 참자기의 도움으로 적합한 전공과 직업을 찾고 건강한 배우자를 만나기도 하죠. 자기 긍정감을 통해 한계를 받아들이고 현실을 수용하며 성공하는 능력이에요.

세 번째, 자기를 활성화하여 자기주장을 할 수 있는 능력입니다. 참자기는 자신의 소망이나 목표를 확인해가며 자신을 개방합니다. 개인적으로 의미 있는 정보를 타인에게 드러내고 사회적 지지를 경험합니다. 다른 사람의 요구에 무조건 순응하기보다 자신의 정당한 요구와 주장을 당당히 펼 수 있는 능력이지요.

네 번째, 자존감입니다. 매사 비관적인 사람은 행복했거나 성공한 순간을 망각해요. 삶에서 일어나는 위기나 난관을 잘 해결해나가기 위해 자신의 능력이나 성공을 상기할 필요가 있어요. 자기 존중감은 목표에 따라 자신이 가치 있는 사람이라는 믿음을 확인하는 능력이니까요. 갈등이나 문제를 해결하기 위해 긍정적이고 효과적인 방식으로 잘 대처했다는 확인을 받는 일은 자신을 보호하는 중요한 행동입니다.

다섯 번째, 참자기는 인생에서 전념할 만한 일을 정해두고 매진하는 힘입니다. 인생에서 장애물을 만나거나 시행착오를 경험해도, 간절히 원하는 목표가 있고 그 관점이 훌륭하다면 포기하지 않는 힘이 필요해요. 참자기가 이 힘을 제공합니다.

여섯 번째, 창조성입니다. 삶을 개선하고 새로운 방식으로 문제를 해결해나가려면 창조성이 필요합니다. 새로운 관계나 일을 시작한다든지, 새로운 취미를 배우는 활동도 참자기의 충동이에요. 위니콧은 아무도 흉내 낼 수 없는 자기만의 요소가 창조성이라고 했어요. 자신의 타고난 모습을 왜곡시키지 않고, 흉내 내지 않고, 감추지 않고 있는 그대로 드러내는 것은 신선함이고 아름다운 일이지요. 또한 사물을 다르게 보는 방법을 터득하여 부정적인 감정을 발산하는 것도 그래요. 위니콧은 창조성은 창작품에 있지 않고 인격 안에 있다고 했어요.

인간은 자기 고유의 꽃을 피우는 창조성을 지녀요. 예술가들은 작품 활동을 통해 자기 탐색을 하는데, 자기 발견이 잘되면 결핍을 치유할 수 있어요. 예술가가 미의 완성을 추구할 때, 바깥세상의 의미가 아닌 자신 안에서 고귀한 의미를 찾는 거예요.

일곱 번째, 남성성과 여성성의 공존입니다. 둘 중 어느 하나도 억압되지 않은 채 존재해야 창조성을 이룰 수 있어요. 극단적 미성숙의 경우에만 개인의 남성 요소와 여성 요소가 해리되어 조화를 이루지 못합니다.

여성성이란 '존재하고 있음(to be)' 경험을 의미해요. 위니콧이 강조한 '여성(WOMAN)'이란, 모든 여자와 남자의 첫 번째 삶의 단계에서 만나는 어머니를 뜻해요. 이 여성 때문에 좋은 엄마가 될 수 있습니다. 여성이 지닌 이 모성은 아이에게 존재하고 사랑하는 능력을 강화시키죠. 아이가 이런 엄마와 관계하고 동일시할 토대가 없으면, 온전한 자기 느낌을 가질 수가 없겠죠. 젖가슴은 뭔가를 행하는(doing) 상징이 아니라 어머니로서 존재함(being)의 상징입니다. 여성적 요소의 공급자가 된다는 것은 아기를 다루는 섬세한 사항을 잘 담당하는 것을 말해요.

남성성은 행하는 활동성을 뜻해요. 아기에게 존재의 연속성을 일으키는 엄마의 능력이 없다면 행함 그 자체는 의미가 축소돼요. 남성성 '하다(doing)'는 존재함(being) 바탕 위에서의 행함입니다. 그래야 안정된 행함이 될 수 있어요. 남자아이와 여자아이가 지닌 남성(MAN) 요소는 아버지성과 연관되고, 아버지(남자)는 '존재'보다 뭔가를 하는 것(doing)에 더 능숙하지요. 따라서 남성성의 대상관계는 엄마 존재로부터의 분리 의미를 담고 있어요. 분리에는 긍정적 의미와 부정적 의미가 있어요. 부정적 의미의 예로 훔치는 행위는 모성적 존재 경험의 손상, 만족 좌절과 관련 있어요. 반면에 긍정적 의미는 뭔가를 적극적으로 행함으로써 모성적 존재 세계에서 분리되어 남성적 '행함' 세계로 옮겨가는 것을 담고 있어요.

· 20강 ·

공격성

·· 사랑만큼 증오도 삶의 요소다 ··

내 안에 공격 에너지가 없다면 험난하고 부조리한 현실을 어떻게 버
텨낼 수 있을까요? 고전 정신분석에서는 공격성을 쾌락만족이 과도하
게 좌절될 때 수반되는 충동으로 보거나 죽음본능, 파괴욕동과 연관된
부정적인 무엇으로 보았어요. 그런데 위니콧은 공격성을 긍정적 가치
를 지닌 생명력의 표상으로 봐요. 공격성은 자연본성이면서 사랑능력
과도 관련 있어서, 공격성 발달에 문제가 생기면 타인에게 진정한 애정
을 쏟는 데 상당한 어려움이 생겨요.

사랑과 증오는 인간사를 구성하는 중요 요소입니다. 아이는 자라면
서 좋은 애정과 더불어 파괴 욕구를 다루는 발달을 해나가요. 나쁜 충동

으로 죄책감을 느끼지만 착한 일을 할 수 있다는 것을 알게 됩니다. 부모 또한 자녀를 한없이 사랑하지만 때로는 야단치며 공격하기도 하지요. 인간은 하루 종일 다양한 형태의 파괴와 사랑과 뒤엉켜 지냅니다.

사랑에 상처 입고 분노하다가 회복되는 것은 삶에서 지극히 정상적인 리듬입니다. 우리는 누군가를 존중하고 좋아하면서도 마음 한구석에 미움을 갖습니다. 그리고 자신의 권리나 경계를 알리기 위해서, 자신의 정체성과 현실감각을 잃지 않기 위해서 공격성을 사용합니다. 본능으로서의 공격성은 그 자체로 열정으로 표현되기도 해요. 인간관계에서 공격성은 자기주장, 경쟁심, 성취욕구 등으로 나타나요.

위니콧은 공격성이 엄마 배 속에서 태아의 강렬한 움직임으로 시작된다고 했습니다. 엄마의 영양소를 빼앗고 발로 차면서 공격성이 시작된다는 거예요. 태아의 '나는 살아 있다'는 운동성이죠. 태어나서도 아기는 무자비하게 이유 없이 엄마를 잡아당기고 밀고 깨물며 공격하죠. 하지만 아기는 아무런 나쁜 의도가 없어요. 이런 아기를 건강한 엄마는 진심으로 사랑해요. 특히 엄마의 젖꼭지가 공격의 첫 대상인데 잇몸으로 물어도 고통이 상당해요. 유아가 엄마의 젖가슴을 찾고 젖꼭지를 물기 위해서는 공격적 본능이 꼭 필요합니다. 이때 엄마가 아이의 공격성을 받아주는 태도가 앞으로 아이가 가질 공격성 발달에 영향을 미칩니다.

박해불안을 느끼는 엄마는 아이가 젖가슴을 파괴하려 한다고 생각하지만 실제로 유아는 그러지 않아요. 심리학자들이 발견한 바로는 200~300번 정도 젖을 먹는 동안 깨무는 정도는 12번 미만이라고 해요. 또한 아이가 엄마를 깨무는 것은 사랑의 표현이에요. 유아의 공격적 사랑은 상처를 주기도 하고 탐욕(식욕)이기도 합니다. 아기는 기분이 좋아 흥분하거나 좌절했을 때 물어요. 아이는 엄마의 가슴에 상처를 입힐 수 있지만 또한 사랑하는 엄마를 위해 공격 충동을 억제하기도 해요.

물론 아이마다 자신의 감정을 표현하거나 숨기는 정도는 다르죠. 작은 좌절에도 소리를 빽빽 질러대는 아이가 있는가 하면 순한 아이도 있어요. 아이가 상처를 입힐 때 엄마는 '아야' 하고 표현하지만 잠깐 아팠다는 정도죠. 엄마가 분노를 느낀 순간에 적절한 한마디 표출하면 자연스런 반응이 되지만, "왜 그래? 하지 말랬지. 너 때문에 힘들어 못 살겠다. 아파 죽겠어"라고 한다면 보복이 됩니다.

이가 나면 아이가 더 심각해질 수 있습니다. 하지만 건강한 엄마는 상식적으로 대처하고 아이는 안심하게 되죠. 엄마는 질겅질겅 씹어도 끄떡없는 물건들을 이가 난 아이에게 내줍니다. 아이가 씹거나 던져서 위안을 삼는다는 것을 알기 때문이죠. 그러면 아이는 자신의 충동을 이해하고 반응해주는 좋은 엄마를 경험하게 됩니다.

·· 미움을 받아줄 사람이 없으면 자신을 미워하게 된다 ··

소란 씨는 사춘기 딸과 난투극을 벌이는 엄마예요. 작은 시비로 시작해 격렬하게 비난하다가 밀쳐내기도 하고 급기야 욕설과 폭력으로 치달아요. "아이가 나를 공격할 때 마치 내 살점을 뜯어내는 느낌이에요." 소란 씨는 그런 일이 있으면 악몽을 꿉니다. 엘리베이터가 빌딩을 뚫고 올라가고, 기차가 전복되고, 토네이도가 집을 날려버리고, 포클레인이 집을 부숴버리는 악몽을 꿉니다. 그녀는 인간관계를 위해 필요한 애정, 의무, 책임이 부담스럽고 짐스러워 다 포기하고 싶다고 성토합니다. 억압된 분노가 모든 관계 욕구를 밀어내는 것이지요. "시어머니가 없으면, 남편이 없으면, 아이가 없으면 좋겠어요. 싹 다 나 몰라라 편하게 살고 싶어요." 그녀는 작은 갈등에 죽도록 힘들어하지만, 정작 자신이 남에게 어떤 피해를 주는지 전혀 알아차리지 못해요.

소란 씨는 병리적인 엄마 때문에 우울하게 살았습니다. 어릴 적에 엄마에게 공격성을 조금이라도 보이면 몇 배의 보복을 당했습니다. 그래서 분출되지 못한 분노감이 엄청났어요. 아이가 의존할 때 엄마는 정서, 시간, 체력 등 많은 것을 내주지요. 이런 것이 자연스럽지 못한 소란 씨는 아이의 의존적 요구나 본능 표현에 자신의 살이 뜯긴다고 표현했어요. 엄마에게서 수용받아본 적이 없다 보니 자신도 미성숙한 딸아이의 결점을 받아줄 수 없는 거예요.

소란 씨는 한 번 화를 내기 시작하면 하루 종일 또는 며칠이 지나도 풀지 못하고, 누군가 말리면 기름을 붓는 격이 되어 옷이든 이불이든 갈기갈기 찢고, 음식을 깡그리 쓰레기통에 버려야 직성이 풀려요. 엄마의 무자비한 공격을 참아낼 수 있는 자아 경계가 다 깨져 있기에, 자기 뜻대로 되지 않는 상황에서 불안과 부당한 느낌이 들면 폭발할 수밖에요.

자신의 공격 에너지를 이용해 자동차의 엔진처럼 세상을 탐색하고 조정하며 건설적으로 사용하지 못하고, 파괴하려는 의도만 갖게 된 것입니다. 공격성의 외부 투사는 실제 박해가 없는 상황에서도 박해당하는 기대나 망상을 만들기 때문에 해롭고 불건강해요. 소란 씨는 자신도 모르는 내면의 증오를 외부 투사함으로 인해, 친밀해야 하는 가까운 대상을 밀어내 버리고 아무도 곁에 두지 않아요.

현실에는 파괴적인 반항으로 끊임없이 누군가를 적으로 삼아 싸우며 대결하는 사람이 있는가 하면, 자신의 부정적 기운을 인식하고 누르면서 생산적 일에 참여하고 경쟁을 통해 유익을 얻는 사람도 있어요. 자신과 타인에 대해 압도적인 분노로 무자비한 공격성을 쓰는 사람은 과도한 좌절을 주었던 엄마에 대한 증오가 처리되지 않아, 상처 주는 인간관계에 고착된 경우입니다. 좋은 대상과 좋은 관계를 할 수 있는 능력 자체가 손상된 것이지요.

아이는 자신의 미움을 받아줄 누군가를 외부 세계에서 발견하지 못하면 자신을 미워하게 됩니다. 공격성을 많이 억압하는 아이들을 임상에서 보면 손톱을 씹거나 머리를 박거나 합니다. 만약 아이의 파괴 충동이 부모가 관리할 수 없을 정도로 지나치다면 아이가 회복하는 시간은 오래 걸릴 것입니다. 이때 아이는 자신에게 나쁜 환상이 있다는 것을 부인하거나 환상을 과장되게 표현하는 방법밖에 없습니다. 소란 씨의 딸 '겨루'도 화가 나면 선물로 받은 값비싼 물건을 망치로 부숴버립니다. 해결해야 할 대상을 없애버리는 격이지요.

자신이 처한 파국을 극복하려면 정신적 배경 조건이 필요해요. 예를 들어 상처받을 때의 아픔, 충격, 불안을 누군가로부터 이해받아야 거기서 생각할 수 있는 능력이 형성되어 파국에서 회복이 가능해요. 내면에서 나쁜 요소를 찾아내 처리하는 정신능력과 방법을 획득하는 것은 아이와 성인에게 평생의 과제입니다.

아이는 자신의 공격성을 사용하면서 차츰 상처를 입을 수 있는 것과 그럴 가능성이 적은 것을 분별해가요. 아픔을 느끼지 못하는 물건을 깨무는 것을 통해, 사랑하는 사람을 상처 주지 않고 자신의 본능을 즐길 수 있음을 알게 되지요.

그 결과 아이는 식욕 안에 있는 공격요소를 상징으로 변형시키고, 훗날 자신이 화날 때, 나쁜 것으로 지각되는 외적 실재와 싸울 때 사용하기 위해 정신에 저장해둬요. 공격성을 정신에서 처리하고 간직하는 과정을 통해 고유한 내면 세계를 형성하며 성격이 풍요로워집니다. 한 예로 아이는 놀이를 통해 분노와 슬픔을 제거합니다. 권투나 전쟁놀이 안에서 자신의 주먹과 발로 나쁜 것을 몰아내는 것은 자신이 좋은 것을 받아들이고 좋게 성장하고 있다는 것을 확인하는 것과 같아요. 건강한 공격성은 놀이와 학업에서 경쟁심을 일으키는 원동력이 되어 지속적으로 사용됩니다.

서너 살 아이가 호기심으로 탁자에 놓인 잔을 잡아 엎거나 던지려 할 때 엄마가 이해 없는 분노로 막아서면, 또는 미리 물건을 치워버리면 아이의 호기심은 방해를 받아요. 특히 호기심 어린 행동에 대해 경멸이 섞인 반응을 보이면 아이는 마음에 상처를 받습니다. 언어를 익히지 못한 어린아이는 오감을 사용하잖아요. 현실에 적응하는 자아와 지능이 개발되지 않아 공격성을 사용하는 호기심을 표현하지 못하면, 언어 기능이 개발되지 않아서 해답을 내면화할 수 없게 됩니다.

언어를 이해하지 못하는 상태는 호기심에 대한 벌로 발생됩니다. 자신의 좌절을 다루려면 자아의 생각하는 힘이 필요한데, 엄마가 아이의 나쁜 충동에 반응해주지 않거나 부정적 반응을 보이면 엄마가 나쁘다고만 느끼게 됩니다. 엄마가 정말 나쁜지와 상관없이 말이죠. 그 결과 좌절을 견디는 능력을 상실하게 됩니다. 그러면 아이는 실재를 알아가고 배우는 것이 불안하게 지각되어 지식을 발견하는 즐거움을 느낄 수 없게 됩니다. 대신 내면 세계가 파괴적 이미지로 가득 차 현실을 매우 불안정하게 지각합니다.

자신의 감정들에 언어적 의미를 부여하는 방법을 배우지 못하면 그어떤 상황도 열심히 대면하지 못하게 돼요. 간혹 이런 아이들이 상담을 통해 안전한 정서적 환경이 조성되어 공격성을 수용받는 경험을 하면 운동기능뿐 아니라 어휘력도 발달합니다. 그래서 무기력 상태에서 회복 중인 아이의 지능은 무엇보다 관계를 통해 활성화됩니다. 엄마의 모든 상태와 언행은 아이의 롤모델입니다. 아이의 좌절을 견뎌주고 변형시키는 작용이 엄마의 능력에서 나옵니다. 엄마가 아이의 강한 호기심과 위협에 부정적 반응을 할 때 특히 주의해야 해요. 침착함을 유지하면서 심한 처벌이 아닌 아이의 좌절감과 공격성을 담아주는 모델이 되어주어야 비로소 아이 또한 그러한 상호작용을 내면화해서 자신의 충동을 안전하게 다루게 되니까요.

·· 아이에게는 올라가 마음 놓고 미워할 링이 필요하다 ··

엄마가 아이의 공격성을 못 견뎌서 혐오로 다루면 어찌 될까요? 실패 경험에서 아무것도 배우지 못하는 아이가 될 수 있습니다. 현실 대신 동떨어진 환상 속에서 뭐든 다 할 수 있다고 느끼는 집착이 일어납니다. 하지 말라는 것만 골라 하는 아이가 되고 결과를 염두에 두지 않으며 위험한 행동에 도취되어 살 수 있습니다. 이때 건강한 성인의 임무는 확고한 관리를 통해 울타리(경계)를 제공해주는 것입니다. 아이의 공격성이 어른의 통제를 벗어나지 않도록 예방하는 것이기도 해요. 아이가 한계 안에서 자신의 공격성에 가해질 위험을 느끼지 않고, 그 나쁨을 극복하고 즐길 수 있도록 해주는 것입니다.

TV에서 영국의 대안학교 생활을 방영한 적이 있었어요. 작문 시간에 자신이 생각한 바를 글로 써서 발표하는 과제가 주어졌는데 한 아이가 그냥 말로 하겠다고 버티는 거예요. 담임 선생님은 고집을 피우는 아이에게 이해가 아닌 대면을 해주었습니다. 한 달 이상 룰을 무시하는 아이의 반사회적 행동을 받아주지 않았고 교실 밖에서 벌을 서게 했죠. 물론 모욕을 주지는 않았습니다. 결국 아이가 자신의 분노를 포기하고 작문을 했는데 선생님은 그 창의력을 존중해주고 듬뿍 찬사해주었지요.

시간이 오래 걸리지만 자기 고집을 꺾었을 때 공유된 현실감을 체험하고 자신의 잠재력이 현실에서 성취되게 한 실험입니다. 아이는 공격성을 사용할 때 꼭 배워야 할 것이 있습니다. 적절히 통제해주는 부모가 중요해요. 아이든 부모든 공격성을 통제하지 못할 때 상당히 불안해집니다. 공격성은 에너지이고 하나의 틀에 넣을 수 없어요. 공격성을 사용하는 다양한 방식의 채널을 만들어줘야 합니다.

보통의 경우 어릴 적부터 착한 생각을 하고 착한 행동을 하면 좋아질 것이라고 배우게 됩니다. 위니콧도 나쁜 생각을 하는 건 재미있을 수 있지만, 좋은 행동을 할 수 있다면 더 좋다고 알려주는 게 합리적이라고 했어요. 그러면 아이는 '아, 나는 좋은 행동을 하고, 때론 아주 나쁜 생각을 하기도 해'라고 느끼고 환상과 현실을 분리할 수 있게 되죠.

이룩 씨는 어릴 적 동네에서 어른도 기피할 만큼 유명한 말썽꾸러기였어요. 학교에서도 늘 책상 위를 걸어 다니고, 딱총을 쏘고, 여자아이들을 괴롭히는 등 여러 이유로 부모님이 항시 학교에 불려오셨다고 합니다. 이룩 씨는 나쁜 짓을 하고 야단을 맞을 때마다 '설마 괜찮겠지' 하는 마음이 컸었대요.

어느 날 장난치고 있는 자신을 뒤에서 체육 선생님이 두 팔로 세게 감싸 안았는데 한동안 꼼짝할 수 없었다고 해요. 그런데 그 느낌이 나쁘지 않고 안정감이 들었다는 거예요. 야단맞고 욕을 먹는 것과는 다르게 느껴졌던 것이죠. 이후에는 친구들을 괴롭히는 행동이 누그러졌다고 합니다.

감정발달은 부모 관계에서 학습됩니다. 아이는 공격성을 표출하고 부모의 반응을 경험하면서, 그 과정에서 일어난 모든 것을 자기 것으로 받아들입니다. 그런데 부모의 반응이 부정적일 때 아이의 공격성은 나쁜 충동이 되고 존재의 나쁨으로까지 여겨져요. 자신의 공격성을 사용해 자기주장을 강하게 표현하고 나서 죄지은 것처럼 느껴지고, 적대감을 표출하며 싸우고 나면 번아웃되는 사람이 이런 경우에 해당돼요.

자신의 충동을 잘 통제하기 위해 말썽을 피우고 반드시 그것을 제지해주는 외부 대상이 있어야 합니다. 공격성의 긍정적 발달은 자애로우면서 강한 어른의 외부 통제가 꼭 있어야 성취돼요. 특히 자기중심적이고 변덕스럽고 불안한 아이에게는 삶의 자세를 결코 '말'로 가르칠 수 없어요.

아이가 공격성을 사용했을 때 부모가 불안을 주지 않고 "이 녀석 살아 있네" 하며 긍정적 에너지로 인정해줍니다. 그런 후 어떻게 다룰지 고민합니다. 이것이 대면입니다. 아이들은 때로 무자비한 공격을 해요. "집을 때려 부숴버릴 거야. 죽여버릴 거야. 목을 따버릴 거야. 물어뜯어버릴 거야. 도마에 놓고 썰어버릴 거야." 이런 말에 익숙하지 않은 사람은 그 공격성에 놀랄 것입니다.

저는 놀이치료를 하다 보니 이 말들이 자연스럽게 느껴집니다. 아이들은 마술적으로 파괴를 일삼아요. 하지만 시간이 흐르면서 마술이 통하지 않는다는 것을 경험하고 배우죠. 그래서 진짜 파괴하지 않고 욕설을 퍼붓는 것으로 공격 행동을 변형시키는 것입니다.

아이의 입에서 나오는 욕들은 심리적 만족과 감정 정화 효과가 있어서 실제로 폭력을 행하지 않게 해요. 부모와 교사는 자신의 권위나 관리가 약하고 소홀해서, 아이들이 분노로 날뛰거나 두려움 때문에 권위를 스스로 떠맡는 일이 일어나지 않도록 해야 해요. 아이가 자신의 불안 때문에 권위를 떠맡게 되면 잔인한 독재자가 됩니다.

간혹 상담 장면에서 어른 못지않은 폭력성으로 집기를 부수고, 부모를 협박하고, 동생을 위협해서 온 아이들이 있어요. 물론 잔인한 그 행동들이 억압된 내면의 공격성을 바꾸고픈 욕구를 담고 있지만, 부모의 외적 통제가 전혀 없었던 아이에게서 드러난 표현이기도 합니다. 또한 부모대상이 지나치게 약하면 손위 형제가 독재자가 돼 동생을 괴롭히기도 합니다. 지나치게 충동 조절이 되지 않는 반사회적인 아이들을 보면 아버지 관계가 결핍되어 있습니다. 사람들이 공포영화나 폭력영화에 빠지는 것은 정도의 차이가 있겠지만 마음속에 공감받지 못한 박해불안이 있기 때문이에요. 영화 속 악당이나 괴물은 견딜 수 없는 감정과 죄책감의 투사물이며, 사랑에 대한 회피나 파괴 이미지입니다.

사람이 자신의 공격성을 책임지지 않고서는 책임감을 발달시킬 수 없고, 깨달음의 심리 기능도 발생되지 않아요. 잘못 행동하는 것에 대해 의식이 없다는 것은, 자신의 환경이 신뢰할 만하다는 확신이 없는 상태이며, 잘못에 대해 감지하는 능력도 사라진 것을 의미해요.

·· 증오심이 포용될 때 아이는 집으로 돌아온다 ··

위니콧은 극심한 박탈을 경험한 남자아이를 양육하게 되었습니다. 아이는 위니콧의 보호를 받으면서도 늘 도망 나가 주위를 배회했어요. 위니콧은 아이가 몹시 차갑고 화가 나 있어서 친해지기 위해 많은 시간이 소요되었다고 해요. 위니콧과 부인은 소년에게 완벽한 자유를 주고, 외출할 때마다 약간의 돈을 주었습니다. 다만 외출 중에 전화를 꼭 해야 했죠. 위니콧 부부는 소년을 보호하고 있는 경찰서에 매번 가야 했습니다. 이런 행동을 반복하면서 가출 증상은 줄었습니다.

그다음에 소년의 내면 세계에 있는 공격성이 나오기 시작했는데, 많은 시간 동안 공을 들여야 하는 일이었어요. 어느 날 위니콧이 외출한 후에 소년이 말썽을 피운 모양이에요.

"내가 바깥에 나가 있을 때 최악의 사건이 일어났다. 중요한 것은 소년의 성격발달 방식이 내 증오를 불러일으켰다는 것이며, 내가 그것에 대해 어떻게 할 것인가 하는 것이다. 내가 그 아이에게 모욕을 주고 때렸을까? 아니다. 결코 아이를 때리지 않았다. 그러나 내 증오에 대해 알지 못하고 그것을 억압시켜왔다면 때렸을 것이다. 나는 위기의 순간에 비난하지 않고, 신체적 힘을 이용해서 아이의 몸을 꼭 잡고 날씨가 어떠하든 밤이든 낮이든 상관하지 않고 현관 밖으로 내쫓았다. 하지만 거기에는 다시 안으로 들어오고 싶을 때 누를 수 있도록 설치된 특별한 벨이 있었고 아이가 일단 안으로 들어오면 우리는 지난 일에 대해 한마디도 하지 않았다.

아이는 자신의 광적인 공격성에서 정신을 차리자마자 이 벨을 사용했다. 중요한 것은 내가 문밖으로 내모는 순간에 아이에게 무엇인가 이야기했다는 것이다. '방금 일어난 일로 널 증오하게 된다.' 정확히 이렇게 말했다. 너무나 확실한 사실이었기에 말해주는 데 전혀 어려움이 없었다. 이러한 말은 그의 발달을 위해서도 중요했지만 나로서도 격렬한 화를 내거나 말과 행동으로 빈번하게 그를 죽이는 일 없이 상황을 잘 견디게 하였다."

'분노 충동을 멈추는 방법이 자신에게 있다'는 것을 알리기 위한 위니콧의 지혜로운 행동이에요. 더 중요한 사실은 아이와 의사소통을 했다는 것이죠. 이런 잠정적 분노는 만성적 증오와 구별됩니다. 소년은 사랑받는 환경에서 안전하게 미워하는 것이 어떤 것인지 생생하게 느꼈을 것입니다.

아이는 발달하면서 자신의 증오심을 있는 그대로 표현할 수 있어야 해요. 이런 경우 아이의 외부 대상과 외부 세계는 '현실 그대로의' 인간적인 엄마와 아버지예요. 위니콧은 아이가 불안정해서 집을 나갈 때마다 돈을 주었고, 아이가 전화를 하면 마다하지 않고 데리러갔습니다. 위니콧은 소년이 외부 현실을 구체적으로 사용하게끔 존재해주었죠. 아이가 언제든 돌아올 수 있는 집을 세워준 거예요. 이렇게 공격성이 부인당하지 않으면서 책임지는 것을 배울 수 있다면, 창조적 개성을 피어내는 공격성이 회복되고 보상능력이 생성됩니다.

피상적인 감상주의는 공격성에 대한 부정에서 비롯됩니다. 좌절된 공격성이 대면되지 않으면 아이의 발달을 시들게 하며, 결국에는 직접적 형태의 파괴를 통해서만 자신의 파괴성을 대면하게 됩니다. 놀이, 일, 사랑은 공격성이 본능에너지로 인정되고 절제될 때 가치를 가집니다. 자신의 탐욕이나 잔인성을 인정해야 비로소 승화된 활동이 가능하다는 얘기입니다.

·· 피학은 상대의 공격을 유발하는 수동적 공격 ··

공격성은 평범한 모습으로 나타나기도 하고, 적극적으로 싸움을 걸 대상을 찾기도 해요. 공격성이 비대하면 적대감을 적나라하게 표현한 후 벗어나기도 해요. 소리를 지르고, 욕을 하고, 발로 차고, 물건을 던져 깰 수도 있겠죠. 소심한 사람은 공격성을 자신이 아닌 다른 곳에서 발견해요. 외부의 공격성을 두려워하고, 계속 문제가 생기지 않을까, 피해당할까 염려해요. 개미 한 마리 해치지 못하는 아이가 주기적으로 감정폭발을 한다든지, 짜증을 지속적으로 낼 수도 있겠죠. 하지만 이런 시니컬한 행동이 무엇을 배우게 하지는 못해요.

공격적 행동에 대한 성숙한 대안은 꿈을 꾸는 겁니다. 아이는 꿈에서 파괴와 살생을 경험하며 실제로 신체 흥분도 느끼게 돼요. 꿈은 단순한 환상이 아니잖아요. 놀이치료를 하면서 아이가 악몽을 감당하게 되면 비로소 온갖 종류의 놀이를 창조하기 시작해요.

미래는 아주 꼼꼼한 성격이었어요. 실수하거나 무언가 조금이라도 못마땅하면 완벽주의 성향으로 긴장 수준이 마구 올라가 수행불안이 크게 일어나요. 과제 한 장을 하는 데 한 시간 이상 걸렸죠. 양육 과정에서 자신의 욕구나 본능이 마음대로 표현되거나 수용되지 못하면 스스로를 나쁘게 느끼는 경우가 있는데 이럴 때 자기 통제감이 매우 커지더라고요.

미래는 자연스러운 상호작용이 일어나는 놀이를 거부하고 혼자서 별이나 학을 접고 놀았어요. 다른 아이들이 접을 수 없는 사이즈로 종이

접기를 하며 강박적 몰두를 했지요. 자기 규제나 통제는 자신이 좋아하는 행동을 억제하고 사회적으로 받아들여지는 행동을 하는 것입니다. 불안을 통제하는 방법이 되기는 하지만 과도하면 불안과 죄책감밖에 없는 아이가 돼버려요.

보통의 건강한 부모는 아이에 대해 80~90퍼센트를 허용하고 10~20퍼센트 정도만 '안 돼'를 해요. 아이 안에 좋은 게 많다고 느끼고 믿으면 침범이나 조정을 덜 한다는 심리학 보고가 있어요. 미래의 엄마는 아이의 실수나 본능에 대해 너그럽지 못한 성격 결함이 있는 분이었는데 아이의 미숙함을 편하게 보질 못했죠.

미래는 학령기 전의 아동이었는데 뭐든 제시간에 해내야 했어요. 자는 것이든 먹는 것이든 공부든 말예요. 쉬는 시간 없이 여러 학원을 다니게 했는데 어른에게도 힘든 스케줄이었죠. 미래는 자신의 분노를 지나치게 억제하는 강박 행동을 보였고, 삶에서 일어나는 다양한 갈등을 해결하지 못하는 상태였지요.

수동공격적이고 피학적인 아이나 성인과 함께 있으면 매우 고통스럽습니다. 이들은 겉으로는 순하고 복종적인 모습이지만 속에서는 아무런 좋은 것이 없는 상태로 분노하고 있죠. 그 피학적 공격성이 옮겨져 상대방이 대신 화가 나요. 예를 들어 과한 자기연민으로 상담자가 매번 자신을 버릴 것 같다고 상상하고 표현하는 내담자를 대하다 보면, 그 불안에 대한 반응으로 상담자의 불쾌감이 고조됩니다. 내담자를 버리고 싶은 마음이 내 안에 있는 것 같고 도움을 주지 못하는 실패자가 된 듯 느껴지죠. 그것은 이유 없이 나쁜 사람이 되라는 강요입니다. 그것을 방어하다 보면 짜증이 올라오죠. 피학적인 사람 옆에 있으면 결국 가해자의 마음이 생기고 그런 역할을 맡게 돼요.

피학적인 사람은 자신도 모르게 복종적인 관계를 해요. 부모가 폭력적 승리로 늘 이겼던 역동이 강해서 무의식에 증오가 쌓일 수밖에 없지요. 묵은 분노가 처리되지 않고 정신 안에 강하게 억압되어 있으면, 인간적인 선한 가치뿐 아니라 문화나 종교까지도 온전히 내재화하지 못해요. 피-가학적인 성향을 지닌 사람은 도움을 거절하는 불평불만자입니다. 사실 피-가학 관계를 하는 사람은 상처 입힌 엄마를 증오하면서 강력한 유대 관계를 맺고 있습니다. 그래서 늘 싸웁니다. 엄마의 공격적 행동을 내면화하고 그런 행동을 다른 대상들과 되풀이하는 거예요. 엄마를 동일시하기도 하고, 엄마와의 관계를 동일시한 결과이기도 해요.

자신도 모르게 상대방을 실망시키고, 상처주고, 좌절시키고 싶은 편집증적 충동이 일어나요. 고통을 자초하고, 자신을 비하하는 패턴과 그러한 자신의 고통을 전염시켜 다른 사람을 괴롭히고자 하는 소망이 강렬해요. 자기 비하적인 행동을 하는 사람에게 우호적이기는 어렵습니다. 피해를 자초하는 행동은 나쁜 상황이 생길 것을 무의식적으로 예상하고, 그래서 미리 거부적 행동을 해서 스스로 처벌을 받아요. 보통의 관계에서 늘 최악을 기대하죠.

미래도 수동공격이 커서 남의 말에 수긍하는 것 같아 보이나, 적의를 직접 표현하지 않고, 상대방의 바람에 따라주지 않음으로써 자기의사를 표현해요. 애매한 태도, 싫다는 침묵, 하겠다고 하고 망각해버리는 등

앞에서는 아무렇지 않은 척하다가 뒤에서 일을 망치는 행동을 합니다.

피학성은 누구에게나 어느 정도 있는 보편성이기도 해요. 많은 사람이 강박적 행동으로 스스로에게 한계를 부여하고, 자신의 인격을 고양시키기 위해 자기비판을 하기도 하고, 미래의 성공을 위해 고된 일을 인내하는 것도 정상적인 피학성이죠. 하지만 심각한 인격장애나 정신증 병리에서 증오는 앙갚음, 시기심, 평가절하 등으로 대인관계와 현실적 응 기능을 마비시켜요.

여기서 엄마의 과제는 아이의 공격성에 살아남는 것입니다. 아이가 공격하면 아프고 속상해서 힘들다고 반응하지만 인격의 힘으로 대부분 견뎌냅니다. 아이의 자연 본능에 대해 지나친 죄책감을 주지 않는 경험은 결국 사랑 능력을 형성하게 해요. 물론 공격충동이 사랑 능력으로 변환되려면 심리적 과정이 필요해요. 아이는 자신의 본능적 활기로 엄마를 상처 입힌 것에 대해 건강한 죄책감을 느낄 수 있게 돼요. 이때 자신과 엄마의 회복을 위한 보상 심리로 화해의 제스처를 하게 돼요. 공격성을 사용한 후 엄마와 잘 해보려는 태도로 반성문을 써온다든지, 숙제를 한다든지, 와서 껴안고, 엄마가 좋아할 만한 예쁜 행동을 하죠. 그럴 때 엄마는 아이와 눈을 맞추고, 미소로 화답해요.

이러한 아이의 회복충동을 받아주는 건강한 엄마로 인해 아이는 상처받은 자존감도 회복하면서 애정을 베푸는 것을 배워나가요. 엄마가 아이의 회복충동에 미소나 부드러운 토닥임이나 말로 수용해줄 수 있다면 아이는 자신의 감정과 충동에 대해 전적으로 책임질 수 있는 능력을 형성하게 돼요. 아이가 엄마에게 그림을 그려 선물하는 것은 친밀 관계를 형성하기 위해서죠. 그 안에는 사랑받고자 하고, 사랑하는 부모를 행복하게 하고자 하는 목적이 있어요. 무엇을 부모에게 주면서 아이는 자신이 컸다고, 강하다고 느끼는 거예요.

자신이 힘 있는 존재라고 느끼는 거겠죠. 선물에 의해 고양된 자부심은 행복감으로 이어지고, 관계에서 튼튼한 고리를 형성하며 실망이나 절망의 순간에 덜 좌절하게 돼요. 하지만 엄마와의 연결을 회복하려는 아이의 노력을 엄마가 외면하거나 거부하면 아이는 자신의 본능적 잠재능력과 단절이 돼요. 아동이나 성인에게 나타나는 건설적인 회복 욕구는 사랑하는 대상을 위해 무엇인가 할 수 있고, 가족의 욕구를 만족시키는 데 기여할 수 있는 기회인 거예요. 사랑하는 사람에게 기여하는 것은 누군가를 즐겁고 행복하게 해주는 것이고, 누구처럼 되는 것을 의미해요. 또한 선물이 가치가 있는 것은 자신이 구원되길 바라는 의도가 있기 때문이에요. 아이가 공부를 잘하는 것도 소중한 대상을 향한 선물이에요.

이것은 부모관계에서도 일어나고 회복의 가능성을 받아주는 교사에게서도 일어나요. 보상 제안을 받아주는 것이 부모가 해야 할 큰 역할입니다. 아이의 후회는 관심 능력으로 발달해가요. 아이가 관계 회복 제스처를 보낼 때 엄마가 거절하며 비웃는다면 아이의 행동은 단지 흉내 내고 그런 척만 하는 행동으로 가치절하되어 자신이 쓸모없는 존재라는 무력감을 경험할 것입니다. 그러면 또 아이는 소화하지 못한 분노와 파괴적 행동으로 관계 회복 좌절을 반복해서 느낄 수밖에 없어요. 아이는 부모에게 받는 그만큼 자신의 좋음을 부모에게 주기 원해요. 부모가 제공하는 보호막이 아이의 정서와 행동에 담겨 있다면 아이는 잘 성장할 것입니다.

·· 공격성은 현실의 경계를 탐구하는 본능 ··

공격성은 건강한 인격 형성에 필수 요소입니다. 공격성을 잃으면 현실이 막연하고 모호하게 느껴집니다. 현실을 발견할 때 공격성이 활성화되며, 공격성이 현실과 접촉해야 현실감이 형성됩니다. 아이는 성장 과정의 어느 기간 동안 주관 세계에서 원한 것이 현실에서도 이루어진다고 생각해요. 그런데 공격성을 바탕으로 현실감이 형성되면, 현실과 환상을 구분하기 시작해요.

컵이 있으면 환상인지 진짜인지 알아보기 위해 공격성을 사용해 집어던져요. 컵이 깨져 없어지면 환상이 되고, 컵을 던졌는데 안 깨지고 그대로 있으면 진짜라고 지각하는 현실을 만나게 되죠. 이런 실험을 하기 위해 아이들은 여러 가지 말썽을 피웁니다. 아동은 레고가 어찌되는지 아파트 베란다에서 떨어트려보고, 시디를 다 꺼내 날려보고, 박스 안에 든 세제가루를 뿌려보고, 고추장을 나무에 떨어트려보는 행동을 해요.

아이의 공격성은 자신의 욕구를 관철할 때 더욱 크게 일어나죠. 엄마는 여기서 보복 없이 버텨야 해요. 아이의 공격성에 져주고 경계 없이 그냥 허용해주는 것은 위험합니다. 공격 대상의 타깃이 되는 부모는 아이에게 절대 밀리지 않는 버팀목이 되어주어야 해요. '안 되는 것은 안

되는 거야'라고 버텨서 세상에는 마음대로 할 수 없는 것도 있다는 것을 알게 해줘야 해요. 환상에는 한계가 없지만 현실에는 정확한 한계가 있어요. 반드시 아이가 경계 있는 현실을 받아들이고 그 안에서 살게 해주어야 해요. 그래야 '안 되는 게 있네. 여기까지가 내가 할 수 있는 거구나' 하며 한계 안에서 안정감을 느끼게 됩니다.

경계선을 만드는 데 실패한 아이는 자신이 뭐든지 할 수 있다고 생각합니다. 하지만 경계를 형성한 아이만이 그 경계 안에서 확실한 자신감을 가질 수 있습니다. 경계가 없어서 명확한 현실인식이 안 되는 아이는 늘 불안할 수밖에 없어요. 예를 들어 아이가 열 개의 장난감을 갖고 싶어 한다면 부모가 다 사 주지 않아야 아이가 좌절을 겪어 자신의 공격성을 사용하게 되고, 그런 과정에서 현실의 경계와 한계를 발견할 수 있습니다. 자신의 본능충동이 현실에 의해 금지되는 경계 발견과 좌절 경험을 소화해내야 준법정신을 갖고 살게 됩니다. 세상은 보이게 또는 보이지 않게 본능 욕구를 제약하는 경계들로 구성되는데, 그 세계에 들어가지 못하면 자신 안의 경직된 경계선과 망상들에 갇히게 돼요.

타고난 공격성을 사용하고 시험하며 중요 대상으로부터 금지 경계를 안내받지 못한 아이는 해서는 안 될 일로 선을 넘고 싶어 합니다. 하지 말라고 하는 것에, 가지 말라는 곳에 꼭 하거나 가죠. 이런 아이들 때문에 학칙이 필요한 거죠. 물론 그런 행동은 안정된 환경 울타리가 있는지 확인하고 싶어서겠지만요. 부모가 아이의 공격성을 못 버텨주면 학교나 교회, 사회에서 경계를 찾게 돼요. 청소년의 비행은 해결될 희망이 있지만 사랑이나 이해만으로는 해결할 수 없어요.

오히려 지나친 허용은 좌절과 유사한 상처가 될 수 있습니다. 경계를 형성하려면 따뜻한 품과 강한 팔이 필요해요. 위니콧은 아이들이 집짓기 장난감을 쌓은 후에 그것을 쳐서 넘어뜨리고 다시 세울 수 있다고 자부할 때 파괴 충동을 제대로 표현할 수 있다고 했습니다. 그 아이의 내면에는 엄마가 사랑해주고 이해해주고 많이 참아주었던 경험이 있는 것이지요.

‥ 사랑에는 이빨이 있다 ‥

사람에게는 공격성에 대한 공포가 있고, 보통은 공격적 자극을 두려워합니다. 그래서 속으로는 분노하면서 겉으로는 좋은 말로 하죠. 사랑이 좋은 가치로만 여겨져 부정적 감정을 토로하고 오해를 풀기가 껄끄럽습니다. 하지만 공격성을 주고받으며 확인해야 사랑하는 관계가 더 단단해집니다. 공격성 없이 계속 사랑만 하면 거짓될 수 있습니다. 오래 묵은 불편한 감정을 해소 못하면 골이 깊어지고 문제해결을 못하게 되죠. 갈등을 무서워하고 공격성이 없는 것처럼 사는 사람의 내면이 사실은 더 약하고 적대적인 경우를 봅니다. 풀기 어려운 무의식적 분노가 큰 사람은 자신의 분노가 의식에서 인정되지 않으니 정당하게 싸우고 화해하지 못합니다. 사랑 본능과 공격 본능은 하나로 통합되어야 합니다. 그것이 실패한다면 감정이 분열된 상태로 살아갈 수밖에 없죠.

분노는 자신의 존재, 욕구, 정서를 존중하고 공감해달라는 자기주장이에요. 합리적으로 인지하고 표현되는 의식의 분노가 있고, 무의식에 숨겨놓은 환상과 감정에 함입되어 정신없이 타자를 향해 분출되는 원시적 분노가 있어요.

성격장애를 지닌 사람은 파괴적 공격성이 의식에서 부인되고 분열되어 자신의 좋은 특성만 지각되고 나쁜 특성은 직면하지 못해요. 그로 인해 분노는 수정될 기회를 갖지 못해 통제하기 힘든 양태로 평생 반복됩니다. 또한 분노가 외부로 적절하게 표출되지 못하고 내향화되면 가치 있는 정신활동이 마비되고 내적 대상들이 파괴돼요. 그 결과 공허감과 무의미감에 빠지고 정신 기능이 잘 작동되지 않아 현실원칙에 의거한 조화로운 관계를 제대로 못하게 되지요.

·· 공격성의 특성 ··

공격성의 특성을 살펴보겠습니다.

첫 번째, 공격성 발달을 성취하면 대상관계능력뿐 아니라 대상사용능력이 형성됩니다. 대상사용은 현실을 바탕으로 네 것 내 것을 정확히 가리는 능력이에요. 똑똑하고 좋은 사람인데 남 좋은 일만 하는 사람이 있어요. 다른 사람을 잠시 행복하게 만들어줄 수는 있겠지만 정작 자신은 정당한 요구를 못해요. 공격성이 인격에서 떨어져나가면 이런 어려움을 겪을 수 있습니다.

또는 너무 계산만 해서 인심을 잃는 사람도 있어요. 세상은 좋은 대상으로 가득 차서 넉넉하게 이용하고도 남는데, 세상 사람이 나랑 관계없다고 지각하는 사람은 정신이 빈곤한 사람이겠죠. 사실 너무 인색하면 손해를 봅니다. 내가 받을 것을 상상하지 못하니 베풀지 못하는 것이죠. 사용하고 사용되어지는 상호의존이 안 되는 것입니다.

두 번째, 대상사용은 감정이입과 공감을 통해 소통하는 능력이기도 합니다. 자기 경계를 잃지 않으면서도 자기를 개방해서 다른 사람과 섞이다가 또다시 자기 자신으로 돌아오는 것이죠. 이 능력은 감정에 따라 대상이 있고 없고가 아니라 감정과 상관없이 항구적으로 존재하는 대상항상성 경험과 연관됩니다. 대상사용능력은 주관적 환상에서 출발해서 객관현실을 발견해가는 과정에서 형성됩니다. 성인은 마술이 만들어내는 환상을 즐기고 경험하지만 그것이 현실과 다르다는 것을 알지요.

공격성은 현실과 강하게 접촉하며 있는 그대로 발견해가는 활동 에너지입니다. 공격성을 사용해본 아이는 뭐든 다 할 수 있다는 환상과 착각에서 내려와 자신의 한계를 인식하고, 진짜 현실을 보며 인정하게 됩니다. 즉 실제로 없는 것은 보지 않는 능력이 형성됩니다. "나는 나야. 내가 보니 내가 보이네. 나는 볼 수 있어. 나는 창조적으로 볼 수 있어. 그리고 나는 보이지 않는 것은 보지 않을 수 있어."

세 번째, 공격성은 본능적 식욕, 본능적 사랑이기도 합니다. 공격성은 처음에 유쾌한 것으로 경험되고 나중에 분노와 혼합돼요. 아이가 공격성을 사용할 때 그것이 타자에게 어떤 결과를 가져오는지 알 수 없기에 무자비하게 보일 수 있습니다. 아이는 관심대상을 향해 거리낌 없이, 강렬하게, 집요하게, 마음껏 즐기고자 하는 공격적 충동으로 가득 차 있어요. 그 짜릿한 사랑은 원시인류의 식인 행위처럼 분노와 뒤섞이기도 해요. 그리고 마침내 버텨주는 사람을 통해 '이빨을 지닌 사랑'이 되기도 해요.

위니콧은 누구든 인격의 전체성을 획득하기 위해서는 사나움의 요소를 거쳐야 한다고 했습니다. 공격성을 억압해 본능을 감추고 산다면 절반의 생명력만 갖고 살게 되겠죠. 신뢰하는 관계대상에게 자신의 미움이나 실망을 표현할 수 있어야 해요. 그러한 자기표현에 책임을 질 수 있다면, 내부의 양가감정들이 자아에 통합되어 풍성한 관계 속에서 살게 됩니다.

네 번째, 아이의 공격에서 타자가 스스로 살아남아야 아이의 공격성에 모종의 변형이 이루어집니다. 이때 내부에서 파괴되는 것은 '주관적 대상'이라 불리는 자신의 대상 이미지입니다. 객관적 대상이란 자신이 전능성을 갖고 통제할 수 있는 대상이 아닙니다. 아이의 공격에 살아남는 객관대상은 공포나 소망의 산물이 아닌, 진정한 현실 그 자체입니다.

다섯 번째, 공격성은 환상에서 상상력으로 발달합니다. 공격성이 살아 있어야 상상력도 살아 있어요. 아이가 성장하는 과정에서 상징을 수용하는 것이 정신건강에 얼마나 중요한 기능을 하는지 중간대상을 공부하면서 알게 되었지요.

상징을 사용함으로써 상징이 실재대상을 대신하고 아이는 냉엄한 현실 갈등에서 나름의 안도감을 얻잖아요. 예를 들어 동생을 사랑하며 동시에 미워할 때, 그 증오로 동생을 없애버리는 대신 장난감을 파괴하는 것으로 자신의 감정을 만족스럽게 표현하지요. 우리는 환상에서 무엇인가 파괴할 수 있을 때 비로소 새로운 무엇을 창조할 수 있어요. 상처를 준 증오스런 대상을 상징으로나마 파괴하지 못하면 집착이나 고착이 생기죠. 창조성은 상상력으로서의 공격 에너지가 활성화될 때 가능합니다.

여섯 번째, 공격성은 항구적 성질을 지닙니다. 공격성 발달에 성공한 사람은 그게 누구든 상대방을 현실에 맞는 이미지로 대해요. 또한 새로운 정보가 생기면 자신의 이미지를 과감히 수정해서 보죠. 건강하지 않은 사람일수록 상대방에 대해 고착된 이미지를 갖고 강요하고, 새로운 정보가 있어도 오해나 편견, 이상화와 평가절하로 기존 이미지를 고집스럽게 바꾸지 않아요. 간혹 공격성이 억압된 엄마는 자신의 아이를 특별하다고 생각해요. 실제 아이가 아닌 자신이 만들어낸 실체죠. 이 특별한 아이는 자신의 인정사정없는 공격에 엄마가 위협받을 수 있기 때문에 공격성을 사용하지 못합니다. 그로인해 엄마를 온전히 사용하지 못하는 순한 거짓자기 인격이 되는데, 엄마에겐 특별히 좋은 아이로 지각되는 겁니다. 대상관계에서 대상사용으로서의 변화는 주체가 대상을 공격하는 난제를 통과했음을 의미해요. 그러고 나서 대상이 주체에 의한 파괴를 견디고 살아남는 일이 남습니다.

위니콧은 사랑과 파괴는 짝을 이룬다고 했어요. '안녕, 대상. 내가 당신을 파괴했어. 난 당신을 사랑해. 당신이 내 공격에서 살아남았기 때문에 당신은 가치 있는 거야. 당신을 사랑하는 동안 나는 무의식적 환상 속에서 내내 당신을 파괴하고 있었어.'

대상이 반드시 살아남아야 아이는 대상을 사랑할 수 있게 돼요. 아이가 이렇게 공격성 발달에 성공하면, 비로소 그 자체의 권리를 가진 나와 구분되는 타자를 만나게 됩니다. 그 결과 나와 다른 대상을 향해 관심과 사랑의 에너지인 리비도를 투여할 수 있게 됩니다. 본능적 공격 에너지는 외부 대상과 현실을 끊임없이 발견하며, 계속 부적합한 것을 파괴하고 새로운 것을 만듭니다. 예술가가 작품을 만들다 마음에 안 들면 버리고 새로운 것을 창조하는 것과 다르지 않습니다.

· 21강 ·

반사회성

·· 엄마와 분리된 실망감이 세상에 대한 좌절로 ··

"진실로 믿고 의지해온 그 대상이 돌연 깊은 상처를 주면, 내 정신은 어찌 되는 건가요?"

반사회적 경향은 정서 박탈 체험으로 인한 반응이며, 정상에 가까운 아동에게서 나타나기도 합니다. 유아 초기에 좋은 경험을 잃어버린 것과 연관되며, 그 박탈 정도는 엄마 관계와 아버지 관계 그리고 부모와 나 세 사람 사이 관계에서 이루어진 발달을 살펴봐야 알 수 있어요. 물론 아이의 타고난 기질이나 지능 그리고 환경에 따라 다를 수 있어요. 양쪽 부모가 없을 수 있고, 한 부모만 있는데 그 부모가 좋은 경우도 나쁜 경우도 있을 것입니다. 또한 좋은 부모였지만 부부 사이가 안 좋았을 수도 있습니다. 부모로서도 부부로서도 좋지 않은 경우도 있겠죠.

예민한 시기에 박탈이 일어나면 좌절감에 사로잡혀 세상을 향해 자신의 상처를 치유해달라고 요구하게 됩니다. 대체로 허용되지만 병리적일 경우 관리가 필요합니다. 반사회적 아동일수록 든든한 누군가의 관리를 간절히 필요로 합니다. 아이가 본능과 관련된 경험에서 공격적 행동을 보여도 파괴되지 않는 강력한 환경이 있어야 합니다.

상대적 박탈은 상대적 의존기인 두세 살 때 아이의 자아 발달 욕구에 엄마가 적응을 못해주면서 생겨요. 예를 들어 동생이 태어났을 때 박탈감을 느끼는 아이를 엄마가 토닥이고 보살피는 것에 실패한 경우예요. 엄마가 힘들어서 큰아이를 어딘가로 보내기도 하고요. 여러 이유로 융합관계 상태에서 갑자기 떨어뜨리면 아이는 심한 박탈을 경험합니다. 엄마에게는 잠깐이지만 아이의 연약한 자아에는 견딜 수 있는 능력을 넘는 스트레스가 생기죠. 어쨌든 박탈은 대상과의 관계 연속성이 갑자기 깨진 상태이며, 그로 인해 정신의 발달이 보류된 상태입니다. 그 간격을 해소하고자 충격받은 지점으로 거슬러 올라갈 때 반사회적 행동이 출현합니다.

존 볼비는 좀도둑 44명의 과거를 조사했는데, 40퍼센트는 생후 5년 동안 6개월 이상 분리된 경험이 있었고, 감정 반응이 전혀 없는 반사회적 절도자 14명 중 12명은 엄마와 장기간 분리된 경험이 있었습니다.

출생 초기 엄마와 아이의 관계 손상은 정신장애의 핵심 원인이 돼요. 그런데 정신질환 아동과 비행아이 사이의 두드러진 차이는 엄마와의 격리 경험이었어요. 엄마와 헤어진 아동은 부모의 부재에 격노하고 파괴적인 반응을 오랫동안 보였습니다. 물론 부모와 재회하여 마음을 달래주는 엄마로부터 좋은 보살핌을 받아 회복되면 파괴 욕구와 환상이 현실에서 수정됩니다. 아이는 엄마와 잠깐 떨어졌다 만나면 반기고 달려가지만, 아이의 자아가 감당할 수 있는 시간을 넘기면 엄마를 증오하게 됩니다. 늦게 엄마가 나타나면 등을 돌리고 더 지나면 엄마를 느낄 수 없게 됩니다. 아이는 실망, 절망, 불안, 공포를 느꼈고, 더 이상 상처받지 않으려고 감정을 스스로 마비시킵니다.

처음부터 아무것도 주어지지 않으면 정신병이 되지만, 상대적 박탈은 반사회적 문제로 이어집니다. 박탈로 인해 공격 본능이 인격 안에 온전히 통합되지 못하면 엄마에 대한 증오가 거짓말하고 훔치고 때리고 욕하는 파괴 충동이 되어버려요. 비행아동이나 청소년은 자신을 보살피고 수용해줄 사람을 절실히 필요로 하면서, 막상 대우를 받으면 있는 힘을 다해 파괴하고 싶어 해요. 그래서 반사회성은 인간애를 느끼게 해주고 관리환경을 견고히 유지해주는 것이 치료의 관건입니다.

·· 죄책감마저 잃은 아이 ··

반사회적 아이는 충동적 행동에 경계를 확실히 그어주고 엄격히 금지하는 강한 아버지의 권위를 발견하고 싶어 해요. 반사회적인 아이가 엄하고 강한 아버지상을 분명히 체험하면 자신의 원시적이고 파괴적인 충동을 처리하면서 건강한 죄책감을 되찾을 수 있습니다.

아이들은 어느 정도 못된 행동이나 금지된 행동을 해보고 '해서는 안되는구나'라는 한계 경험을 배웁니다. 확고한 경계 체험, 통제 경험을 해보지 못하면 본능 욕구를 무절제하게 표출하려는 미숙함이 그림자처럼 따라다닙니다. 엄마의 자아 지원 철수, 부모 사이의 불화, 가정의 붕괴로 인해 박탈이 일어나면 아이의 정신에 소화하기 힘든 자극이 침투합니다. 그로 인해 아이의 자연스런 공격 충동이 위험한 파괴 충동으로 변질됩니다. 부모의 자아 지원과 관심을 잃은 아이는 본능 통제를 스스로 떠맡게 돼요.

아이가 과도한 짐을 짊어지면 결국 충동을 절제하는 자아 기능을 상실합니다. 버거운 나머지 포기한 것이죠. 그러면 자신의 공격성과 친숙해지는 결실을 이루지 못하고, 자발성뿐 아니라 공격성 실험에 대해 심한 불안을 갖게 됩니다. 이 과정에서 무엇보다 죄책감이 상실됩니다. 엄마의 자아 지원이 철수하면, 적절한 죄책감조차 견딜 수 없는 짐이 되거든요. 결과적으로 생존본능에 의해 타고난 공격성과 순기능적 죄책감이 자동 억압됩니다. 돌보는 사람에게 말썽부리지 않고 순종하는 것처럼 보이지만, 실상은 무엇을 할 만큼 충분한 힘이 없고 순응할 뿐이죠.

그런데 환경의 개선이 일어나면서 아이가 희망을 가지는데 그 희망 안에서 반사회적 행동이 나타납니다. 말썽을 부린다는 것은 누군가 받아주리라는 희망이 있기 때문입니다. 사람들에게 시간, 관심, 애정, 돈 등을 요구하면서 강력한 울타리와 관리를 기대합니다. 반사회적 행동 속에 내재된 희망은 아이가 박탈 순간 전으로 되돌아 갈 수 있고, 극도의 불안이나 혼란에 대한 공포를 원래 상태로 되돌릴 수 있다고 생각하는 거예요. 좋은 환경인 경우 손상 입힌 양육자의 특정한 실패를 인식할 수 있으며 만회할 수 있게 됩니다.

아이는 이 시점에서 고통을 제대로 인내하고 소화할 수 있는 능력을 되찾습니다. 반사회적인 아이들에게 적절한 도움이 주어지면 박탈 이전의 좋은 대상 경험이 회복될 수 있어요. 특수시설에서 반사회적 아이들이 엄격한 질서 상태에서 생활하도록 돕고, 세상 밖으로 나가기까지 사회와 충돌하지 않도록 보호한다면, 즉 일관성과 공정성이 보장된다면 그들은 삶에서 긍정적인 가치를 가질 수 있습니다.

위니콧은 박탈된 아이 대다수가 엄격한 '금지(No)' 경계를 지닌 가정에서 회복된다고 보았습니다. 아이의 가족 혹은 보호자는 확고한 틀 안에서만 '마음대로 하고 싶은 것'을 하도록 허용해야 해요. 가끔 응석이나 나쁜 버릇이 허용되기도 하지만, 확고한 관리를 통해 심리적 상처에서 회복으로 나아가는 것을 지켜봅니다. 건강한 부모라면 이런 관리 기술을 사용하는 게 얼마나 성공적인지 알고 있어요. 안아주기 같은 무조건적 지원도 중요하지만 조건적인 사랑의 모습도 있어요. 부모는 자녀를 사랑하고 좋아하지만 제한해주는 강한 경계를 세우기도 해야 해요.

·· 상실한 것을 되찾기 위한 도둑질 ··

부모의 권위가 약해서 반사회적 경향을 제지하는 도움을 제공하지 못하면, 아이는 더 큰 힘으로 테스트하게 됩니다. 반사회적 경향은 관리가 없는 곳에서 문제를 일으킵니다. 그중 하나가 반사회적 행동으로 인한 이차적 부산물이 생길 경우, 공격성을 제대로 사용해서 제삼자의 도움을 찾으려는 충동이 방해를 받습니다. 예를 들어 훔친 물건을 네트워크를 통해 팔아 돈을 벌게 된다면 치료가 힘든 비행이 되고 상습범이 됩니다. 반사회적 경향성은 이런 '이차적 습득'이 습관이 되기 전에 제삼자와 도움을 주고받을 수 있어요.

도둑질이 반사회적 행동입니다. 도벽은 무의식적 충동인데 엄마의 사랑을 도둑맞았다는 느낌에서 와요. 물건을 훔칠 때 '잃어버린 내 것을 되찾아야겠다'고 생각하는 것이죠. 그래서 죄책감이 없습니다. 엄마만큼 소중한 것은 없죠. 그래서 훔치는 행동은 자신이 실패한 중요한 무엇을 되찾는 행위입니다. 아이는 사랑받고 싶지만 실현될 희망을 못 봅니다. 그래서 선생님이나 부모 등을 속이면서 사랑을 느끼고자 합니다. 사랑받을 사람이 되려면 자신의 바깥에서 무엇인가를 얻어야 한다는 생각에 사로잡히게 되죠.

훔치기는 끊임없이 강박적으로 물건을 사고 수집하는 충동이기도 해요. 수집광 중에는 포장도 뜯지 않고 쌓아두었다가 잊고 다시 구입하는 사람도 있지요. 무엇이 없어서 사는 게 아닌 거죠. 충동구매뿐 아니라 목적 없이 돈을 써버리는 경우도 훔치기로 이해됩니다. 자신이 얼마를 사용하는지 알고 싶어 하지 않는 사람도 있어요. 위니콧은 재미있는 비유로 열쇠의 상징적 의미가 손가락을 나타낸다고 했어요. 절도범이 자물쇠에 대해 가지고 있는 관심의 뿌리는 엄마의 입에 손가락을 넣는 경험과 같다는 것이지요.

고등학생 성환이는 엄마가 자영업을 하느라 어린시절 잘 돌보지 못해서 애정 욕구 대신 물욕이 강한 아이가 됐어요. 돈이 없으면 위축되어 무엇을 제대로 할 수 없어 하고, 심지어 누구도 만날 수 없다고 생각하는 아이예요. 청바지, 컴퓨터 부속품, 핸드폰 등 새로운 물건을 사서 헐값에 되팔아 없애고 다시 사는 일을 반복했어요. 초등학교 때부터 물건을 사고파는 일을 한 거예요. 어떤 물건을 살지 검색하고 구입해서 택배를 받을 때까지 엄청 행복한 흥분이 일어나고, 역시 다시 사기위해 없애는 방법으로 되팔 때 쾌감도 엄청나다고 해요.

실상은 성환이의 훔치기 행동은 어릴 적부터 상실이나 좌절을 세게 경험할 때 그 고통을 밖으로 표출하는 방법이었어요. 무엇인가 절실하게 엄마에게 도움이 필요할 때 무시를 당한다던지 자신이 원하는 것에 엄마가 귀 기울여주지 않을 때, 성환이는 무의식적인 훔지기를 하는 거였어요. 엄마는 자신이 좋아하는 친구를 만나느라 몇 시간씩 또는 하루 이상 연락두절하기도 했어요.

훔치는 행위의 배후에는 충족되지 못한 탐욕이 있습니다. 마땅히 채워야 할 것을 부당하게 박탈당했다는 상처에 기인한 무의식이죠. 아이든 성인이든 탐욕스럽다면 유년기에 박탈 경험이 있었다는 징표입니다. 성환이는 꿈에 길을 가다가 가방을 주었는데 10억이 들어 있어 그 돈을 세면서 너무 행복했다고 합니다. 자기 것이 아닌데 자신 것처럼 소유하고픈 탐욕이 드러난 꿈입니다. 엄마가 아이의 정신 신체적 충족을 지나치게 해주지 않으니까, 그 피해의식 때문에 과대한 것을 바라고 욕심을 부리는 것입니다. 탐욕은 훔치기의 전조라서 엄마가 치유의 마음을 가지고 넉넉히 적응해줄 때 충족됩니다. 초기에 아이의 정서발달, 자아발달 욕구에 적응해주지 못한 양육자의 실패는 없었던 일로 할 수 없답니다.

박탈된 아이는 엄마의 팔과 신체에서 시작해서 무한히 넓어질 수 있는 경계, 즉 자신을 담아줄 수 있는 울타리를 찾아요. 보통의 경우 아이의 공격성을 버텨주는 마지막 역할을 아버지가 해요. 엄마는 아이가 안쓰러워 아이의 공격성에 엄격히 맞서 주질 못해요. 아이의 공격성을 다루는데 엄마가 하는데까지 하고 아버지에게 자리를 내주는데, 아버지는 자신의 권위로 아이를 버텨줍니다. 그러면 아이는 공격성을 통합하고 울타리를 경험하여 '규칙을 지키라'는 부모의 요구를 자연스럽게 받아들이게 됩니다. 또한 "아 이건 안 되는 거구나"라는 한계를 지각하는 현실감도 형성하게 돼요.

부모가 아이를 사랑한다는 이유로, 원칙도 없이 욕구와 요구를 다 채워주면 아이는 오히려 불안해질 수 있습니다. 공격성이 인격 안에 자리를 잡지 못하기 때문입니다. 그래서 든든한 울타리를 다시 찾기 위해 자신의 현실적 경계를 알기 위해 규칙을 어기는 파괴적 행동을 하게 되죠. 사실 공격성의 사용은 그 자체가 목적이 아니라 중요한 뭔가를 배우는 과정이고 단계일 뿐입니다. 그런데 공격성을 사용해보지도 못하거나 자연스럽게 부모를 믿고 사용했는데 과도한 보복을 당하면 공격성이 억압돼버립니다. 공격성의 부정적 양태인 파괴성으로 이어지면 죄책감을 느끼지 않는 무서운 폭력적 성격이 되기도 해요. 누군가 자신을 붙들어줄 든든하고 힘 있는 아버지가 되어달라고 찾아다니며 많은 시간을 소모하게 됩니다.

　어른인 누가 아이의 공격성을 경멸하지 않고, 도전해주고 직면해서 힘 있게 강한 팔로 붙들어주면 아이는 자신의 울타리를 찾고 공격성을 통합하게 돼요. 만약 청소년 시기까지 이런 대상을 발견하지 못하면 즉 아버지 역할이 부재하거나 약하면, 아이는 가정 밖에서 찾아다닙니다. 그러다 선생님, 목회자, 상담자가 못해주면 사회가 그 역할을 떠안게 됩니다. 벌금, 특수시설, 감옥 등으로 말예요. 이런 비인격 요소로 대체되면 정신의 치유나 성장이 없는 비극적 삶이 반복됩니다. 만성적인 범죄자는 교도소에 들어가야 마음이 놓인다고 해요. 그곳의 담벼락은 아무리 세게 밀어도 밀리지 않으니까요. 오히려 사회로 돌아가면 무엇을 어떻게 해야 할지 몰라 더 두렵죠.

　죄책감이 상실된 곳에서 추악한 범죄가 일어납니다. 심한 범죄자는 죄책감을 느끼려 해도 그럴 수 없습니다. 그런 사람에게는 죄책감의 능력을 발달시키기 위한 전문화된 환경이 주어져야 해요. 정상적인 유아가 필요로 하는 것과 같은 환경 말예요. 하지만 그 유아는 이제 성인이 되어 교활함을 가지고 있습니다. 그래서 매운 어려운 일이죠.

·· 사이보그지만 괜찮아: 넌 존재가치가 없어 ··

　반사회 인격 사례로 삶의 의미와 현실을 잃어버린 사람들에 관한 영화 〈사이보그지만 괜찮아〉를 소개할게요. 손녀 영군을 양육한 외할머니는 쥐를 키우고 돌보면서 자신이 쥐 엄마라는 망상(Paranoia)을 가진 정신분열(Schizophrenia) 환자입니다. 쥐처럼 무를 갉아먹는 할머니는 비현실감 속에서 삶의 의미를 잃어버린 사람이죠. "할머니가 라디오 듣는 걸 좋아해요. 종일 집에만 있으니까요. 할머니한테는 나밖에 없어요. 신통방통한 영군이 만들어준 라디오를 듣는 것을 할머니는 제일 좋아해요." 영군의 엄마는 모성이 부족해서 딸 영군을 일관성 있게 보살피지 못하는 불안정 인격이에요. 엄마는 영군에게 '벽' 같은 존재였어요. 영군은 엄마랑 접촉되고 연결되는 섬세한 돌봄을 받지 못했지만 대신에 할머니가 돌봐주었어요. 그래서 유일한 애착대상인 할머니가 사라진 순간 영군은 존재의 목적을 상실했던 것입니다. 정서교환이 필요한 상황에서 자신의 감정을 인식하고 그걸 다른 사람이 알아차릴 수 있도록 표현하기 어려운 영군 또한 유사 정신증자입니다. 그래서 할머니가 사라졌을 때 튼튼하지 못했던 자기의 기초가 무너져 엄청난 불안 공포를 경험했죠. 애착대상이던 할머니를 잃은 경험은 영군에게 감당할 수 없는 일이었어요. "엄마는 할머니가 무 먹는 걸 싫어해요. 그래서 틀니를 못 주게 막아요. 육시랄 놈들. 엄마랑 이모, 이모부는 동정심이 없어요. 할머니는 무를 좋아해요. 동정심을 훔쳐가주세요."

영군은 존재의 목적, 존재의 이유를 찾고 싶어 합니다. 엄마가 딸에게 하는 말은 무의식적으로 자신에게 하는 말이면서 딸에게 각인됩니다. 그래서 할머니의 틀니를 끼고 할머니의 어투를 쓰고 할머니의 존재를 느끼기 위해서 기계인 자판기, 라디오, 형광등과 이야기를 나누죠. "존재의 목적이 한 개만 있었으면……." 그것을 찾는 방법은 할머니를 끌고 간 '하얀 맨'인 의사를 포함한 병원 직원들을 죽이고 할머니를 만나서 틀니를 전해주고 다시 할머니와 융합하는 거예요. 영군의 망상은 슬픔에 잠기는 것, 설렘, 망설임, 공상, 죄책감, 감사함에 대해 절대 금지를 명령해요. 그런데 실행에 옮겨야 할 때 하얀 맨에게도 할머니가 있으면 어쩌나? 그래서 하얀 맨의 할머니가 슬퍼하면 어쩌나? 그런 생각으로 죽이는 것을 실행할 수 없어요.

이렇게 왜곡된 영군의 말과 생각들은 사실 인간적이고 대인관계적인 의미를 갖고 있죠. 아이는 사랑하면서 동시에 미워할 수 있는 모순을 자연스런 것으로 받아들이게 되면서 사랑하는 사람을 위해 무엇인가를 할 수 있는 기회와, 가족의 욕구를 만족시키는 데 기여하고 참여하길 바라요. 아이는 발달하면서 부분 지각들을 하나로 연결시켜 종합적 사고를 형성해가는데, 이런 연결 고리들이 손상되고 마비된 경우가 정신병 상태입니다. 보통의 사람은 상징적 언어 세계가 안정되게 내면화돼 부분 지각들이 통합된 사고로 부드럽게 연결돼요. 그러나 안전한 세계를 경험하지 못한 영군 같은 사람은 이 연결고리가 손상, 마비, 왜곡되어 자신에 관한 진실을 온전히 파악할 수 없죠. 이것은 극심한 불안과 심리 상처에 대한 방어 증상이에요. 인격 성장은 그의 타고난 경향성을 자연스레 배려해주고 개인적 욕구가 무엇인지 알아주는 누군가의 예민성에서 일어나요. 영군에게 그 역할을 해주는 운명적 존재가 청년 일순입니다. 영군을 돕는 일순은 뭐든 훔쳐야만 하는 반사회성 인격장애를 지녔어요. 반사회 경향성은 소화 못한 박탈 상처와 관련됩니다. 일순은 사춘기 때 엄마에게 버림받았어요. 대상관계 연속성이 깨져 정서발달이 보류된 상태이기에 그 간격을 거슬러 올라가고자 할 때 훔치기 행동을 해요. 일순이의 훔치는 행동은 엄마의 사랑을 도둑맞았다는 유아적 박탈감을 보상받으려는 표현이죠. 그래서 어떤 물건을 훔칠 때 "내가 잃어버린 것을 되찾아야 겠다"고 생각해요. 엄마만큼 소중한 것이 없기에 자신이 실패한 무엇인가를 다른 곳에서 찾는 것이죠.

사랑받고 싶지만 그렇게 될 희망이 없다고 느끼면, 그 대신 사람을 속이는 순간에 사랑을 느낄 수 있어요. "내가 옆에 있는데도 부모는 나를 없는 것처럼 여겼어요. 그래서 도둑이 되었어요." 재판에서 판사가 "넌 존재가치가 없다"라고 말했고 일순은 자신이 사라질까봐 더 많이 훔쳐야 했어요. 반사회성 인격장애는 동정심을 느낄 수 없는 질병입니다. 일순이 반사회적 행동을 통해 엄마와 사회와의 연결을 회복하려 한다는 것을 알고 판사를 비롯해 누군가가 일순의 반사회적 행동에 보복하지 않고 인격적인 힘으로 버텨주는 역할을 했다면 어땠을까요. 아마도 일순은 타인을 상처 입힌 것에 대해 죄책감을 느껴 회복의 능력을 갖게 되었을 거예요.

일순은 영군의 (할머니를 향한) 동정심을 훔쳐오자 비로소 슬픔과 연민을 느끼게 되는데요. 일순은 수면비행 방법을 훔쳐 영군이 자유롭게 이동할 수 있도록 돕고, 요들송을 훔쳐 우울한 영군을 위로하고, 사이보그의 밥 먹는 장치가 고장나면 평생 A/S를 해준다고 말함으로써 영군의 안전한 애착대상이 되어줍니다. 현실에서 심하게 정서적으로 철수된 상태에 있는 사람의 상상 속에는 사실 생명력을 촉진시키는 대상이 아무도 없어요. 인격의 형태가 없는 것이 사이보그죠. 정신병원에 입원한 영군을 비롯한 주변인은 축 처져 있고 멍한 표정, 차갑고 공허한 표정, 겁에 질린 표정은 발달의 죽음 상태를 보여줘요. 스트레스를 받을 때 자신을 방어할 능력조차 사용할 수 없는 외부 지원이 절실한 사람들이죠. 공허감에 시달리며 아무런 희망을 느끼지 못해 말을 꾸며대는 작화증 여자, 너무 겸손해서 앞으로 걷지 못하고 자기 탓만 하는 남자, 스스로 자존감을 지키기 위해 뽐내는 자기도취적인 요들송 아가씨, 신생아 때 쓰던 기저귀 고무줄을 찾는 남자. 이들의 정신은 분리 없이 서로 연결되어 자신과 타인을 혼동해요. 자신이 되었다가 다른 사람이 되었다가 하죠. 영군을 포함한 그의 동료들은 누군가와 완전히 하나가 되고 싶고 얽히고 싶은 소망이 커요. 영군이 할머니와 자신을 분리해내지 못하는 것처럼 다른 사람과의 정신적 분리를 유지하지 못하는 무능력으로 이별과 변화를 받아들이지 못해 어른이 되지 못한 사람들입니다.

이들은 아무 데도 아닌 곳에 홀로 남겨진 상태를 두려워하는데 현실의 어떤 것을 상실하는 것이 아닌 자기의 정신 세계를 잃는 공포를 가졌어요. 클라인이 말하는 나쁜 경험을 투사로 내버리는 능력이 없어 공포나 고통과 거리를 둘 수 없었고, 싸울 수 없어 공허하고 무기력할 뿐이에요. 영군은 일순이 자기 분노를 투사할 안전한 대상이 되어주자 할머니를 빼앗긴 분노를 마음껏 표현해요. 영군은 터미네이터가 되어 총으로 무참히 하얀 맨들을 쏴 죽일 수 있게 돼요. 분노를 바깥으로 투사할 수 있는 능력이 없다는 것은 그 경험을 받아주는 이가 없다는 것이기도 합니다. 영군은 자신에게 도움이 필요한 순간마다 할머니의 틀니에 집요하게 매달렸는데 틀니를 상실하면 자기 전부를 상실당하는 것 같아서 그래요. 영군이가 할머니를 잃고 절망에 빠져 따스한 사랑의 힘인 슬픔에 잠기는 것, 설레임, 망설임, 쓸데없는 공상, 죄책감, 감사함을 파괴하고 싶어 하는 것도 당연해요.

영군이 할머니를 애도하기 전에 할머니가 나타났다가 고무줄의 탄성으로 튕겨 사라지는 장면이 나오는데 고무줄은 접촉의 상징이에요. 이것이 결핍되었을 때 정신은 해체돼요. 차갑고 무감각하고 무관심한 엄마를 유아는 구별할 능력이 없어요. 버림받았다고 얼마나 힘들었는지를 이해한다고 보여주는 의사의 공감반응이 영군에게 의미가 없었던 것처럼 말이죠. 일순은 영군에게 엄마나 할머니가 주었던 희미한 연결보다 더 유연하면서도 강한 유대를 해주었어요. 그래서 영군은 할머니와의 연결점을 그리워하면서도 친숙했던 할머니를 떠나보내는 애도에 성공하고 새로운 관계를 할 수 있는 능력을 성취합니다. 성격은 타고난다고 하는데 심리학적으로 보면 성격은 형성된다는 말이 맞아요. 성격이 형성되는 발달 시기마다 부모가 결정적 역할을 합니다.

· 22강 ·

청소년기

·· 청소년기 반항은 무의식을 해방하려는 첫 시도 ··

청소년기를 정신의 제2탄생기라고 합니다. 정신의 격동적 제1탄생기인 유년기에서 온유한 잠재기를 거쳐 청소년기에 다다르면 무의식에 억압되었던 과거의 뭔가가 올라와 정신발달을 위한 건강한 말썽을 피우기 시작합니다. 청소년이 자기 목소리를 내려 하고, 자신을 발견하기위해 원하는 뭔가를 탐색하는 것은 자연스럽고 의미 있는 언행입니다. 그런데 사춘기 청소년이 생동감을 갖기 위해서는 아직 성인의 관리가필요해요. 자기주장을 하면서 부모의 뜻에 반대하고, 경미한 나쁜 짓을하는 말썽은 그 자체로 건강한 청소년의 몸짓이라 할 수 있어요. 여기서청소년의 투쟁에 어른이 응답하면 현실감을 제공받게 됩니다.

그래서 청소년의 사소한 잘못에 대해 어른의 직면은 폭력적이지 않고 인격적이어야 해요. 이미 건강한 성격이 형성된 청소년은 문제를 일으켜도 과도하지 않고 만성적이지 않습니다. 사춘기에는 어린 시절에 억압된 심리적 문제들의 부담에서 벗어나고자 합니다. 무의식이 해결을 요구하며 의식에로 솟구치기도 합니다. 모범생으로 지내다가도 사춘기에 돌연 과거에 해결하지 못했던 문제가 의식에 드러나곤 해요. 그래서 청소년기는 원인 모를 불안에서 벗어나려고 좌충우돌 부딪치며 살아가는 시기입니다.

청소년이 부모를 신뢰한다면 온갖 말썽을 피우기 시작해요. 망가뜨리고, 파괴하고, 놀라게 하고, 소모시키고, 속이고, 거부하고, 소란스럽고, 제멋대로 행동하면서 자신의 힘을 시험해요. 부모와 가정의 안정성이 의심스러울 경우 그 시험은 더욱 강렬하답니다. 유년기 박탈이 심했던 아이가 말썽을 일으키지 않는다면 공격성이 내향화됩니다. 그 결과 더 우울해지고 무기력해집니다. 심각해지면 폭력에서만 현실감을 느끼기도 해요. 싸움으로 파괴시키고 싶고, 친구를 중상모략해서 왕따를 시키거나 불장난, 말대꾸, 훔치기, 거짓말, 지각, 결석, 학습거부, 등교거부 등으로 무의식의 박탈 상처를 표출해댑니다.

때로는 청소년의 반사회적 문제를 가정이나 부모의 문제라고 여기는데 일부는 맞지만 정확하지 않습니다. 반대로 좋은 가정의 아이들은 문제가 없고, 문제를 일으키지 않는다는 말은 이치에 맞지 않아요. 청소년의 문제는 현재의 문제라기보다 기억조차 할 수 없는 과거의 문제일 수 있습니다. 순응하면서 살아온 아이의 거짓자기가 청소년기에 참자기를 찾으려는 모습으로 나타날 수도 있습니다. 지금까지 순응했던 모습만 보고 문제가 없다고 말할 수 없죠.

청소년은 '자기'를 가진 주체이고 태어나면서 현재까지 발달 과정을 거쳐온 하나의 인격체로 보아야 해요. 예를 들면 청소년의 비행 문제를 단지 유해한 환경이나 나쁜 친구 때문이라고 생각하는데, 이런 관점이 강한 부모는 아이의 치료나 성장을 돕지 못합니다. 사춘기의 유해 환경, 나쁜 친구는 정신 성장을 방해하는 여러 요인 중 하나에 해당합니다. 나쁜 친구를 사귈 수 있고 돌아설 수도 있는데 의존하고 집착한다면 그럴 만한 '무의식적 이유'가 있는 것입니다. 청소년의 문제는 환경과 부모 관계를 해석해보고, 청소년이 그 관계에서 대응하는 부분을 잘 헤아려 보아야 합니다. 즉 청소년의 유년기 성장 과정 맥락에 주의를 기울여 보충해주는 것이 중요해요.

사춘기 이전에는 부모가 원하고 좋아하는 것이 자신이 생각하는 것보다 더 소중하게 생각됩니다. 그런데 청소년기가 되면 자아의 힘이 생기면서 자기만의 고집이 생기죠. 그렇게 하고 싶은 대로 하려는 태도는 정체성 발달을 고무시키죠. '나는 무엇을 하고 싶고, 내 인생을 어떻게 살겠다'는 생각과 욕구가 자라납니다. 부모의 보호막을 밀쳐내고 자기가 우뚝 서서 삶의 주인공이 되고 싶은 거예요. 물론 부모의 권위를 나름 존중하지만 자신의 권위도 중요해진 거죠. 부모 입장에서는 예전에 "네 알겠습니다. 잘못했습니다"했던 아이가 잘못했으니 인정하라고 윽박질러도 "이래라 저래라 하지 마세요"라며 자신의 인생은 자기 것이라고 투쟁을 하지요.

건강한 부모는 아이를 잡지 않고 잘 키웠다고 안심하기도 해요. 사춘기에 아이가 자기주장을 할 수 없으면 참자기의 자발적인 충동이 사라지고, 약삭빠르게 엄마 눈에 들려고 하는 거짓자기가 우세해져요. 그러면 아이는 효자, 효녀 소리를 들을 수 있을지 모르지만 자신의 욕구와 인생 목표가 사라질 수 있습니다. 청소년기는 무의식이 꿈틀대는 격동의 시기예요. 공격성이 의미 있는 사회적 활동 에너지로 승화되는 중요한 시기예요.

·· '나는 나다. 그런데 나는 무엇인가?' ··

오이디푸스기에 부모의 죽음 소망과 환상이 있었고, 청소년기에도 그런 환상이 다시 일어납니다. 힘들지만 누구나 보편적으로 거치는 발달 과정입니다. 새로운 주인이 태어나기 위해 낡은 주인의 시체를 밟는 잔인한 환상인 것입니다. 더군다나 1차 탄생기에 부모가 아이를 좌절시켰던 경험이 컸다면 청소년기에는 부모에 대한 복수와 증오가 강하게 일어나요. 그런데 버릇을 고친다고 무섭게 혼내고 때려서 잘못을 뿌리 뽑아야 한다면 아이는 더 큰 상처를 받습니다.

반항을 통해 상처를 극복하려는 첫 시도를 보복 없이 맞서주면서 따뜻하게 안아주어야 합니다. 1차 탄생기에 문제가 있었더라도 2차 탄생기인 청소년기에 만회할 수 있습니다. 그래야 인생에 희망이 생깁니다. 그런데 정신이 형성되는 1차 탄생기에 상처가 너무 컸다면 자기 자신을 찾으려는 사춘기가 없기도 해요.

위니콧은 청소년기에 말썽을 피우는 아이에게는 희망이 있다고 했습니다. 적응과 순응이 전부인 말썽을 전혀 피우지 않는 아이는 참자기가 무의식 깊이 억압되어 있는 상처 많은 아이라는 거예요. 단지 현실적응의 가치만 중요시해서 자신이 원하는 삶을 찾거나 살아가지 못해 자신이 가짜처럼 느껴지는 경우가 적지 않아요. 부모가 원하는 대학에 들어간 후 발달을 도모하지 않고 놀기만 하는 학생들이 있어요. 참자기가 있는 학생은 부모의 강요에 의해 학교나 전공을 선택하지 않겠죠. 또한 자신의 진로를 탐색해서 적성에 맞는 것을 반드시 찾아가요.

청소년기의 여러 특징을 살펴볼까요. 위니콧은 청소년이 홀로 있으려는 것은 정체성을 찾으려는 것이고 '진정한 나'가 침범당하지 않으면서 타인과 소통하기 위해 준비하는 것이라 보았어요. 청소년기는 과거에 해결하지 못한 정신적 문제를 안고 현실에 적응해가는 취약한 시기이기도 해서, 분리 독립을 추구하면서 의존 욕구도 함께 일어납니다. 그래서 부모님들은 청소년이 반항적이면서 동시에 강렬한 의존을 보이는 것에 의아해해요. 하지만 성격의 결함과 기반을 재구성하기 위해서는 어린 시절의 박탈을 보충하는 '좋은 의존'이 다시 주어져야 합니다. 이 시기의 청소년은 노골적인 도움을 거부하고, 일종의 우울영역을 통과합니다. 그래서 마치 누구에게도 물려받을 것이 없는 것처럼 투쟁해요. 주어진 역할에 맞추기보다 겪어야 할 것은 무엇이든지 겪어나가기 위해서 그래요.

청소년은 앞으로 자신이 무엇이 될지 모릅니다. 지금 당장 내 앞에 무엇이 기다리는지 모릅니다. 또한 대체로 많은 것이 금지돼 있어서 삶이 생생하게 느껴지지 않기도 해요. 그래서 생동감을 느끼기 위해 파괴적 행동을 하죠. 폭력으로 나타나기도 하고, 담배나 술로 어른을 흉내 내기도 해요. 그래서 사춘기 청소년을 무시하거나 회피하지 않고 대면해주어야 합니다.

청소년은 '나는 나다'라고 진술하고 싶지만 '나는 무엇인가?'라는 질문에 혼란스러워하기도 합니다. 그것은 삶을 생생하게 느끼기 위한 질문이며, 오직 자기 발견으로만 답할 수 있습니다. 그래서 청소년기는 다소 우울하고 공허하고 외로운 시기예요. '나는 누구이다'에 도달할 해결 방법은 시행착오 경험과 시간뿐입니다.

·· 사춘기를 함께 감당해주는 강한 부모 ··

청소년은 부모가 약하거나 만만하면 믿을 수 없고 대화하기를 원하지 않아요. 지나치게 잘해주고 맞춰주는 부모보다 권위와 사랑을 적당히 배분하는 부모에게 고민을 털어놓을 수 있어요. 또한 너무 이해를 해주는 것도 도움되지 않습니다. 미성숙하고 반사회적인 행동을 내버려두면 병적인 죄책감을 만들 수 있습니다. 이해가 상호 대면으로 대치되는 도움을 주어야 해요. 청소년의 반항과 이유 없는 항변에 보복하지 않는 힘을 갖고 버텨주어야 합니다. 세대 갈등은 정체성 획득을 위한 필수 발달 과정이에요.

소년, 소녀는 유아기나 아동기의 경험으로 이미 형성된 정신구조를 가지고 사춘기에 도달합니다. 이런 의미에서 위니콧은 "아이들의 자아 조직은 헌 부대"라고 비유했어요. 몸과 정신에서 새롭게 분출하는 에너지를 '낡은 부대'에 담으면 안 되고 '새 부대'가 필요하다는 뜻입니다. 어릴 적 경험은 무의식화된 것이 많고, 아직 모르는 잠재능력 또한 많잖아요. 청소년은 사춘기에 자기를 부분적으로만 인지하고 확신한다는 면에서 미성숙하죠. 그래서 청소년의 미성숙한 '나는 나다' 선언은 박해 기대를 가져와요. 생생한 감정은 그 기대가 충족되는 곳에서 발견할 수 있고, 공격성은 이따금 박해를 추구하는 형식으로 나타나기도 해요.

청소년의 또 다른 중요 특성으로 아직 사회화되지 않은 '미성숙함'에 주목할 필요가 있어요. 그 안에 신명나고 신선한 삶에 대한 아이디어들이 있기 때문이죠. 그래서 아직 사회를 책임지지 않는 청소년들 대신 어른들이 책임지는 일을 기권한다면 청소년은 조숙하게 사회화되어, 거짓자기를 지닌 성인이 되고 말아요. 청소년기는 자신의 미성숙을 사용해서 새로운 것을 창조하는 시기인데, 조숙해지면 창조성을 상실하여 사회에 온전히 공헌할 수 없게 됩니다.

한 예로 소년, 소녀 가장은 청소년일 수 있는 상태를 박탈당한 존재예요. 그러니 어느 정도 지원을 통해 그 책임을 사회가 감당해주어야 해요. 아직 청소년은 사회를 책임지는 존재가 아닙니다.

마지막으로 청소년기는 긍정적인 희망으로 가득한 시기이지만 아무 문제없는 청소년이나 고통 없는 청소년은 없어요. 청소년의 부모에게도 비탄과 불안이 일어나요. 자녀의 사춘기를 겪으면서 부모 자신의 청소년기가 활성화돼 미해결된 복잡한 정신 작업을 수행해야 합니다. 부모는 자녀가 완전해지기를 기대하는 자기중심적 욕망을 지닙니다. 그래서 절대적 힘을 행사하거나 힘을 포기하기 위해 큰 불안을 경험합니다. 부모가 자신의 열등감을 해결하지 않으면, 아이가 표출하는 공격성에 굴욕감을 느껴 증오가 치솟기도 해요.

부모 자신의 청소년기가 해결되지 않아 적절한 부모의 기능을 수행할 수 없다면 부모 자식 사이에 비극적인 자존감 투쟁이 일어납니다. 세대 간의 갈등으로 불거지는 것이죠. 특히 아버지가 자신의 청소년기에 수행했어야 했던 과제를 수습 못해서 아이의 사정을 봐주고 공격성의 시험에 버텨주지 못한다면, 아이는 힘이 약해져 엄마와의 유치한 관계로 퇴행할 거예요. 그러면 아이는 자신의 정체성 확립에 문제가 생기겠지요.

아버지는 자녀의 삶이 엄마의 욕망에 의존하는 부속물이 될 수 없다는 사실을 힘 있게 전하는 존재입니다. 이런 아버지 경험을 못하면 청소년은 온전한 정체성을 형성하지 못하고, 사회 구성원이 되는 데 실패할 수 있습니다. 또한 사춘기 자녀는 엄마로부터 해방되기 위해 길고 힘든 분리 과정을 거칩니다. 청소년은 반항을 통해 건강한 성인이 되어갑니다. 부모가 맞서주지 못하고 항복하면 사회에서 다른 대체물을 통해 배워야 하고 시간이 많이 걸립니다. 그만큼 성인으로의 성장이 유보됩니다. 자라나는 소년 소녀의 도전이 있는 곳에 그 도전을 받아주는 성인이 꼭 있어야 해요.

물론 그것은 기분 좋은 일만은 아닙니다. 무의식적 환상 안에서 이것은 삶과 죽음의 문제입니다. 위니콧은 "청소년은 부모의 시체를 딛고 성주가 되는 존재"라고 비유했어요. 사춘기 자녀는 훌륭하고 완벽한 부모 이미지와 부모의 이상을 충족시키는 자신의 이미지를 바꾸려 애씁니다.

화영은 학습된 무기력과 학교 부적응 문제로 상담을 왔어요. 화영은 초등학교 때부터 집에만 오면 공상으로 자신을 위로하며 시간을 허비하는 습관이 있었습니다. 현재는 어린아이가 아니고 뭔가 불편해도 견디면서 새로운 걸 시도할 힘이 있는데도 불구하고, 어릴 적에 경험한 무기력 상태를 반복하고 있죠. 화영은 혼자 있을 때 '번 아웃'되는 이유가 궁금했어요.

탈진은 피할 수 없는 압박감과 동시에 만족감을 찾을 수 없을 때 일어나요. 적응장애는 환경에 잘 융화되지 못해 발생하는 심리 문제로 불안, 의욕과 자신감 상실, 신체리듬 저하, 일상생활을 못하는 부담과 좌절 상황을 뜻해요. 가정에서 과한 관심을 받아온 경험과 학교라는 큰 울타리에서 어떤 형태로도 관심을 끌기 힘든 경험 사이에 괴리가 생기면 적응에 문제가 생기죠. 현실에 적응하기 힘들 때 화영은 쓸데없는 일에 집중하기도 하고, 시간을 보내고 싶어 무작정 잠을 자기도 해요. 화영은 보통 수준보다 뛰어난 능력과 장점이 있어요. 그런데도 아이 키우는 방법을 몰랐던 엄마가 잘못 키운 흔적들 때문에, 매사에 서투르고, 지시대로 하지 않고, 한 귀로 흘리고, 늘 잘못된 길로 빠지고, 충동 조절이 어려워요. 어린 시절부터 생활 속에서 꼼꼼하게 습득한 것이 쌓여 있다면 남에게 의존하지 않고 무엇이든 제대로 척척 해나갔을 텐데 말이죠. 엄마의 과잉보호로 의존적 성격요소가 강했고 혼자서는 아무것도 할 수 없다는 감정과 생각이 정신에 박혀 있었어요. 엄마에게 과잉지배를 당해왔고, 엄마가 시키는 대로 하는 것이 편했고, 자기주장을 할 때마다 야단을 맞다 보니 그렇게 되었죠.

아이가 적응장애를 일으킬 때 주위에서 어떻게 대응하느냐에 따라 아이의 운명이 180도로 달라져. 과잉보호는 아이 스스로 성취하는 것을 막습니다. 부모가 대신해주면 아이가 성취한 것이 없게 됩니다. 아이는 부모가 해준 것과 자신이 한 것을 구분 못하고, 자신이 자부하던 것들이 다 가짜로 드러나고 그것을 알아차리면 무기력해지죠. 엄마로부터 오랫동안 과대 포장당한 자신을 사랑하다가, 현실에서 타인보다 부족한 모습을 들키면 세상 밖에 나갈 수 없다고 고집을 피우는 부적응으로 나타납니다. 주체성이 발달하지 않아 불편한 일이 생기면 반발이 일어납니다. "그건 아닌 것 같아. 하고 싶지 않아" 하며 철수하고 회피합니다.

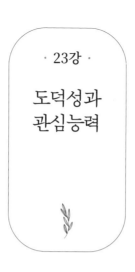

· 23강 ·

도덕성과
관심능력

· · 성숙한 사람이 관심을 가진다 · ·

"당신은 과연 자기 자신의 삶을 살았는가?" "가장 부끄러운 비도덕적 행동은 타고난 '진정한 나'의 개성을 온전히 실현하지 못한 채, 타인의 요구에 종속된 거짓자기로 살아가는 것이다." 위니콧의 말입니다.

대부분 사람은 옳고 그름 관념을 아이의 정신에 강하게 심어주어야 한다고 생각합니다. 하지만 위니콧은 엄마의 환경적 보살핌이 적절히 주어지면 선악에 대한 분별력이 아이에게 자연스럽게 생긴다고 보았습니다. 참자기가 되어가는 아이의 기본 경험을 토대로 도덕성이 발달해 간다고 생각한 것입니다. 도덕은 우리에게 무엇을 하고 무엇을 하지 말라고 지시할 수 있지만, 어떻게 느끼라고 지시할 수는 없습니다. 죄책감은 종교적 가르침이나 도덕적 교훈에 의해 생기는 것이 아니에요.

법적 죄는 사회적 범죄와 연관되지만 도덕적 죄책감은 내적 현실입니다. 법을 어겨서 죄책감을 갖는 게 아닙니다. 범죄를 저지른 것 자체가 이미 무의식에서 솟구치는 죄책감의 압력에서 벗어나기 위한 경우도 많습니다. '내면의 심리적 현실'에서 일어난 환상적 범죄행위에 대해 제삼자로부터 처벌받기 위해 범죄를 저지르게 됩니다. 아이의 공격에 부모가 살아남고, 아이의 회복 몸짓을 받아주는 부모가 있을 때 아이는 무자비했던 충동 대신 자신의 충동에 대한 책임성을 발달시킵니다. 그때 아이의 무자비함은 대상에 대한 연민과 관심능력으로 변합니다.

'타인에 대한 온전한 관심'능력이 위니콧이 주목한 도덕성의 시작이자 중심입니다. 자신의 안위와 쾌락에만 집착하는 사람은 타인에 대한 온전한 관심을 갖지 못하지요. 생활에서 지켜야 할 규범과 규칙도 온전히 이해하고 수용할 수 없어요. 비난과 처벌의 두려움 때문에 마지못해 지키지만 진심으로 실행하진 못하지요. 도덕성이 결여된 사람은 정신발달의 초기 단계에서 양육자로부터 온전한 정서적, 신체적 관심을 받지 못했고 죄책감 능력 형성에 실패한 사람입니다. 신뢰할 수 있는 돌봄을 베푸는 환경과 대상관계 경험이 결여되면, 아이는 내적 불안과 외적 박해불안에 시달립니다. 그로 인해 '나' 아닌 대상이나 환경에 진정한 관심을 갖기 어렵습니다.

돌봄 받지 못한 것에 대해 보상이 있다는 확신이 생겨야 파괴욕동, 파괴적 원초 환상과 관련된 가혹한 병적 죄책감이 조금씩 수정됩니다. 보상받는 긍정적 돌봄 경험이 있어야 대상의 좋음과 나쁨을 두루 지각합니다. 그러면서 타자들의 판단에 주목하고 참조하는 대상관심능력이 생겨나지요. 관심능력은 자기 아닌 대상을 알고자 하고 존중하는 자아 기능으로 내적 성숙 과정을 거쳐야 도달합니다. 도덕성은 백지 상태에 그리는 것이 아니라, 오랜 인격 형성에서 피어납니다. 관심능력은 인격의 통합과 성장을 촉진하며, 긍정적인 방식으로 대상과 관계 맺을 수 있는 잠재력을 의미하죠.

위니콧은 아이들이 선함을 가지고 태어난다고 생각했습니다. 참자기와 존재연속성을 보존하려는 강력한 힘이 각 개인에게 본래 있다고 보는 거예요. 특히 관심능력은 사회생활의 중요 요소이며, 개인이 대상을 배려하고 책임지는 것을 말해요. 성숙한 정신은 곧 도덕성이 인격에 온전히 자리 잡았음을 의미해요. 거짓자기가 지닌 순응에 기초한 모방적(as-if) 도덕성은 진실성과 성실성을 희생시켜요. 그로 인해 심각한 삶의 문제에 부딪칠 때 혹은 스트레스가 큰 곳에서 도덕성은 회피되고 파괴돼요.

·· 관심능력과 자발성 ··

주입된 도덕성이 아이의 정신성을 대신한다면, 주입된 판단 기준에 따라서만 살 겁니다. 그래서 이들이 부모가 되면 다시 온전한 관심능력을 발현하는 도덕적 인격이 되기보다 '도덕 교육자'가 되고 말아요. 인격의 고상함은 누가 심어주지 않고 개인이 성취해야 하는데, 그러지 못한 결과입니다.

인간은 결코 단시간에 주입된 도덕 언어에 의해 도덕성이 형성되는 존재가 아니에요. 사랑을 베푸는 관계가 없는 맥락에서 타자를 향한 도덕 교육은 듣는 사람의 정신에 결코 도덕성 발달을 촉진하지 않습니다. 이것이 위니콧의 마지막 깨달음입니다. 1950~1960년대에 위니콧은 타인에게 도덕적으로 보이는 사회적 매너에만 신경쓰는 영국인들을 향해 혼신을 기울여 외쳤습니다. "바로 그런 겉치레 도덕이 거짓자기를 양산하는 병리적 도덕입니다." "당신이 접촉하는 주변의 단 한 대상에 대해서라도 온전한 관심을 주는 것이 그 대상의 도덕성 발달을 촉진시키는 양심적 행동의 핵심입니다."

건강한 아이들은 유치원에 들어갈 때 이미 도덕성이 형성돼 있습니다. 다른 아이들을 존중하고 어울리고 선생님의 말을 존중하지요. 즉 듣기 전에 무엇이 옳은지 스스로 생각하고 선생님과 동료의 뜻에 따르거나 결정할 수 있어요. 하지만 도덕성이 형성되지 않은 아이는 외부 압력 없이는 말을 듣지 않아요. 야단을 쳐야 듣는 시늉을 합니다. 그렇지만 아이에게 윽박지르고 때리면 공포가 수반됩니다. 공포 위에 형성된 도덕성은 살아 있는 도덕성이 아니죠. 자신 안에서 자연스럽게 나온 가치가 아니니까요.

공격성이 사랑에 기여하는 상태가 위니콧이 주목한 진정한 도덕성이에요. 아이에 대한 사랑 없이 아이에게 올바른 의무와 책임을 교육하면 아이의 내면과 행동에 아무 변화가 없습니다. 아이는 살기 위해 안과 밖이 다른 행동을 하겠지요. 아이가 공격성을 썼을 때 부모의 반응이 덜 살벌하고, 덜 냉담하고, 덜 잔인하고 인간적일 때 비로소 도덕성이 발달해요.

아이는 이처럼 외부 환경 조건이 좋아야 잠재력이 자연스레 발현되어 자발성을 크게 상실하지 않고 본능에 대한 자기 통제를 감당해내요. 자발성만이 진정한 살아 있는 도덕성이에요. 도덕성이 형성된 아이는 부모의 인간미 있는 엄격한 절제와 부모를 기쁘게 하고 회복시키려는 욕구를 함께 지닙니다. 그로 인해 처음에는 자신의 습관으로부터 시작해서 다른 사람과 함께 살아가는 것 그리고 사회에 공헌하는 것에 이르기까지 사회의 가치를 자연스럽게 정신에 수용해 통합합니다.

·· 온유한 사람은 만들어진다 ··

가장 심각한 행동장애인 '반사회성 인격'은 가학적 성격장애자부터 편집증 환자까지 다양한 스펙트럼을 지닙니다. 이들은 애정으로 일관성 있게 반응해준 가족이 없거나 보호받지 못한 박탈적 환경에서 자란 경우가 많습니다. 물질과 감각적 보상을 맹목적으로 추구하고 시행착오에서 배우는 능력이 없어, 나이를 먹어도 내면에 축적한 심리적 자원이 매우 적습니다. 그래서 무료하고 불쾌한 심신 상태에서 벗어나 생생한 기분 좋음을 느끼기 위해 사회규범을 어기는 파괴적 일탈 행동을 서슴지 않습니다. 애정결핍과 초자아(양심) 결함이 결합되어 비도덕적 행동을 죄책감 없이 일삼습니다. 오히려 사회 통념을 경시하고 규범과 법을 무시하는 행동에서 쾌감과 자기 존재감을 생생히 느끼기도 합니다.

도덕성이 결여된 사람은 정서발달 초기 단계에서 조건 없이 베푸는 촉진적 환경을 경험하지 못했을 수 있습니다. 그 결핍 때문에 정신에 구멍이 생겨 통제력과 책임의식을 발달시키지 못한 것이지요. 평화롭고 온유한 사람은 타고나는 것이 아닙니다. 공격성을 한껏 발산해도 비난하지 않고 포용해준 좋은 부모가 있었습니다. 해소 못한 내면의 공격성을 대면하고 중요 대상으로부터 공격성을 수용받아야, 사회적 책임을 질 수 있는 도덕적 인격이 형성됩니다.

영란 씨의 아버지는 알코올중독자입니다. 어렸을 때부터 폭언과 폭력으로 가족을 괴롭혔어요. 장녀였기에 아버지로부터 더 많은 괴롭힘을 당했어요. 술심부름과 취한 아버지를 찾아 모셔오는 일을 어려서부터 도맡았어요. 어린 영란은 아버지가 화나는 것이 두려워 마음에 들 거짓말을 하는 습관이 생겼습니다. 아버지에게 자신의 감정과 생각을 솔직히 표현하는 것은 안전하지 않았습니다. 비위를 맞추면서 자기 감정을 억압했던 것이죠. 그런데 이런 버릇이 성인이 되어서 누구와 관계하든 일어나는 게 문제였지요. 자기 본마음과 본모습을 드러내면 비난받고 거부당할 것이라 생각했지요. 방어로 잠시 자기 보호를 할 수 있을지 몰라도 진정성 있는 관계에 방해가 됩니다.

영란 씨는 겉으론 사람들에게 좋은 인상을 주지만 속으론 그들을 비웃곤 했어요. 누군가 자신의 비합리적인 모습을 지적하면 자신에게 뭔가 안 좋은 소리, 나쁜 말을 한다는 적대감이 올라와서 '너나 잘해'라고 거부했어요. 예전엔 힘이 없어 아버지에게 당했지만 '이젠 더 이상 당하면 안 돼'라는 절박감 때문이죠. 타인과의 의사소통은 온전한 관심과 열린 태도 없이는 불가능해요. 아버지를 보살피느라 탈진했던 영란 씨는 더 이상 책임지는 상황이 두려워 늘 회피하려는 몸짓을 보였어요. 그 때문에 누구와 관계하든 공격받는 상태가 반복되었습니다. 왜 그럴까요? 어떤 책임부담도 지지 않으려는 태도에는 상대를 무시하는 심정이 담겨 있기에, 상대도 나쁘게 반응하게 된 것입니다. 말을 귀담아 듣지 않는 사람을 만나면 언짢은 감정과 행동이 나오게 되지요. 영란 씨는 자기 때문에 사람들이 분통을 터뜨리면 심술궂게도 기분이 좋았고, 상대가 자신 때문에 불안해하면 존재가치를 느꼈습니다.

자신을 온전히 반영 못해준 부모의 진부한 말과 행동이 절대 진리가 되면 아이는 두려움에 갇혀 타고난 공격성을 전혀 사용하지 못합니다. 도덕(부모 말씀)의 가치를 느끼지 못하고 이를 숨기는 비도덕적 인격이 됩니다. 가정에서 자기 마음을 표현하는 말과 행동이 금지되어 있다면, 진실한 말은 위험한 무엇으로 변질됩니다. 아이가 부모에게 자기 상태를 표현함으로써 불행감을 교정할 기회를 못 갖는다면, 자신과 타인에 대한 온전한 관심능력, 즉 도덕성이 마비됩니다.

『엄마가 철학할 때』는 아동 심리전문가와 교육가를 비롯해 자녀의 성장과 치료를 목적으로 둔 엄마, 자신의 인격발달을 위한 사람 등 전국 각지에서 모인 분들과 함께 진행해온 도널드 위니콧의 대상관계 이론 수업을 풀어 엮은 책입니다. 그동안 부모교육을 20여 년 해오다 보니 어느 순간 교육자의 삶을 너무 반복하는 것 같고 기억력도 흐려졌어요. 아직 기운이 있을 때 자녀 문제와 자신의 문제로 고통받는 분들에게 수업의 따스한 기억을 나눠드리고 싶었습니다. 유아기에 제일 소중한 엄마와의 관계에 따라 이후 인생에서 벌어지는 일과 관계 모습이 상당 부분 정해집니다. 그래서 아동 인격발달의 대가 위니콧의 이름만 들어도 관심과 기대가 일어날 만큼 이제는 아는 분들이 많습니다. 상담에 오는 분의 증상이나 사건, 사고의 문제 양상은 과거 위니콧이 고심하며 마주하던 문제들이기도 합니다.

많은 분들이 상담치료나 교육을 통해 어린 시절 부모와의 관계에서 생겨난 심리적, 신체적 병증의 뿌리를 이해하면서 자기 발달을 재개합니다. 세상에는 완벽한 부모가 없으니까 누구나 크고 작은 상처를 받고 살기 마련입니다. 불안정한 모습이 없는 사람은 없습니다. 또한 부모에게 좋은 의존을 하고 독립을 하는 과제도 누구에게나 일어나는 일이지만 모두가 순조롭게 마무리하는 것은 아닙니다. 부모와의 관계가 원만하지 않으면 인생 전체가 영향을 받습니다. 엄마 배 속부터 청소년기까지의 인격발달 단계마다 필요한 건강한 엄마 역할이 있고, 반드시 성공시켜야 하는 발달 과제가 있습니다. 어릴 적 부모와의 관계 상처 후 불안을 해소하지 못하는 상태가 지속되면 스트레스에 대한 내성이나 사회적응력이 떨어지고 인간관계에서 다른 사람의 마음을 이해하지 못합니다. 위니콧 수업을 통해 부모 세대로부터 자신과 자녀에게로 대물림되던 상처를 성찰하면 여기서 벗어날 수 있습니다.

위니콧이 주목한 모든 정신문제의 뿌리인 '유아기'에는 상식으로만 살아가는 생활인이 지각하지 못하는 귀중한 '관계와 존재 요소'가 많이 담겨 있습니다. 그것들을 질서 있게 음미하기 위해, 인생의 최초 시기인 절대적 의존기에서 적절한 정서적, 사고적 자립능력을 형성하는 상대적 의존기에 이르기까지 정신의 발달을 촉진하거나 방해하는 요인들을 주제별로 정리했어요. 건강한 인격의 모습을 중점으로 다루고, 엄마와의 정서적 결속이 손상되었을 때 발생하는 병리의 원인을 밝히며 임상 사례로 이해를 도왔습니다.

본문에서 특별하다면 특별한 것은 임상에서 대면했던 생생한 꿈 사례를 소개한 것인데요. 우리는 성장 과정에서 누구나 어느 정도 상처를 가진 채 어른이 되었다고 생각합니다. 개인의 인간관계, 일하는 방식, 삶에 대처하는 자세는 정신에 각인된 유년기 부모상에 영향을 받을 수밖에 없습니다. 정신분석은 과거의 무의식에 억압된 부정적 경험을, 현재 삶에서 어떻게 바꿔야 할지에 대해 실용적 해결책을 안내하는 이론이에요. 힘든 감정을 참거나 막으면 정신이 피폐해지고 처세능력이 떨어지거든요. 갈등이나 고통의 원인이 외부 현실에 있을 것 같지만 정신분석에서는 내면에 있다고 봐요. 의식하는 자아가 우리의 전부라고 믿지만 정작 중요한 감정은 무의식에 숨겨져 있으며 그것이 꿈으로 드러납니다. 책에 나온 꿈 사례들은 지나치게 사적이지 않은 보편적 상태로 재구성해 표현했지만, 보이지 않는 정신 세계에 대한 경험이기에 읽으시는 분들이 신비로워하실 것 같아요. 의식과 무의식의 세계를 연결하는 통찰이 현실에서 어떤 이익을 만드는지 그 심오함을 알게 될 것 같습니다.

또한 위니콧의 창의성이 엿보이는 주요 개념들이 있습니다. 절대적 의존기의 안아주는 환경, 비통합 상태 경험, 몸과 정신의 통합, 홀로 있는 능력, 안아주기 실패로 일어나는 멸절불안, 중간대상인데요. 인간에게 의존과 분리 노력은 평생의 인격발달 과제라고 생각합니다. 상담을 하다 보면 자기표현이 자기중심적으로 장황하고 모호하면서도 특정 내용을 의미 없이 반복하는 분이 있어요. 이는 자신 안에 발달하지 못한 어린아이가 상처를 준 외부 세계와 외부 대상에 대한 생각과 긴장을 해소하기 위해 배설 기능을 하는 답답한 말 속에 갇혀 있는 거예요. 아이의 답답한 발언을 엄마가 자신의 상상력과 몸짓, 미소, 언어로 소화시켜 줘야 상징화 능력이 생겨나죠. 상징화 능력은 반드시 상호작용하는 엄마의 도움이 있어야만 만들어져요. 아이는 엄마와 융합된 상태에서 잘 벗어나기 위해 엄마가 아닌 엄마 같은 중간대상을 만들어냅니다. 중간대상은 나와 타자가 분리되었지만 합일된 둘이면서 하나잖아요. 중간대상 경험 유무에 따라 정신발달의 성공과 실패 정도가 결정되기도 합니다. 중간대상을 만들어내는 것에 실패한 결과로서 병리적 이별과 상실이라는 주제를 다루면서 경계선 인격장애를 다루었습니다. 미미 씨의 사례를 2만 명의 독자가 읽어주었습니다. 그 외에 참자기, 거짓자기, 공격성, 반사회성 도덕성 등 우리의 심금을 울리는 개념들이 많습니다.

아이를 잘 기르기 위해서는 어떻게 해야 할까요? 이 책을 통해 '충분히 좋은 엄마(good enough mother)'가 되어보길 바랍니다. 충분히 좋은 엄마라는 뜻은 보통의 건강한 헌신적인 엄마를 뜻해요. 부모교육을 몇 년씩 듣는 분들이 가끔씩 저에게 보통의 엄마가 되는 게 이렇게 어려운 일인지 몰랐다고 하소연을 합니다. 자녀의 정서발달과 정신건강을 위한 헌신적 엄마의 역할에 대한 이해와 소화를 목표로 강의하면서 자연 치유된 엄마들을 보기도 했습니다. 자녀에게 무엇을 잘해주고 못해주고가 중요한 게 아니라 엄마 자신의 정서적 행복이 더 중요하다는 것을 알게 되니까요. 또한 무의식은 서로 전염되기에 엄마가 수업을 통해 자신을 이해하면서 아이에게 좋은 것이 절로 들어가기도 해요. 몇 년씩 진행되는 수업을 통해 어린 시절 부모자녀 관계에서 결핍된 부분을 수용하면서 부정적 정서가 조절돼 부부 관계를 비롯해 불편했던 인간관계가 개선되기도 합니다.

수업을 진행하며 위니콧의 이론을 유아부터 성인까지 많은 분들과 교류할 수 있어서 참 좋았습니다. 상담자로서 다양한 사례를 무리 없이 소화할 수 있었고, 오랜 시간 동안 좋은 인간관계를 유지하게 되었습니다. 위니콧의 이론은 섬세하고 따뜻하기 때문에 많은 사람의 내면을 바꾸고 힘을 준다고 생각합니다. 학술적 개념이 아니라 일상의 언어로 쉽고 친근하게 위로를 주지요. 아이는 정서소통을 못하고 접촉을 못하는 엄마를 만나면 자신의 존재를 부정할 수밖에 없습니다. 평범한 대인관계도 적절한 사회생활도 할 수가 없습니다. 어린 시절에 부모와 전혀 관계를 맺지 못했다면 부부 관계도 그러합니다. 박탈로 인한 애정 욕구가 과하면 어린 시절에 받지 못했던 사랑과 관심을 받고 싶은 바람이 강해져 엄마나 아내 역할이 쉽지 않습니다. 보통의 건강한 사람은 사소한 문제에 격분하지 않고 대립하지 않습니다. 다정하게 대체로 평온하게 살아갑니다. 엄마와의 경험이 그러했기 때문입니다.

이 책을 통해 위니콧의 이론을 따라 충실하게 성찰하다 보면 유아적 욕구에서 벗어나 가치 있는 자신을 찾을 것입니다. 있는 그대로 자신의 모습을 받아들이고, 이를 바탕으로 자녀와 함께 성장해나갈 수 있기를 바랍니다.